Lukas Feiler
Thomas Rainer Schmitt

Muster zur Umsetzung der DSGVO in der Praxis

Vorlagen, Checklisten, Formulare

2019

Muster und Formulare

 VERLAG
ÖSTERREICH

RA Dr. Lukas Feiler, SSCP CIPP/E
leitet das IT-Team bei Baker & McKenzie,
Fellow des Stanford-Vienna Transatlantic Technology Law Forums

Dr. Thomas Rainer Schmitt
Rechtsanwaltsanwärter im IT-Team der Kanzlei Baker McKenzie in Wien, zuvor Universitätsassistent am Institut für Zivilrecht der Universität Wien

Produkthaftung: Sämtliche Angaben in diesem Fachbuch/wissenschaftlichen Werk erfolgen trotz sorgfältiger Bearbeitung und Kontrolle ohne Gewähr. Eine Haftung der Autoren oder des Verlages aus dem Inhalt dieses Werkes ist ausgeschlossen.

© 2019 Verlag Österreich GmbH, Wien
www.verlagoesterreich.at
Gedruckt in Deutschland

Satz: Grafik & Design Claudia Gruber-Feigelmüller, 3580 Horn, Österreich
Druck: Strauss GmbH, 69509 Mörlenbach, Deutschland

Gedruckt auf säurefreiem, chlorfrei gebleichtem Papier

Online-Muster
Alle Muster stehen Ihnen auch online in der Verlag Österreich eLibrary zur Verfügung. Gehen Sie dafür auf **elibrary.verlagoesterreich.at** und rufen das eBook von Feiler/Schmitt auf. Unter „Bonusmaterial" können Sie mit Ihrem Downloadcode **Fs1jekw4** die Muster im Word-Format öffnen.

Bibliografische Information der Deutschen Nationalbibliothek

Die Deutsche Nationalbibliothek verzeichnet diese Publikation in der Deutschen Nationalbibliografie; detaillierte bibliografische Daten sind im Internet über http://dnb.d-nb.de abrufbar.

ISBN 978-3-7046-8118-8 Verlag Österreich

Vorwort

Selbst Monate nach Beginn ihrer Geltung stellt die Datenschutz-Grundverordnung eine Vielzahl von Unternehmen noch immer vor enorme Herausforderungen. In großem Umfang ist bereits Literatur zu zahlreichen Aspekten der Verordnung erschienen, die aber nicht immer rasch anwendbare praxistaugliche Ratschläge enthält. Auch wenn man weiß, welche Inhalte etwa ein Verzeichnis von Verarbeitungstätigkeiten haben muss, muss man sich immer noch die Frage stellen: Wie baue ich ein derartiges Dokument auf, woran muss ich beim Dokumentaufbau denken?

Dieses Musterbuch setzt bei dieser Frage an und soll Rechtsanwendern dabei helfen, rasch die wichtigsten Dokumente, die nach der DSGVO erforderlich oder hilfreich sind, erstellen zu können. Zugleich zeigen die Muster auf, welche Schritte intern für die Herstellung von Compliance noch zu setzen sein könnten.

Die Muster beruhen auf den Praxiserfahrungen der Autoren und sind daher erprobt. Bei der Gestaltung der Muster wurde das Augenmerk auf Verständlichkeit, Übersichtlichkeit und Prägnanz gelegt. Wie bei jedem Muster müssen jedoch die Umstände des Einzelfalls berücksichtigt werden und die Muster sollten, soweit erforderlich, angepasst bzw erweitert werden. An Stellen, wo dies jedenfalls erfolgen sollte, sind entweder *[Platzhalter]* oder *ergänzende Hinweise* in den Mustern enthalten. Wo praktikabel, wurden die Muster auch mit beispielhaften Inhalten versehen und entsprechend gekennzeichnet, die entweder direkt übernommen oder soweit erforderlich modifiziert werden können.

Wir bedanken uns bei Herrn Mag. *Erik Steiner* und Frau Dr. *Mirjam Tercero* ganz herzlich für die wertvolle Mitarbeit bei der Erstellung des Manuskripts.

Wien, im Juni 2019

Lukas Feiler
Thomas Rainer Schmitt

V

Inhaltsverzeichnis

Abkürzungsverzeichnis

ABGB	Allgemeines Bürgerliches Gesetzbuch
Abs	Absatz
ADV	Auftragsdatenverarbeitervereinbarung
ArbVG	Arbeitsverfassungsgesetz
Art	Artikel
ASchG	ArbeitnehmerInnenschutzgesetz
AÜG	Arbeitskräfteüberlassungsgesetz
BAO	Bundesabgabenordnung
BMVG	Betriebliches Mitarbeitervorsorgegesetz
bzw	beziehungsweise
C2P	Controller to Processor
CDMA	Code Division Multiple Access
dh	das heißt
DSB	Datenschutzbehörde
DSG	Datenschutzgesetz
DSGVO	Datenschutz-Grundverordnung
EEA	European Economic Area
EFZ	Entgeltfortzahlung
EFZG	Entgeltfortzahlungsgesetz
e.g.	exempli gratia
etc	et cetera
EU	Europäische Union
EUR	Euro
EWR	Europäischer Wirtschaftsraum
excl.	excluding
f	folgende
ff	fortfolgende
GDPR	General Data Protection Regulation
gem	gemäß
GewO	Gewerbeordnung 1994

ggf	gegebenenfalls
GlBG	Gleichbehandlungsgesetz
GSM	Global System for Mobile Communications
idgF	in der geltenden Fassung
IMEI	International Mobile Station Equipment Identity
inkl	inklusive
insb	insbesondere
IP	Internet Protocol
iS	im Sinne
iSd	im Sinne des (der)
iVm	in Verbindung mit
iZm	im Zusammenhang mit
LfNr	Laufende Nummer
lit	litera
LTE	Long Term Evolution
MCC	Mobile Country Code
MNC	Mobile Network Code
MVK	Mitarbeitervorsorgekasse
no.	Number
Nr	Nummer
sog	sogenannt, -e, -er, -es
SIM	Subscriber Identity Module
udgl	und dergleichen
UGB	Unternehmensgesetzbuch
USt	Umsatzsteuer
usw	und so weiter
uU	unter Umständen
VAT	value added tax
vgl	vergleiche
VO	Verordnung
vs	versus
Z	Ziffer
zB	zum Beispiel
zzgl	zuzüglich

I. Auftragsverarbeitung

A. Checkliste: Notwendige Inhalte von Vereinbarungen zur Auftragsverarbeitung (deutsche Version)

1. Generell

☐ Als Verantwortlicher ist das Unternehmen genannt, das über die Zwecke und Mittel der Datenverarbeitung entscheidet.

☐ Als Auftragsverarbeiter ist das Unternehmen genannt, das nur im Auftrag des Verantwortlichen personenbezogene Daten verarbeitet (und nicht selbst über Zwecke und Mittel der Datenverarbeitung entscheidet).

☐ Vollständiger Name/Firmenwortlaut und Adresse des Verantwortlichen sind angegeben.

☐ Vollständiger Name/Firmenwortlaut und Adresse des Auftragsverarbeiters sind angegeben.

☐ Gegenstand, Dauer, Art und Zweck der Verarbeitung sind angegeben (auch in Anhang möglich)

☐ Art der verarbeiteten personenbezogenen Daten und Kategorien betroffener Personen sind angegeben (auch im Anhang möglich)

2. Weisungsrecht

☐ Der Auftragsverarbeiter verarbeitet die personenbezogenen Daten nur auf dokumentierte Weisung des Verantwortlichen.

☐ Der Auftragsverarbeiter informiert den Verantwortlichen unverzüglich, falls er der Auffassung ist, dass eine Weisung gegen die DSGVO oder gegen andere Datenschutzbestimmungen der EU oder der Mitgliedstaaten verstößt.

☐ Der Auftragsverarbeiter informiert den Verantwortlichen unverzüglich, falls er nach dem Recht der Union oder der Mitgliedstaaten dazu verpflichtet ist, entgegen den Weisungen des Verantwortlichen oder ohne Weisung des Verantwortlichen eine Datenverarbeitung vorzunehmen (sofern eine solche Mitteilung zulässig ist).

3. Vertraulichkeit

☐ Der Auftragsverarbeiter stellt sicher, dass datenverarbeitende Personen sich zur Vertraulichkeit verpflichtet haben oder einer gesetzlichen Verschwiegenheitspflicht unterliegen.

4. Datensicherheit

☐ Der Auftragsverarbeiter hat ausreichende Sicherheitsmaßnahmen (auch „technische und organisatorische Maßnahmen" genannt) zum Schutz der Daten ergriffen / Hinweis auf „Erfüllung von Maßnahmen gemäß Artikel 32 DSGVO".

5. Sub-Auftragsverarbeiter

☐ Klarstellung, ob Sub-Auftragsverarbeiter in Anspruch genommen werden dürfen oder nicht.

Wenn Sub-Auftragsverarbeiter in Anspruch genommen werden dürfen:

☐ Der Auftragsverarbeiter informiert den Verantwortlichen über jede beabsichtigte Änderung hinsichtlich der Hinzuziehung oder der Ersetzung von Sub-Auftragsverarbeitern und der Verantwortliche kann gegen eine solche Hinzuziehung oder Ersetzung Einspruch erheben.

☐ Der Auftragsverarbeiter erlegt dem Sub-Auftragsverarbeiter durch einen Vertrag dieselben datenschutzrechtlichen Pflichten auf, denen er selbst unterliegt.

☐ Der Auftragsverarbeiter haftet dem Verantwortlichen gegenüber für die Einhaltung der Pflichten des Sub-Auftragsverarbeiter.

6. Unterstützung

☐ Der Auftragsverarbeiter unterstützt den Verantwortlichen bei der Erfüllung der Pflichten des Verantwortlichen bei Anträgen auf Wahrnehmung der Betroffenenrechte (Rechte werden uU aufgelistet, zB: Auskunftsrecht, Recht auf Löschung etc; unter Umständen Hinweis auf „in Kapitel III DSGVO genannte Rechte").

☐ Der Auftragsverarbeiter unterstützt den Verantwortlichen bei der Einhaltung seiner Pflichten gemäß dem anwendbaren Datenschutzrecht (unter Umständen Hinweis auf „Pflichten gemäß Artikel 32–36 DSGVO" oder Auflistung der Pflichten, wie zB der Pflicht zur Meldung einer Verletzung des Schutzes personenbezogener Daten).

7. Rückgabe von personenbezogenen Daten

☐ Nach Wahl des Verantwortlichen: Der Auftragsverarbeiter gibt nach Abschluss der Erbringung der Verarbeitungsleistungen alle personenbezogenen Daten entweder zurück oder löscht diese, sofern nicht nach dem Unionsrecht oder dem Recht der Mitgliedstaaten eine Verpflichtung zur Speicherung der personenbezogenen Daten besteht.

8. Überprüfung

☐ Der Auftragsverarbeiter stellt dem Verantwortlichen alle erforderlichen Informationen zur Verfügung, um die Einhaltung seiner Pflichten nach dem Vertrag nachzuweisen.

☐ Der Auftragsverarbeiter ermöglicht es dem Verantwortlichen, Überprüfungen (einschließlich Inspektionen) durchzuführen und trägt dazu bei.

9. Internationaler Datentransfer

☐ Wenn der Auftragsverarbeiter sich in einem Land mit nicht ausreichendem Datenschutzniveau befindet:

„Es wurden C2P-Standardvertragsklauseln mit dem Auftragsverarbeiter abgeschlossen, die alle oben genannten Punkte einer Auftragsverarbeitervereinbarung erfüllen."

[Angemessenheitsbeschlüsse existieren für Datenübermittlungen nach Andorra, Argentinien, die Färöer, Guernsey, Kanada (kommerzielle Organisationen), Israel, die Insel Man, Japan, Jersey, Neuseeland, die Schweiz, Uruguay und die USA (bei Zertifizierung unter dem Privacy Shield Framework); in Vorbereitung: Südkorea.]

B. Checkliste: Notwendige Inhalte von Vereinbarungen zur Auftragsverarbeitung (englische Version)

1. General

☐ The company deciding on the purposes and means of the data processing is indicated as controller.

☐ The company which solely processes personal data on behalf of the controller (and does not itself decide on the purposes and means of the data processing) is indicated as processor.

☐ Full company name and address of the controller are indicated.

☐ Full company name and address of the processor are indicated.

☐ Subject-matter, duration, nature and purpose of the data processing are indicated (possibly by annex)

☐ Type of personal data that are processed and categories of data subjects are indicated (possibly by annex)

☐ Agreement has been signed by authorized representatives.

2. Right to Instruction

☐ The processor shall process the personal data only on the documented instructions of the data controller.

☐ The processor shall immediately inform the controller if it considers that an instruction violates the GDPR or other data protection provisions of the EU or an EU Member State.

☐ The processor shall immediately inform the controller whether it is obliged, under EU or EU Member State law, to process data contrary to the instructions of the controller or without the instructions of the controller (if such notification is permissible).

3. Confidentiality

☐ The processor shall ensure that persons authorized to process the personal data have committed themselves to confidentiality or are under an appropriate statutory obligation of confidentiality.

4. Data security

☐ The processor has taken appropriate security measures (also called "technical and organizational measures") to protect the data / reference to "compliance with measures pursuant to Article 32 GDPR".

5. Sub-processors

☐ Clarification as to whether sub-processors may be used or not.

If sub-processors may be used:

☐ The processor shall inform the controller of any intended changes concerning the addition or replacement of sub-processors and the controller may object to any such addition or replacement.

☐ The processor must contractually impose on sub-processors the same data protection obligations as those to which the processer itself is subject.

☐ The processor is liable to the controller for the sub-processor's compliance with their obligations.

6. Assistance

☐ The processor assists the controller in fulfilling his obligations to respond to requests for exercising the data subject's rights (rights may be listed, e.g.: right to access, right to erasure, etc.; under certain circumstances reference to "rights laid down in Chapter III GDPR").

☐ The processor assists the controller in complying with his obligations under the applicable data protection law (possibly referring to "obligations pursuant to Articles 32 to 36 GDPR" or listing these obligations, e.g. obligation to report a personal data breach).

7. Return of personal data

☐ At the choice of the controller: The processor deletes or returns all the personal data to the controller after the end of the provision of services relating to processing, and deletes existing copies unless Union or Member State law requires storage of the personal data.

8. Audit

☐ The processor makes available to the controller all information necessary to demonstrate compliance with the obligations laid down in the agreement.

☐ The processor allows for and contributes to audits (including inspections).

9. International data transfer

☐ If the processor is located in a country that does not ensure an adequate level of data protection:

"C2P standard contractual clauses have been concluded with the processor which fulfil all the above points of a processor agreement."

[Adequacy decisions exist for data transfers to Andorra, Argentina, Canada (commercial organisations), Faroe Islands, Guernsey, Israel, Isle of Man, Japan, Jersey, New Zealand, Switzerland, Uruguay and the United States of America (limited to the Privacy Shield Framework); in preparation: South Korea.]

C. Allgemeines Muster einer Auftragsverarbeitervereinbarung (deutsche Version)

Auftragsverarbeitervereinbarung
(nachfolgend „Vereinbarung")

zwischen

[Firmenwortlaut des Verantwortlichen]
[Anschrift des Verantwortlichen]
(nachfolgend „**Verantwortlicher**")

und

[Firmenwortlaut des Auftragsverarbeiters]
[Anschrift des Auftragsverarbeiters]
(nachfolgend „**Auftragsverarbeiter**")

1. Ziel der Vereinbarung

Der Auftragsverarbeiter hat sich verpflichtet, die in <u>Anhang 1</u> beschriebenen Datenverarbeitungen gegenüber dem Verantwortlichen zu erbringen. Für die Zwecke dieser Vereinbarung gelten die Begriffsdefinitionen der Datenschutz-Grundverordnung (Verordnung (EU) 2016/679, nachfolgend „**DSGVO**").

2. Weisungsrecht

2.1 Der Auftragsverarbeiter verarbeitet personenbezogene Daten nur auf dokumentierte Weisung des Verantwortlichen – auch in Bezug auf die Übermittlung personenbezogener Daten an ein Drittland oder eine internationale Organisation –, sofern er nicht durch das Recht der Union oder der Mitgliedstaaten, dem der Auftragsverarbeiter unterliegt, hierzu verpflichtet ist.

2.2 Der Auftragsverarbeiter informiert den Verantwortlichen unverzüglich, falls er der Auffassung ist, dass eine Weisung gegen die DSGVO oder gegen andere Datenschutzbestimmungen der EU oder der Mitgliedstaaten verstößt.

2.3 Der Auftragsverarbeiter informiert den Verantwortlichen unverzüglich, falls er nach dem Recht der Union oder der Mitgliedstaaten dazu verpflichtet ist, entgegen den Weisungen des Verantwortlichen oder ohne Weisung des Verantwortlichen eine Datenverarbeitung vorzunehmen (sofern eine solche Mitteilung zulässig ist).

3. Vertraulichkeit

Der Auftragsverarbeiter gewährleistet, dass sich die zur Verarbeitung der personenbezogenen Daten befugten Personen zur Vertraulichkeit verpflichtet haben oder einer angemessenen gesetzlichen Verschwiegenheitspflicht unterliegen.

4. Datensicherheit

4.1 Der Auftragsverarbeiter erklärt rechtsverbindlich, dass er ausreichende Sicherheitsmaßnahmen ergriffen hat, um zu verhindern, dass Daten ordnungswidrig verwendet oder Dritten unbefugt zugänglich werden.

4.2 Der Auftragsverarbeiter hat insbesondere die in <u>Anhang 2</u> angeführten Maßnahmen zu implementieren.

4.3 Außerdem erklärt der Auftragsverarbeiter, dass er alle gemäß Artikel 32 DSGVO erforderlichen Maßnahmen ergreift.

5. Sub-Auftragsverarbeitung

5.1. Der Auftragsverarbeiter ist befugt, folgende Unternehmen als Sub-Auftragsverarbeiter heranzuziehen (im Folgenden zusammen „**Sub-Auftragsverarbeiter**"):

a. *[Firmenwortlaut des Sub-Auftragsverarbeiters]*
[Anschrift des Sub-Auftragsverarbeiters]

5.2. Der Auftragsverarbeiter informiert den Verantwortlichen über jede beabsichtigte Änderung in Bezug auf die Hinzuziehung oder die Ersetzung anderer Sub-Auftragsverarbeiter, wodurch der Verantwortliche die Möglichkeit erhält, gegen derartige Änderungen Einspruch zu erheben und die Hinzuziehung oder die Ersetzung zu untersagen. Erhebt der Verantwortliche innerhalb von zwei Wochen keinen Einspruch, so gilt die Hinzuziehung oder Ersetzung als genehmigt.

5.3 Nimmt der Auftragsverarbeiter einen anderen Sub-Auftragsverarbeiter in Anspruch, um bestimmte Verarbeitungstätigkeiten im Namen des Verantwortlichen auszuführen, so werden diesem Sub-Auftragsverarbeiter im Wege eines Vertrags dieselben Datenschutzpflichten auferlegt, wobei insbesondere hinreichende Garantien dafür geboten werden müssen, dass die geeigneten technischen und organisatorischen Maßnahmen so durchgeführt werden, dass die Verarbeitung entsprechend den Anforderungen des anwendbaren Datenschutzrechts erfolgt.

5.4 Kommt der Sub-Auftragsverarbeiter seinen Datenschutzpflichten nicht nach, so haftet der Auftragsverarbeiter gegenüber dem Verantwortlichen für die Einhaltung der Pflichten des Sub-Auftragsverarbeiters.

6. Unterstützung

6.1 Soweit dies möglich ist, unterstützt der Auftragsverarbeiter den Verantwortlichen durch geeignete technische und organisatorische Maßnahmen bei der Erfüllung der Pflichten des Verantwortlichen bei Anträgen auf Wahrnehmung der Betroffenenrechte gemäß dem anwendbaren Datenschutzrecht, einschließlich Kapitel III der DSGVO.

6.2 Darüber hinaus unterstützt der Auftragsverarbeiter den Verantwortlichen bei der Einhaltung seiner Pflichten gemäß dem anwendbaren Datenschutzrecht, einschließlich Artikel 32–36 DSGVO.

7. Rückgabe von personenbezogenen Daten

Nach Wahl des Verantwortlichen löscht der Verantwortliche nach Abschluss der Erbringung der Verarbeitungsleistungen alle personenbezogenen Daten oder gibt diese zurück, sofern nicht nach dem Unionsrecht oder dem Recht der Mitgliedstaaten eine Verpflichtung zur Speicherung der personenbezogenen Daten besteht.

8. Überprüfung

Der Auftragsverarbeiter stellt dem Verantwortlichen alle erforderlichen Informationen zum Nachweis der Einhaltung der in diesem Vertrag niedergelegten Pflichten zur Verfügung und ermöglicht Überprüfungen, einschließlich Inspektionen, die von dem Verantwortlichen oder einem anderen von diesem beauftragten Prüfer durchgeführt werden.

9. Haftung

Beide Parteien haften nach den Grundsätzen des österreichischen Zivilrechts.

10. Sonstiges

10.1 Änderungen dieser Vereinbarung sind ausschließlich in schriftlicher Form vorzunehmen. Dies gilt auch für dieses Schriftlichkeitsgebot.

10.2 Sollte eine Bestimmung dieser Vereinbarung ungültig oder unwirksam sein, wird sie, soweit gesetzlich zulässig, durch jene Bestimmung ersetzt, die wirtschaftlich der ungültigen oder unwirksamen Bestimmung am nächsten kommt.

Im Namen des Verantwortlichen: Im Namen des Auftragsverarbeiters:

....

Ort und Datum: Ort und Datum:

....

Anhang 1: Details der erbrachten Datenverarbeitungen

Anhang 2: Technische und organisatorische Maßnahmen zum Schutz von personenbezogenen Daten

Anhang 1: Details der erbrachten Datenverarbeitungen

Betroffene Personen

Die übermittelten personenbezogenen Daten betreffen folgende Kategorien betroffener Personen:

....

....

Kategorien von Daten

Die übermittelten personenbezogenen Daten gehören zu folgenden Datenkategorien (bitte genau angeben):

....

....

Kategorien von sensiblen Daten (falls zutreffend)

Die übermittelten personenbezogenen Daten umfassen folgende sensible Daten:

....

....

Gegenstand der Verarbeitung und Verarbeitungsmaßnahmen

Die übermittelten personenbezogenen Daten werden folgenden grundlegenden Verarbeitungsmaßnahmen unterzogen:

....

....

Verarbeitungszwecke

Die übermittelten personenbezogenen Daten werden zu folgenden Zwecken des Verantwortlichen verarbeitet:

....

....

Anhang 2: Technische und organisatorische Maßnahmen zum Schutz von personenbezogenen Daten

Präventive Sicherheitsmaßnahmen – Maßnahmen zur Verhinderung eines erfolgreichen Angriffs

> Technische Maßnahmen

- **Logische Zugriffskontrolle**: Die Vergabe von Zugriffsberechtigungen erfolgt nach dem „Need-to-Know"-Prinzip.

- **Authentifizierung**: Jeglicher Zugriff auf personenbezogene Daten erfolgt ausschließlich nach einer erfolgreichen Authentifizierung.

- **Passwortsicherheit**: Soweit Passwörter zur Authentifizierung eingesetzt werden, sollten diese mindestens acht Zeichen lang sein und aus Klein- und Großbuchstaben, Zahlen und Sonderzeichen bestehen. Passwörter werden ausschließlich verschlüsselt gespeichert.

- **Verschlüsselung auf dem Übertragungsweg**: Personenbezogene Daten werden auf dem Übertragungsweg über das Internet verschlüsselt, zumindest soweit es sich um Daten der Lohnverrechnung oder sensible Daten handelt.

- **Verschlüsselung mobiler Geräte**: Mobile Endgeräte und mobile Datenträger werden verschlüsselt, zumindest soweit auf diesen Geräten Daten der Lohnverrechnung oder sensible Daten gespeichert werden.

- **Netzwerksicherheit**: Es wird eine Firewall eingesetzt, welche das interne Netzwerk vom Internet trennt und – soweit möglich – eingehenden Netzwerkverkehr blockiert.

- **Maßnahmen gegen Schadsoftware**: Es wird nach Möglichkeit auf allen Systemen Anti-Viren Software eingesetzt. Alle eingehenden E-Mails werden automatisch auf Schadsoftware gescannt.

- **Management von Sicherheitslücken**: Soweit möglich, wird auf allen Geräten die automatische Installation von Sicherheitsupdates aktiviert. Ansonsten erfolgt die Installation kritischer Sicherheitsupdates binnen drei Arbeitstagen, die Installation von Sicherheitsupdates mittlerer Kritikalität binnen 25 Arbeitstagen und die Installation von Sicherheitsupdates geringer Kritikalität binnen 40 Arbeitstagen.

> Organisatorische Maßnahmen

- **Klare Zuständigkeiten**: Interne Zuständigkeiten für Fragen der Datensicherheit werden definiert.

- **Verschwiegenheitspflicht der Dienstnehmer**: Die Dienstnehmer werden über die Dauer ihres Dienstverhältnisses hinaus zur Verschwiegenheit verpflichtet. Insbesondere werden sie dazu verpflichtet, personenbezogene Daten nur auf ausdrückliche Anweisung eines Vorgesetzten an Dritte zu übermitteln.

- **Schulungen und Informationsmaßnahmen:** Die Dienstnehmer werden zu Fragen der Datensicherheit (intern oder extern) geschult und angemessen über Fragen der Datensicherheit informiert (zB Passwortsicherheit).

- **Geordnete Beendigung des Dienstverhältnisses:** Bei Beendigung des Dienstverhältnisses erfolgt eine unverzügliche Sperrung aller Konten des ausscheidenden Dienstnehmers sowie eine Abnahme aller Schlüssel des ausscheidenden Dienstnehmers.

- **Verwaltung von Computer-Hardware:** Es werden Aufzeichnungen darüber geführt, welchem Mitarbeiter welche Endgeräte (zB PC, Laptop, Mobiltelefon) zugewiesen wurden.

- **Eingabekontrolle:** Es bestehen Verfahren zur Kontrolle der Richtigkeit der eingegebenen personenbezogenen Daten.

- **Keine Doppelverwendung von Benutzer-Accounts:** Jede Person sollte ihren eigenen Benutzer-Account haben – das Teilen von Benutzer-Accounts ist untersagt.

- **Keine unnötige Verwendung administrativer Accounts:** Benutzer-Accounts mit administrativen Rechten werden nur in Ausnahmefällen verwendet – die reguläre Nutzung von IT-Systemen erfolgt ohne administrative Rechte.

- **Auswahl der Dienstleister:** Bei der Auswahl von Dienstleistern wird das vom Dienstleister gebotene Datensicherheitsniveau berücksichtigt. Der Einsatz eines Dienstleisters, der als Auftragsverarbeiter einzustufen ist, erfolgt nur nach Abschluss einer Auftragsverarbeitervereinbarung.

- **Sichere Datenentsorgung:** Papier, welches personenbezogene Daten enthält, wird grundsätzlich geschreddert bzw einem externen Dienstleister zur sicheren Vernichtung übergeben. Datenträger werden vor ihrer Entsorgung vollständig überschrieben oder physisch zerstört, sodass die darauf gespeicherten Daten nicht wiederhergestellt werden können.

> Physische Maßnahmen

- **Physische Zugangskontrolle:** Das Betreten der Betriebsräumlichkeiten ist für betriebsfremde Personen nur in Begleitung einer betriebsangehörigen Person zulässig.

- **Einbruchssicherheit:** Die Zugänge zu den Betriebsräumlichkeiten verfügen über einen angemessenen Einbruchsschutz (zB eine Sicherheitstüre höherer Widerstandsklasse).

- **Besonderer Schutz von Computer-Hardware:** Der Zugang zu Räumlichkeiten, in denen sich Computer-Server befinden, ist durch besondere Maßnahmen gesichert (zB zusätzliches Schloss).

- **Schlüsselverwaltung:** Schlüssel, welchen den Zugang zu den Betriebsräumlichkeiten oder Teilen derselben ermöglichen, werden nur an besonders vertrauenswürdige Personen ausgehändigt und dies auch nur soweit und solange diese Personen tatsächlich einen eigenen Schlüssel benötigen.

Detektive Sicherheitsmaßnahmen – Maßnahmen zur Erkennung eines Angriffs

> Technische Maßnahmen

- **Scans nach Schadsoftware:** Es werden regelmäßig Scans nach Schadsoftware (Anti-Viren-Scans) durchgeführt, um Schadsoftware zu identifizieren, welche ein IT-System bereits kompromittiert hat.

- **Automatische Prüfung von Logfiles:** Soweit die Sicherheits-Logfiles mehrerer Systeme auf einem System zentralisiert gesammelt werden, erfolgt eine automatisierte Auswertung der Logfiles, um mögliche Sicherheitsverletzungen zu erkennen.

- **Sicherheits-Mailing-Listen:** Es wird sichergestellt, dass ein Mitarbeiter des Unternehmens oder ein externer Dienstleister einschlägige Mailing-Listen für die Bekanntgabe neuer IT-Sicherheits-Bedrohungen abonniert (zB Mailing-Listen der Hersteller der verwendeten Software), um über die aktuelle Bedrohungslage in Kenntnis zu sein.

> Organisatorische Maßnahmen

- **Erkennung von Sicherheitsverletzungen durch Dienstnehmer:** Alle Dienstnehmer werden instruiert, wie sie Sicherheitsverletzungen erkennen und berichten können (zB nicht mehr auffindbare Computer-Hardware, Meldungen von Anti-Viren-Software).

- **Reporting-Systeme:** Es bestehen technische Verfahren, die es Mitarbeitern ermöglichen, Auffälligkeiten und Anomalien bei technischen Systemen an die zuständigen Personen zu melden.

- **Betriebsfremde Personen:** Alle Dienstnehmer werden instruiert, betriebsfremde Personen anzusprechen, sollten sie in den Betriebsräumlichkeiten angetroffen werden.

- **Audits**: Es werden regelmäßige Audits durchgeführt (zB Prüfung, ob alle kritischen Sicherheits-Updates installiert wurden). Insbesondere erfolgt eine regelmäßige Prüfung der erteilten Zugriffs- und Zutrittsberechtigungen (welchem Mitarbeiter ist welcher Benutzer-Account mit welchen Zugriffsrechten zugewiesen; welche Personen verfügen über welche Schlüssel).

- **Manuelle Prüfung von Logfiles**: Soweit Logfiles geführt werden (zB über erfolglose Authentifizierungsversuche), werden diese in regelmäßigen Abständen geprüft.

> Physische Maßnahmen

- **Brandmelder**: Sofern dies aufgrund der Größe und Beschaffenheit der Betriebsräumlichkeiten angemessen ist, wird ein Brandmelder installiert, der durch Rauch automatisch ausgelöst wird.

Reaktive Sicherheitsmaßnahmen – Maßnahmen zur Reaktion auf einen Angriff

> Technische Maßnahmen

- **Datensicherung**: Es werden regelmäßig Datensicherungen erstellt und sicher aufbewahrt.

- **Datenwiederherstellungskonzept**: Es wird ein Konzept zur raschen Wiederherstellung von Datensicherungen entwickelt, um nach einer Sicherheitsverletzung zeitnah den regulären Betrieb wiederherstellen zu können.

- **Automatische Entfernung von Schadsoftware**: Die eingesetzte Anti-Viren-Software verfügt über die Funktion, Schadsoftware automatisch zu entfernen.

> Organisatorische Maßnahmen

- **Meldepflicht für Dienstnehmer**: Alle Dienstnehmer werden angewiesen, Sicherheitsverletzungen unverzüglich an eine zuvor definierte interne Stelle bzw Person zu melden.

- **Meldepflicht für externe Dienstleister**: Allen Dienstleistern werden Kontaktdaten für die Meldung von Sicherheitsverletzungen mitgeteilt.

- **Prozess für die Reaktion auf Sicherheitsverletzungen**: Es wird durch einen geeigneten Prozess sichergestellt, dass Sicherheitsverletzungen innerhalb von 72 Stunden ab Kenntnis von der Sicherheitsverletzung an die Datenschutzbehörde gemeldet werden können. Insbesondere sind allen Dienstnehmern die Notfall-Telefonnummern der zu involvierenden Personen bekannt zu geben (zB Notfall-Telefonnummer für den IT-Support).

> Physische Maßnahmen

- **Feuerlöscher**: In den Betriebsräumlichkeiten gibt es eine geeignete Anzahl an Feuerlöschern. Allen Dienstnehmern ist bekannt, wo sich die Feuerlöscher befinden.

- **Feueralarm**: Soweit es keinen Brandmelder gibt, der über eine automatische Verbindung zur Feuerwehr verfügt, wird durch einen angemessenen Prozess sichergestellt, dass die Feuerwehr manuell verständigt werden kann.

Abschreckende Sicherheitsmaßnahmen – Maßnahmen zur Minderung der Angreifermotivation

> Technische Maßnahmen

- **Automatische Warnmeldungen**: Nutzer erhalten automatische Warnmeldungen bei risikoträchtiger IT-Nutzung (zB durch den Webbrowser, wenn eine verschlüsselte Website kein korrektes SSL/TLS-Zertifikat verwendet).

> Organisatorische Maßnahmen

- **Sanktionen bei Angriffen durch eigene Dienstnehmer**: Alle Dienstnehmer werden darüber informiert, dass Angriffe auf betriebseigene IT-Systeme nicht toleriert werden und schwerwiegende arbeitsrechtliche Konsequenzen, wie insbesondere eine Entlassung nach sich ziehen können.

- **Protokollierung von Zugriffen**: Zugriffe auf Anwendungen, insb Eingabe, Löschung und Änderung von Daten, werden protokolliert.

D. Allgemeines Muster einer Auftragsverarbeitervereinbarung (englische Version)

Data Processing Agreement
(hereafter "**Agreement**")

between

[controller company name]
[controller address]
(hereafter "**Controller**")

and

[processor company name]
[processor address]
(hereafter "**Processor**")

1. Objective of the Agreement

The Processor undertakes to perform, on behalf of the Controller, the data processing operations described in <u>Appendix 1</u>. For the purpose of this Agreement, the terms of the General Data Protection Regulation (Regulation (EU) 2016/679, hereafter "**GDPR**") shall apply.

2. Right to Instruction

2.1 The Processor shall process the personal data only on documented instructions from the Controller, including with regard to transfers of personal data to a third country or an international organization, unless required to do so by Union or Member State law to which the Processor is subject.

2.2 The processor shall immediately inform the controller if it considers that an instruction violates the GDPR or other data protection provisions of the EU or an EU Member State.

2.3 The processor shall immediately inform the controller whether it is obliged, under EU or EU Member State law, to process data contrary to the instructions of the controller or without the instructions of the controller (if such notification is permissible).

19

3. Confidentiality

The Processor shall ensure that persons authorized to process the personal data have committed themselves to confidentiality or are under an appropriate statutory obligation of confidentiality.

4. Data Security

4.1 The Processor warrants that it has implemented sufficient security measures to prevent the unlawful use of the personal data or the accessibility for unauthorized third parties.

4.2 The processor shall in particular implement the measures set out in Appendix 2.

4.3 Moreover, the Processor warrants that it takes all measures required pursuant to Article 32 of the GDPR.

5. Sub-Processing

5.1 The Processor may engage the following companies as sub-processors (hereinafter collectively **"Sub-Processors"**):

    a. *[Sub-Processor's company name]*
       [Sub-Processor's address]

5.2 The Processor shall inform the Controller of any intended changes concerning the addition or replacement of other Sub-Processors, thereby giving the Controller the opportunity to object to and prohibit such changes. If the Controller does not object within two weeks, the addition or replacement shall be deemed to have been approved.

5.3 Where the Processor engages another Sub-Processor for carrying out specific processing activities on behalf of the Controller, the same data protection obligations as set out in this Agreement shall be imposed on that Sub-Processor by way of a contract, in particular providing sufficient guarantees to implement appropriate technical and organizational measures in such a manner that the processing will meet the requirements of applicable data protection law.

5.4 Where that Sub-Processor fails to fulfil its data protection obligations, the Processor shall remain fully liable to the Controller for the performance of that Sub-Processor's obligations.

6. Assistance

6.1 The Processor shall assist the Controller by appropriate technical and organizational measures, insofar as this is possible, for the fulfilment of the Controller's obligation to respond to requests for exercising the data subject's rights under applicable data protection law, including Chapter III of the GDPR.

6.2 Moreover, the Processor shall assist the Controller in ensuring compliance with the Controller's obligations under applicable data protection law, including Articles 32 to 36 of the GDPR.

7. Return of Personal Data

The Processor shall, at the choice of the Controller, delete or return all the personal data to the Controller after the end of the provision of services relating to processing, and delete existing copies unless applicable Union or EU Member State law requires storage of the personal data.

8. Audit

The Processor shall make available to the Controller all information necessary to demonstrate compliance with the obligations laid down in this agreement and allow for and contribute to audits, including inspections, conducted by the Controller or another auditor mandated by the Controller.

9. Liability

Both parties shall be liable in accordance with the principles of Austrian civil law.

10. Miscellaneous

10.1 Amendments to this agreement shall be made exclusively in writing. This shall also apply to this requirement of written form.

10.2 Should any provision of this agreement be invalid or ineffective, it shall, to the extent permitted by law, be replaced by that provision which comes closest in economic terms to the invalid or ineffective provision.

On behalf of the Controller: On behalf of the Processor:

....

Place and date: Place and date:

....

Appendix 1: Details of data processing performed

Appendix 2: Technical and organizational measures for the protection of personal data

Appendix 1: Details of data processing performed

Data subjects

The personal data transferred concern the following categories of data subjects:

....

....

Categories of data

The personal data transferred concern the following categories of data:

....

....

Special categories of data (if appropriate)

The personal data transferred concern the following special categories of data:

....

....

Subject-matter of the processing and processing operations

The personal data transferred will be subject to the following basic processing operations:

....

....

Processing purposes

The personal data transferred will be processed by the Processor for the following purposes of the Controller:

....

....

Appendix 2: Technical and organizational measures for the protection of personal data

Preventive Security Measures — Measures to Prevent a Successful Attack

> Technical measures

- **Logical access control:** Access rights are granted according to the "need-to-know" principle.

- **Authentication:** Personal data is accessible only after successful authentication.

- **Password security:** Passwords used for authentication consist of at least 8 characters, lower and upper case letters, numbers, and special characters. Passwords are stored encrypted only.

- **Encryption on the transmission path:** Personal data is encrypted if transmitted over the Internet, at least to the extent payroll data and sensitive data are concerned.

- **Encryption of mobile devices:** Mobile devices and mobile data carriers are encrypted, at least in case that payroll data or sensitive data are stored on these devices.

- **Network security:** A firewall is used that separates the internal network from the Internet and — as far as possible — blocks incoming network traffic.

- **Measures against malicious software:** Anti-virus software is used on all systems as far as possible. All incoming emails are automatically scanned for malicious software.

- **Management of security vulnerabilities:** To the extent feasible, the automatic installation of security updates is activated on all devices. Otherwise, critical security updates will be installed within 3 business days, medium-critical security updates will be installed within 25 business days, and non-critical security updates will be installed within 40 business days.

> Organizational measures

- **Clear responsibilities:** Internal responsibilities for data security issues are defined.

- **Confidentiality requirements of employees:** Employees are obliged to maintain secrecy beyond the duration of their employment. In particular, employees may only transfer personal data to third parties upon the express instruction of a supervisor.

- · **Training and information activities:** Employees are trained on data security issues (internally or externally) and adequately informed about data security issues (such as password security).

- · **Orderly termination of employment relationships:** Upon termination of an employment relationship, all accounts of the leaving employee are immediately blocked for that employee and all keys of the leaving employee are collected.

- · **Management of computer hardware:** Records are kept on the distribution of end devices to specific employees (e.g., PC, laptop, mobile phone).

- · **Input control:** Control procedures are implemented to control the accuracy of personal data.

- · **No duplicates of user accounts:** Each person should have their own user account — the sharing of user accounts is prohibited.

- · **Limited use of administrative accounts:** User accounts with administrative rights are only used in exceptional cases — IT systems are normally used without administrative rights.

- · **Selection of service providers:** When selecting service providers, the data security level offered by the service provider is taken into account. Service providers that are considered a processor are only used after execution of a processor agreement.

- · **Secure data disposal:** Paper containing personal data is generally shredded or handed over to an external service provider for secure destruction. Media are completely overwritten or physically destroyed before being disposed of in order to prevent restoration of stored data.

> Physical measures

- · **Physical access control:** Access to business premises are only permitted for non-employees if accompanied by a company member.

- · **Measures against burglary:** Access to business premises are equipped with adequate burglary protection (e.g., with security doors of higher safety classes).

- · **Special protection of computer hardware:** Access to premises where computer servers are located is protected by special security measures (e.g., by additional locks).

- **Key management:** Keys that grant access to premises or parts thereof are only provided to particularly trustworthy persons, and only to the extent and as long as these persons require a separate key.

Detective security measures — measures to detect an attack

> Technical Measures

- **Scans for malware:** Scans for malware (anti-virus scans) are regularly performed to identify malicious software that has already compromised an IT system.

- **Automatic checks of log files:** To the extent that safety log files of several systems are collected on a centralized system, log files are automatically evaluated in order to detect possible security breaches.

- **Security mailing lists:** An employee of the company or an external service provider is required to subscribe to relevant mailing lists for the announcement of new IT security threats (e.g., mailing lists of the manufacturers of the software used) to recognize current threat situations.

> Organizational measures

- **Employee security incident detection:** All employees are trained on the detection and reporting of security breaches (e.g., undetectable computer hardware, anti-virus software messages).

- **Reporting systems:** There are technical procedures in place that enable employees to report anomalies and anomalies in technical systems to the responsible persons.

- **External persons:** All employees are instructed to address non-employees should they be met on the premises.

- **Audits:** Audits are performed regularly (e.g., by verifying if all critical security updates have been installed). In particular, there is a regular check of access grants and access authorizations (which employee is assigned to which user account with which access rights, which persons have which keys).

- **Manual checking of log files:** Log files, if kept, are checked at regular intervals (e.g., with regard to unsuccessful authentication attempts).

25

> Physical measures

- **Fire alarms:** To the extent appropriate with regard to the size and nature of the business facilities, fire alarms that are automatically triggered by smoke will be installed.

Reactive security measures — response to an attack

> Technical Measures

- **Data backup:** Data backups are created regularly and stored securely.

- **Data recovery concept:** A concept for the rapid restoration of data backups will be developed in order to allow for the timely restoration of regular operation after a security breach.

- **Automatic removal of malware:** The anti-virus software used automatically removes malware.

> Organizational measures

- **Reporting obligation for employees:** All employees are instructed to immediately report security violations to a previously defined internal body or person.

- **Obligation to register external service providers:** All service providers are provided with contact details to report security breaches.

- **Incident response process:** Security breaches can be reported to the supervisory authority within 72 hours of knowledge of the breach via an appropriate reporting process. In particular, all employees will be provided with emergency telephone numbers of the persons that will have to get involved (e.g., emergency telephone number of the IT support).

> Physical measures

- **Fire extinguishers:** There is a suitable number of fire extinguishers in the premises. All employees are aware of the location of these fire extinguishers.

- **Fire alarm:** In case that there is a fire detector that does not have an automatic connection to the fire department, an appropriate process ensures that the fire department can be contacted manually.

Deterrent security measures — measures to reduce attack motivation

> Technical Measures

- **Automatic alerts:** Users receive automatic alerts on risk-entailing IT use (such as through the web browser if an encrypted web site does not use correct SSL / TLS certificates).

> Organizational measures

- **Sanctions in the case of attacks by own employees:** All employees are informed that attacks on company-owned IT systems are not tolerated and that such attacks may result in serious consequences under employment law, particularly including dismissal.

- **Logging of access:** Any access to applications, in particular input, deletion and modification of data, is logged.

E. Verantwortlichenfreundliche Auftragsverarbeitervereinbarung (deutsche Version)

Auftragsverarbeitervereinbarung

(nachfolgend „Vereinbarung")

zwischen

[Firmenwortlaut des Verantwortlichen]

[Anschrift des Verantwortlichen]

(nachfolgend „**Verantwortlicher**")

und

[Firmenwortlaut des Auftragsverarbeiters]

[Anschrift des Auftragsverarbeiters]

(nachfolgend „**Auftragsverarbeiter**")

1. Ziel der Vereinbarung

Der Auftragsverarbeiter hat sich verpflichtet, die in Anhang 1 beschriebenen Datenverarbeitungen gegenüber dem Verantwortlichen zu erbringen. Für die Zwecke dieser Vereinbarung gelten die Begriffsdefinitionen der Datenschutz-Grundverordnung (Verordnung (EU) 2016/679, nachfolgend „**DSGVO**").

2. Weisungsrecht

2.1 Der Auftragsverarbeiter verarbeitet personenbezogene Daten nur auf dokumentierte Weisung des Verantwortlichen – auch in Bezug auf die Übermittlung personenbezogener Daten an ein Drittland oder eine internationale Organisation –, sofern er nicht durch das Recht der Union oder der Mitgliedstaaten, dem der Auftragsverarbeiter unterliegt, hierzu verpflichtet ist.

2.2 Der Auftragsverarbeiter informiert den Verantwortlichen unverzüglich, falls er der Auffassung ist, dass eine Weisung gegen die DSGVO oder gegen andere Datenschutzbestimmungen der EU oder der Mitgliedstaaten verstößt.

2.3 Der Auftragsverarbeiter informiert den Verantwortlichen unverzüglich, falls er nach dem Recht der Union oder der Mitgliedstaaten dazu verpflichtet ist, entgegen den Weisungen des Verantwortlichen oder ohne Weisung des Verantwortlichen eine Datenverarbeitung vorzunehmen (sofern eine solche Mitteilung zulässig ist).

3. Vertraulichkeit

Der Auftragsverarbeiter gewährleistet, dass sich die zur Verarbeitung der personenbezogenen Daten befugten Personen zur Vertraulichkeit verpflichtet haben oder einer angemessenen gesetzlichen Verschwiegenheitspflicht unterliegen.

4. Datensicherheit

4.1 Der Auftragsverarbeiter erklärt rechtsverbindlich, dass er ausreichende Sicherheitsmaßnahmen ergriffen hat, um zu verhindern, dass Daten ordnungswidrig verwendet oder Dritten unbefugt zugänglich werden.

4.2 Der Auftragsverarbeiter hat insbesondere die in <u>Anhang 2</u> angeführten Maßnahmen zu implementieren.

4.3 Außerdem erklärt der Auftragsverarbeiter, dass er alle gemäß Artikel 32 DSGVO erforderlichen Maßnahmen ergreift.

5. Sub-Auftragsverarbeitung

5.1 Der Auftragsverarbeiter informiert den Verantwortlichen über jede beabsichtigte Änderung in Bezug auf die Hinzuziehung oder die Ersetzung anderer Auftragsverarbeiter oder Sub-Auftragsverarbeiter (im Folgenden zusammen **„Sub-Auftragsverarbeiter"**), wodurch der Verantwortliche die Möglichkeit erhält, gegen derartige Änderungen Einspruch zu erheben und die Hinzuziehung oder die Ersetzung zu untersagen. Erhebt der Verantwortliche innerhalb von zwei Wochen keinen Einspruch, so gilt die Hinzuziehung oder Ersetzung als genehmigt.

5.2 Nimmt der Auftragsverarbeiter einen anderen Sub-Auftragsverarbeiter in Anspruch, um bestimmte Verarbeitungstätigkeiten im Namen des Verantwortlichen auszuführen, so werden diesem Sub-Auftragsverarbeiter im Wege eines Vertrags dieselben Datenschutzpflichten auferlegt, wobei insbesondere hinreichende Garantien dafür geboten werden müssen, dass die geeigneten technischen und organisatorischen Maßnahmen so durchgeführt werden, dass die Verarbeitung entsprechend den Anforderungen des anwendbaren Datenschutzrechts erfolgt.

5.3 Kommt der Sub-Auftragsverarbeiter seinen Datenschutzpflichten nicht nach, so haftet der Auftragsverarbeiter gegenüber dem Verantwortlichen für die Einhaltung der Pflichten des Sub-Auftragsverarbeiters.

6. Unterstützung

6.1 Der Auftragsverarbeiter unterstützt den Verantwortlichen durch geeignete technische und organisatorische Maßnahmen bei der Erfüllung der Pflichten des Verantwortlichen bei Anträgen auf Wahrnehmung der Betroffenenrechte gemäß dem anwendbaren Datenschutzrecht, einschließlich Kapitel III der DSGVO.

6.2 Darüber hinaus unterstützt der Auftragsverarbeiter den Verantwortlichen bei der Einhaltung seiner Pflichten gemäß dem anwendbaren Datenschutzrecht, einschließlich Artikel 32–36 DSGVO, ohne dass dem Auftragsverarbeiter hierfür ein zusätzliches Entgelt zustehen würde.

7. Rückgabe von personenbezogenen Daten

7.1 Nach Wahl des Verantwortlichen löscht der Verantwortliche nach Abschluss der Erbringung der Verarbeitungsleistungen alle personenbezogenen Daten oder gibt diese zurück, sofern nicht nach dem Unionsrecht oder dem Recht der Mitgliedstaaten eine Verpflichtung zur Speicherung der personenbezogenen Daten besteht.

7.2 Wenn der Verantwortliche wählt, die Daten zurück zu erhalten, so hat der Auftragsverarbeiter die Daten an den Verantwortlichen in einem wiederverwendbaren und gängigen elektronischen Datenformat zu übermitteln, das vom Verantwortlichen frei gewählt werden kann.

8 Überprüfung

8.1 Der Auftragsverarbeiter stellt dem Verantwortlichen alle erforderlichen Informationen zum Nachweis der Einhaltung der in diesem Vertrag niedergelegten Pflichten zur Verfügung und ermöglicht Überprüfungen, einschließlich Inspektionen, die von dem Verantwortlichen oder einem anderen von diesem beauftragen Prüfer durchgeführt werden. Hierfür gebührt dem Auftragsverarbeiter kein zusätzliches Entgelt.

8.2 Wird im Rahmen einer Überprüfung eine Verletzung dieses Vertrages durch den Auftragsverarbeiter festgestellt, so hat der Auftragsverarbeiter die Kosten des Verantwortlichen für die Durchführung der Überprüfung zu tragen.

9. Haftung

Der Auftragsverarbeiter haftet nach den Grundsätzen des österreichischen Zivilrechts.

10. Sonstiges

10.1 Änderungen dieser Vereinbarung sind ausschließlich in schriftlicher Form vorzunehmen. Dies gilt auch für dieses Schriftlichkeitsgebot.

10.2 Sollte eine Bestimmung dieser Vereinbarung ungültig oder unwirksam sein, wird sie, soweit gesetzlich zulässig, durch jene Bestimmung ersetzt, die wirtschaftlich der ungültigen oder unwirksamen Bestimmung am nächsten kommt.

Im Namen des Verantwortlichen: Im Namen des Auftragsverarbeiters:

....

      Ort und Datum: Ort und Datum:

....

Anhang 1:   Details der erbrachten Datenverarbeitungen

Anhang 2:   Technische und organisatorische Maßnahmen zum Schutz von personenbezogenen Daten

Anhang 1: Details der erbrachten Datenverarbeitungen

Betroffene Personen

Die übermittelten personenbezogenen Daten betreffen folgende Kategorien betroffener Personen:

....

....

Kategorien von Daten

Die übermittelten personenbezogenen Daten gehören zu folgenden Datenkategorien (bitte genau angeben):

....

....

Kategorien von sensiblen Daten (falls zutreffend)

Die übermittelten personenbezogenen Daten umfassen folgende sensible Daten:

....

....

Gegenstand der Verarbeitung und Verarbeitungsmaßnahmen

Die übermittelten personenbezogenen Daten werden folgenden grundlegenden Verarbeitungsmaßnahmen unterzogen:

....

....

Verarbeitungszwecke

Die übermittelten personenbezogenen Daten werden zu folgenden Zwecken des Verantwortlichen verarbeitet:

....

....

Anhang 2: Technische und organisatorische Maßnahmen zum Schutz von personenbezogenen Daten

Präventive Sicherheitsmaßnahmen – Maßnahmen zur Verhinderung eines erfolgreichen Angriffs

> Technische Maßnahmen

- **Logische Zugriffskontrolle**: Die Vergabe von Zugriffsberechtigungen erfolgt nach dem „Need-to-Know"-Prinzip.

- **Authentifizierung**: Jeglicher Zugriff auf personenbezogene Daten erfolgt ausschließlich nach einer erfolgreichen Authentifizierung.

- **Passwortsicherheit**: Soweit Passwörter zur Authentifizierung eingesetzt werden, sollten diese mindestens acht Zeichen lang sein und aus Klein- und Großbuchstaben, Zahlen und Sonderzeichen bestehen. Passwörter werden ausschließlich verschlüsselt gespeichert.

- **Verschlüsselung auf dem Übertragungsweg**: Personenbezogene Daten werden auf dem Übertragungsweg über das Internet verschlüsselt, zumindest soweit es sich um Daten der Lohnverrechnung oder sensible Daten handelt.

- **Verschlüsselung mobiler Geräte**: Mobile Endgeräte und mobile Datenträger werden verschlüsselt, zumindest soweit auf diesen Geräten Daten der Lohnverrechnung oder sensible Daten gespeichert werden.

- **Netzwerksicherheit**: Es wird eine Firewall eingesetzt, welche das interne Netzwerk vom Internet trennt und – soweit möglich – eingehenden Netzwerkverkehr blockiert.

- **Maßnahmen gegen Schadsoftware**: Es wird nach Möglichkeit auf allen Systemen Anti-Viren Software eingesetzt. Alle eingehenden E-Mails werden automatisch auf Schadsoftware gescannt.

- **Management von Sicherheitslücken**: Soweit möglich, wird auf allen Geräten die automatische Installation von Sicherheitsupdates aktiviert. Ansonsten erfolgt die Installation kritischer Sicherheitsupdates binnen drei Arbeitstagen, die Installation von Sicherheitsupdates mittlerer Kritikalität binnen 25 Arbeitstagen und die Installation von Sicherheitsupdates geringer Kritikalität binnen 40 Arbeitstagen.

> Organisatorische Maßnahmen

- **Klare Zuständigkeiten**: Interne Zuständigkeiten für Fragen der Datensicherheit werden definiert.

33

- **Verschwiegenheitspflicht der Dienstnehmer**: Die Dienstnehmer werden über die Dauer ihres Dienstverhältnisses hinaus zur Verschwiegenheit verpflichtet. Insbesondere werden sie dazu verpflichtet, personenbezogene Daten nur auf ausdrückliche Anweisung eines Vorgesetzten an Dritte zu übermitteln.

- **Schulungen und Informationsmaßnahmen**: Die Dienstnehmer werden zu Fragen der Datensicherheit (intern oder extern) geschult und angemessen über Fragen der Datensicherheit informiert (zB Passwortsicherheit).

- **Geordnete Beendigung des Dienstverhältnisses**: Bei Beendigung des Dienstverhältnisses erfolgt eine unverzügliche Sperrung aller Konten des ausscheidenden Dienstnehmers sowie eine Abnahme aller Schlüssel des ausscheidenden Dienstnehmers.

- **Verwaltung von Computer-Hardware**: Es werden Aufzeichnungen darüber geführt, welchem Mitarbeiter welche Endgeräte (zB PC, Laptop, Mobiltelefon) zugewiesen wurden.

- **Eingabekontrolle**: Es bestehen Verfahren zur Kontrolle der Richtigkeit der eingegebenen personenbezogenen Daten.

- **Keine Doppelverwendung von Benutzer-Accounts**: Jede Person sollte ihren eigenen Benutzer-Account haben – das Teilen von Benutzer-Accounts ist untersagt.

- **Keine unnötige Verwendung administrativer Accounts**: Benutzer-Accounts mit administrativen Rechten werden nur in Ausnahmefällen verwendet – die reguläre Nutzung von IT-Systemen erfolgt ohne administrative Rechte.

- **Auswahl der Dienstleister**: Bei der Auswahl von Dienstleistern wird das vom Dienstleister gebotene Datensicherheitsniveau berücksichtigt. Der Einsatz eines Dienstleisters, der als Auftragsverarbeiter einzustufen ist, erfolgt nur nach Abschluss einer Auftragsverarbeitervereinbarung.

- **Sichere Datenentsorgung**: Papier, welches personenbezogene Daten enthält, wird grundsätzlich geschreddert bzw einem externen Dienstleister zur sicheren Vernichtung übergeben. Datenträger werden vor ihrer Entsorgung vollständig überschrieben oder physisch zerstört, sodass die darauf gespeicherten Daten nicht wiederhergestellt werden können.

> Physische Maßnahmen

  · **Physische Zugangskontrolle**: Das Betreten der Betriebsräumlichkeiten ist für betriebsfremde Personen nur in Begleitung einer betriebsangehörigen Person zulässig.

  · **Einbruchssicherheit**: Die Zugänge zu den Betriebsräumlichkeiten verfügen über einen angemessenen Einbruchsschutz (zB eine Sicherheitstüre höherer Widerstandsklasse).

  · **Besonderer Schutz von Computer-Hardware**: Der Zugang zu Räumlichkeiten, in denen sich Computer-Server befinden, ist durch besondere Maßnahmen gesichert (zB zusätzliches Schloss).

  · **Schlüsselverwaltung**: Schlüssel, welchen den Zugang zu den Betriebsräumlichkeiten oder Teilen derselben ermöglichen, werden nur an besonders vertrauenswürdige Personen ausgehändigt und dies auch nur soweit und solange diese Personen tatsächlich einen eigenen Schlüssel benötigen.

Detektive Sicherheitsmaßnahmen – Maßnahmen zur Erkennung eines Angriffs

> Technische Maßnahmen

  · **Scans nach Schadsoftware**: Es werden regelmäßig Scans nach Schadsoftware (Anti-Viren-Scans) durchgeführt, um Schadsoftware zu identifizieren, welche ein IT-System bereits kompromittiert hat.

  · **Automatische Prüfung von Logfiles**: Soweit die Sicherheits-Logfiles mehrerer Systeme auf einem System zentralisiert gesammelt werden, erfolgt eine automatisierte Auswertung der Logfiles, um mögliche Sicherheitsverletzungen zu erkennen.

  · **Sicherheits-Mailing-Listen**: Es wird sichergestellt, dass ein Mitarbeiter des Unternehmens oder ein externer Dienstleister einschlägige Mailing-Listen für die Bekanntgabe neuer IT-Sicherheits-Bedrohungen abonniert (zB Mailing-Listen der Hersteller der verwendeten Software), um über die aktuelle Bedrohungslage in Kenntnis zu sein.

> Organisatorische Maßnahmen

  · **Erkennung von Sicherheitsverletzungen durch Dienstnehmer**: Alle Dienstnehmer werden instruiert, wie sie Sicherheitsverletzungen erkennen und berichten können (zB nicht mehr auffindbare Computer-Hardware, Meldungen von Anti-Viren-Software).

- **Reporting-Systeme**: Es bestehen technische Verfahren, die es Mitarbeitern ermöglichen, Auffälligkeiten und Anomalien bei technischen Systemen an die zuständigen Personen zu melden.

- **Betriebsfremde Personen**: Alle Dienstnehmer werden instruiert, betriebsfremde Personen anzusprechen, sollten sie in den Betriebsräumlichkeiten angetroffen werden.

- **Audits**: Es werden regelmäßige Audits durchgeführt (zB Prüfung, ob alle kritischen Sicherheits-Updates installiert wurden). Insbesondere erfolgt eine regelmäßige Prüfung der erteilten Zugriffs- und Zutrittsberechtigungen (welchem Mitarbeiter ist welcher Benutzer-Account mit welchen Zugriffsrechten zugewiesen; welche Personen verfügen über welche Schlüssel).

- **Manuelle Prüfung von Logfiles**: Soweit Logfiles geführt werden (zB über erfolglose Authentifizierungsversuche), werden diese in regelmäßigen Abständen geprüft.

> Physische Maßnahmen

- **Brandmelder**: Sofern dies aufgrund der Größe und Beschaffenheit der Betriebsräumlichkeiten angemessen ist, wird ein Brandmelder installiert, der durch Rauch automatisch ausgelöst wird.

Reaktive Sicherheitsmaßnahmen – Maßnahmen zur Reaktion auf einen Angriff

> Technische Maßnahmen

- **Datensicherung**: Es werden regelmäßig Datensicherungen erstellt und sicher aufbewahrt.

- **Datenwiederherstellungskonzept**: Es wird ein Konzept zur raschen Wiederherstellung von Datensicherungen entwickelt, um nach einer Sicherheitsverletzung zeitnah den regulären Betrieb wiederherstellen zu können.

- **Automatische Entfernung von Schadsoftware**: Die eingesetzte Anti-Viren-Software verfügt über die Funktion, Schadsoftware automatisch zu entfernen.

> Organisatorische Maßnahmen

- **Meldepflicht für Dienstnehmer**: Alle Dienstnehmer werden angewiesen, Sicherheitsverletzungen unverzüglich an eine zuvor definierte interne Stelle bzw Person zu melden.

· **Meldepflicht für externe Dienstleister:** Allen Dienstleistern werden Kontaktdaten für die Meldung von Sicherheitsverletzungen mitgeteilt.

· **Prozess für die Reaktion auf Sicherheitsverletzungen:** Es wird durch einen geeigneten Prozess sichergestellt, dass Sicherheitsverletzungen innerhalb von 72 Stunden ab Kenntnis von der Sicherheitsverletzung an die Datenschutzbehörde gemeldet werden können. Insbesondere sind allen Dienstnehmern die Notfall-Telefonnummern der zu involvierenden Personen bekannt zu geben (zB Notfall-Telefonnummer für den IT-Support).

> Physische Maßnahmen

· **Feuerlöscher:** In den Betriebsräumlichkeiten gibt es eine geeignete Anzahl an Feuerlöschern. Allen Dienstnehmern ist bekannt, wo sich die Feuerlöscher befinden.

· **Feueralarm:** Soweit es keinen Brandmelder gibt, der über eine automatische Verbindung zur Feuerwehr verfügt, wird durch einen angemessenen Prozess sichergestellt, dass die Feuerwehr manuell verständigt werden kann.

Abschreckende Sicherheitsmaßnahmen – Maßnahmen zur Minderung der Angreifermotivation

> Technische Maßnahmen

· **Automatische Warnmeldungen:** Nutzer erhalten automatische Warnmeldungen bei risikoträchtiger IT-Nutzung (zB durch den Webbrowser, wenn eine verschlüsselte Website kein korrektes SSL/TLS-Zertifikat verwendet).

> Organisatorische Maßnahmen

· **Sanktionen bei Angriffen durch eigene Dienstnehmer:** Alle Dienstnehmer werden darüber informiert, dass Angriffe auf betriebseigene IT-Systeme nicht toleriert werden und schwerwiegende arbeitsrechtliche Konsequenzen, wie insbesondere eine Entlassung nach sich ziehen können.

· **Protokollierung von Zugriffen:** Zugriffe auf Anwendungen, insb Eingabe, Löschung und Änderung von Daten, werden protokolliert.

F. Verantwortlichenfreundliche Auftragsverarbeitervereinbarung (englische Version)

Data Processing Agreement
(hereafter "**Agreement**")

between

[controller company name]
[controller address]
(hereafter "**Controller**")

and

[processor company name]
[processor address]
(hereafter "**Processor**")

1. Objective of the Agreement

The Processor undertakes to perform, on behalf of the Controller, the data processing operations described in <u>Appendix 1</u>. For the purpose of this Agreement, the terms of the General Data Protection Regulation (Regulation (EU) 2016/679) shall apply.

2. Right to Instruction

2.1 The Processor shall process the personal data only on documented instructions from the Controller, including with regard to transfers of personal data to a third country or an international organization, unless required to do so by Union or Member State law to which the Processor is subject.

2.2 The processor shall immediately inform the controller if it considers that an instruction violates the GDPR or other data protection provisions of the EU or an EU Member State.

2.3 The processor shall immediately inform the controller whether it is obliged, under EU or EU Member State law, to process data contrary to the instructions of the controller or without the instructions of the controller (if such notification is permissible).

3. Confidentiality

The Processor shall ensure that persons authorized to process the personal data have committed themselves to confidentiality or are under an appropriate statutory obligation of confidentiality.

4. Data Security

4.1 The Processor warrants that it has implemented sufficient security measures to prevent the unlawful use of the personal data or the accessibility for unauthorized third parties.

4.2 The processor shall in particular implement the measures set out in Appendix 2.

4.3 Moreover, the Processor warrants that it takes all measures required pursuant to Article 32 of the General Data Protection Regulation, once applicable.

5. Sub-Processing

5.1 The Processor shall inform the Controller of any intended changes concerning the addition or replacement of other processors or sub-processors (hereafter together **"Sub-Processors"**), thereby giving the Controller the opportunity to object to and prohibit such changes. If the Controller does not object within two weeks, the addition or replacement shall be deemed to have been approved.

5.2 Where the Processor engages another Sub-Processor for carrying out specific processing activities on behalf of the Controller, the same data protection obligations as set out in this Agreement shall be imposed on that Sub-Processor by way of a contract, in particular providing sufficient guarantees to implement appropriate technical and organizational measures in such a manner that the processing will meet the requirements of applicable data protection law.

5.3 Where that Sub-Processor fails to fulfil its data protection obligations, the Processor shall remain fully liable to the Controller for the performance of that Sub-Processor's obligations.

6. Assistance

6.1 The Processor shall assist the Controller by appropriate technical and organizational measures, insofar as this is possible, for the fulfilment of the Controller's obligation to respond to requests for exercising the data subject's rights under applicable data protection law, including Chapter III of the GDPR.

6.2 Moreover, the Processor shall assist the Controller in ensuring compliance with the Controller's obligations under applicable data protection law, including Articles 32 to 36 of the GDPR.

7. Return of Personal Data

7.1 The Processor shall, at the choice of the Controller, delete or return all the personal data to the Controller after the end of the provision of services relating to processing, and delete existing copies unless applicable Union or EU Member State law requires storage of the personal data.

7.2 If the Controller chooses to have the data returned, the Processor shall transmit the data to the Controller in a reusable and common electronic data format, which the Controller may freely choose.

8. Audit

8.1 The Processor shall make available to the Controller all information necessary to demonstrate compliance with the obligations laid down in this Agreement and allow for and contribute to audits, including inspections, conducted by the Controller or another auditor mandated by the Controller. The Processor shall not be entitled to any additional remuneration for this.

8.2 If, in the course of an inspection, a breach of this contract by the Processor is discovered, the Processor shall bear the costs incurred by the Controller for carrying out the inspection.

9. Liability

The Processor shall be liable in accordance with the principles of Austrian civil law.

10. Miscellaneous

10.1 Amendments to this agreement shall be made exclusively in writing. This shall also apply to this requirement of written form.

10.2 Should any provision of this agreement be invalid or ineffective, it shall, to the extent permitted by law, be replaced by that provision which comes closest in economic terms to the invalid or ineffective provision.

On behalf of the Controller: On behalf of the Processor:

....

Place and date: Place and date:

....

Appendix 1:   Details of data processing performed

Appendix 2:   Technical and organizational measures for the protection of personal data

Appendix 1: Details of data processing performed

Data subjects

The personal data transferred concern the following categories of data subjects:

....

....

Categories of data

The personal data transferred concern the following categories of data:

....

....

Special categories of data (if appropriate)

The personal data transferred concern the following special categories of data:

....

....

Subject-matter of the processing and processing operations

The personal data transferred will be subject to the following basic processing operations:

....

....

Processing purposes

The personal data transferred will be processed by the Processor for the following purposes of the Controller:

....

....

Appendix 2: Technical and organizational measures for the protection of personal data

Preventive Security Measures — Measures to Prevent a Successful Attack

> Technical measures

- **Logical access control:** Access rights are granted according to the "need-to-know" principle.

- **Authentication:** Personal data is accessible only after successful authentication.

- **Password security:** Passwords used for authentication consist of at least 8 characters, lower and upper case letters, numbers, and special characters. Passwords are stored encrypted only.

- **Encryption on the transmission path:** Personal data is encrypted if transmitted over the Internet, at least to the extent payroll data and sensitive data are concerned.

- **Encryption of mobile devices:** Mobile devices and mobile data carriers are encrypted, at least in case that payroll data or sensitive data are stored on these devices.

- **Network security:** A firewall is used that separates the internal network from the Internet and — as far as possible — blocks incoming network traffic.

- **Measures against malicious software:** Anti-virus software is used on all systems as far as possible. All incoming emails are automatically scanned for malicious software.

- **Management of security vulnerabilities:** To the extent feasible, the automatic installation of security updates is activated on all devices. Otherwise, critical security updates will be installed within 3 business days, medium-critical security updates will be installed within 25 business days, and non-critical security updates will be installed within 40 business days.

> Organizational measures

- **Clear responsibilities:** Internal responsibilities for data security issues are defined.

- **Confidentiality requirements of employees:** Employees are obliged to maintain secrecy beyond the duration of their employment. In

43

particular, employees may only transfer personal data to third parties upon the express instruction of a supervisor.

· **Training and information activities:** Employees are trained on data security issues (internally or externally) and adequately informed about data security issues (such as password security).

· **Orderly termination of employment relationships:** Upon termination of an employment relationship, all accounts of the leaving employee are immediately blocked for that employee and all keys of the leaving employee are collected.

· **Management of computer hardware:** Records are kept on the distribution of end devices to specific employees (e.g., PC, laptop, mobile phone).

· **Input control:** Control procedures are implemented to control the accuracy of personal data.

· **No duplicates of user accounts:** Each person should have their own user account — the sharing of user accounts is prohibited.

· **Limited use of administrative accounts:** User accounts with administrative rights are only used in exceptional cases — IT systems are normally used without administrative rights.

· **Selection of service providers:** When selecting service providers, the data security level offered by the service provider is taken into account. Service providers that are considered a processor are only used after execution of a processor agreement.

· **Secure data disposal:** Paper containing personal data is generally shredded or handed over to an external service provider for secure destruction. Media are completely overwritten or physically destroyed before being disposed of in order to prevent restoration of stored data.

> Physical measures

· **Physical access control:** Access to business premises is only permitted for non-employees if accompanied by a company member.

· **Measures against burglary:** Access to business premises is equipped with adequate burglary protection (e.g., with security doors of higher safety classes).

· **Special protection of computer hardware:** Access to premises where computer servers are located is protected by special security measures (e.g., by additional locks).

· **Key management:** Keys that grant access to premises or parts thereof are only provided to particularly trustworthy persons, and only to the extent and as long as these persons require a separate key.

Detective security measures — measures to detect an attack

> Technical Measures

· **Scans for malware:** Scans for malware (anti-virus scans) are regularly performed to identify malicious software that has already compromised an IT system.

· **Automatic checks of log files:** To the extent that safety log files of several systems are collected on a centralized system, log files are automatically evaluated in order to detect possible security breaches.

· **Security mailing lists:** An employee of the company or an external service provider is required to subscribe to relevant mailing lists for the announcement of new IT security threats (e.g., mailing lists of the manufacturers of the software used) to recognize current threat situations.

> Organizational measures

· **Employee security incident detection:** All employees are trained on the detection and reporting of security breaches (e.g., undetectable computer hardware, anti-virus software messages).

· **Reporting systems:** There are technical procedures in place that enable employees to report anomalies and anomalies in technical systems to the responsible persons.

· **External persons:** All employees are instructed to address non-employees should they be met on the premises.

· **Audits:** Audits are performed regularly (e.g., by verifying if all critical security updates have been installed). In particular, there is a regular check of access grants and access authorizations (which employee is assigned to which user account with which access rights, which persons have which keys).

· **Manual checking of log files:** Log files, if kept, are checked at regular intervals (e.g., with regard to unsuccessful authentication attempts).

> Physical measures

· **Fire alarms:** To the extent appropriate with regard to the size and nature of the business facilities, fire alarms that are automatically triggered by smoke will be installed.

45

Reactive security measures — response to an attack

> Technical Measures

  - **Data backup:** Data backups are created regularly and stored securely.

  - **Data recovery concept:** A concept for the rapid restoration of data backups will be developed in order to allow for the timely restoration of regular operation after a security breach.

  - **Automatic removal of malware:** The anti-virus software used automatically removes malware.

> Organizational measures

  - **Reporting obligation for employees:** All employees are instructed to immediately report security violations to a previously defined internal body or person.

  - **Obligation to register external service providers:** All service providers are provided with contact details to report security breaches.

  - **Incident response process:** Security breaches can be reported to the supervisory authority within 72 hours of knowledge of the breach via an appropriate reporting process. In particular, all employees will be provided with emergency telephone numbers of the persons that will have to get involved (e.g., emergency telephone number of the IT support).

> Physical measures

  - **Fire extinguishers:** There is a suitable number of fire extinguishers in the premises. All employees are aware of the location of these fire extinguishers.

  - **Fire alarm:** In case that there is a fire detector that does not have an automatic connection to the fire department, an appropriate process ensures that the fire department can be contacted manually.

Deterrent security measures — measures to reduce attack motivation

> Technical Measures

  - **Automatic alerts:** Users receive automatic alerts on risk-entailing IT use (such as through the web browser if an encrypted web site does not use correct SSL / TLS certificates).

> Organizational measures

- **Sanctions in the case of attacks by own employees:** All employees are informed that attacks on company-owned IT systems are not tolerated and that such attacks may result in serious consequences under employment law, particularly including dismissal.

- **Logging of access:** Any access to applications, in particular input, deletion and modification of data, is logged.

G. Auftragsverarbeiterfreundliche Auftragsverarbeitervereinbarung (deutsche Version)

Auftragsverarbeitervereinbarung
(nachfolgend „Vereinbarung")

zwischen

[Firmenwortlaut des Verantwortlichen]
[Anschrift des Verantwortlichen]
(nachfolgend „**Verantwortlicher**")

und

[Firmenwortlaut des Auftragsverarbeiters]
[Anschrift des Auftragsverarbeiters]
(nachfolgend „**Auftragsverarbeiter**")

1. Ziel der Vereinbarung

Der Auftragsverarbeiter hat sich verpflichtet, die in Anhang 1 beschriebenen Datenverarbeitungen gegenüber dem Verantwortlichen zu erbringen. Für die Zwecke dieser Vereinbarung gelten die Begriffsdefinitionen der Datenschutz-Grundverordnung (Verordnung (EU) 2016/679, nachfolgend „**DSGVO**").

2. Weisungsrecht

2.1 Der Auftragsverarbeiter verarbeitet personenbezogene Daten nur auf dokumentierte Weisung des Verantwortlichen – auch in Bezug auf die Übermittlung personenbezogener Daten an ein Drittland oder eine internationale Organisation –, sofern er nicht durch das Recht der Union oder der Mitgliedstaaten, dem der Auftragsverarbeiter unterliegt, hierzu verpflichtet ist.

2.2 Der Auftragsverarbeiter informiert den Verantwortlichen unverzüglich, falls er ohne Durchführung einer rechtlichen Prüfung durch einen Juristen der Auffassung ist, dass eine Weisung offensichtlich gegen die DSGVO oder gegen andere Datenschutzbestimmungen der EU oder der Mitgliedstaaten verstößt. Der Auftragsverarbeiter ist nicht verpflichtet, sich in Zusammenhang mit der Erfüllung dieser Vereinbarung rechtlich beraten zu lassen und erbringt in Erfüllung dieser Vereinbarung auch keine Rechtsberatungsleistungen.

2.3   Der Auftragsverarbeiter informiert den Verantwortlichen unverzüglich, falls er nach dem Recht der Union oder der Mitgliedstaaten dazu verpflichtet ist, entgegen den Weisungen des Verantwortlichen oder ohne Weisung des Verantwortlichen eine Datenverarbeitung vorzunehmen (sofern eine solche Mitteilung zulässig ist).

2.4   Weisungen des Verantwortlichen stehen im Einklang mit dem Regelungsgegenstand dieser Vereinbarung. Sollte dem Auftragsverarbeiter aus der Befolgung der Weisung ein Aufwand im Umfang von mehr als einer Arbeitsstunde entstehen, so ist der gesamte Aufwand vom Verantwortlichen zu vergüten.

3.   Vertraulichkeit

Der Auftragsverarbeiter gewährleistet, dass sich die zur Verarbeitung der personenbezogenen Daten befugten Personen zur Vertraulichkeit verpflichtet haben oder einer angemessenen gesetzlichen Verschwiegenheitspflicht unterliegen.

4.   Datensicherheit

4.1   Der Auftragsverarbeiter ergreift alle gemäß Artikel 32 DSGVO zwingend erforderlichen Maßnahmen.

4.2   Der Auftragsverarbeiter erfüllt seine Pflicht nach Punkt 4.1 dadurch, dass er die in <u>Anhang 2</u> beschriebenen Sicherheitsmaßnahmen implementiert.

4.3   Der Auftragsverarbeiter wird den Verantwortlichen von jeder Verletzung des Schutzes personenbezogener Daten informieren, sofern dies Daten betrifft, die der Auftragsverarbeiter im Auftrag des Verantwortlichen verarbeitet, und durch die Verletzung ein Risiko für die Rechte und Freiheiten natürlicher Personen entsteht. Diese Information hat unverzüglich zu erfolgen, sobald der Auftragsverarbeiter von einer solchen Verletzung Kenntnis erlangt und ist an jene Kontaktstelle zu richten, die der Verantwortliche schriftlich bekannt gegeben hat.

4.4   Die unter Punkt 4.3 genannte Information des Verantwortlichen soll, soweit unter Berücksichtigung der Umstände möglich, Folgendes beinhalten:

   a. die Art der Verletzung des Schutzes personenbezogener Daten, wenn möglich einschließlich der Kategorien und der ungefähren Zahl der betroffenen Personen und der Kategorien und der ungefähren Zahl der betroffenen Datensätze;

b. die wahrscheinlichen Folgen der Verletzung des Schutzes personenbezogener Daten; und

c. die vom Auftragsverarbeiter ergriffenen oder vorgeschlagenen Maßnahmen zur Behebung der Verletzung des Schutzes personenbezogener Daten.

5. Sub-Auftragsverarbeitung

5.1 Der Auftragsverarbeiter informiert den Verantwortlichen über jede beabsichtigte Änderung in Bezug auf die Hinzuziehung oder die Ersetzung anderer Auftragsverarbeiter oder Sub-Auftragsverarbeiter (im Folgenden zusammen **„Sub-Auftragsverarbeiter"**), wodurch der Verantwortliche die Möglichkeit erhält, gegen derartige Änderungen Einspruch zu erheben und die Hinzuziehung oder die Ersetzung zu untersagen. Erhebt der Verantwortliche innerhalb von zwei Wochen keinen Einspruch, so gilt die Hinzuziehung oder Ersetzung als genehmigt.

5.2 Bei Erhebung eines Einspruchs nach Punkt 5.1 erhält der Auftragsverarbeiter das Recht, die Vereinbarung unter Wahrung einer Frist von zwei Wochen zum Monatsletzten zu kündigen.

5.3 Nimmt der Auftragsverarbeiter einen anderen Sub-Auftragsverarbeiter in Anspruch, um bestimmte Verarbeitungstätigkeiten im Namen des Verantwortlichen auszuführen, so werden diesem Sub-Auftragsverarbeiter im Wege eines Vertrags dieselben Datenschutzpflichten auferlegt, wobei insbesondere hinreichende Garantien dafür geboten werden müssen, dass geeignete technische und organisatorische Maßnahmen so durchgeführt werden, dass die Verarbeitung entsprechend den Anforderungen des anwendbaren Datenschutzrechts erfolgt.

5.4 Kommt der Sub-Auftragsverarbeiter seinen Datenschutzpflichten nicht nach, so haftet der Auftragsverarbeiter gegenüber dem Verantwortlichen für die Einhaltung der Pflichten des Sub-Auftragsverarbeiters.

6. Unterstützung

6.1 Soweit dies möglich ist, unterstützt der Auftragsverarbeiter den Verantwortlichen durch geeignete technische und organisatorische Maßnahmen bei der Erfüllung der Pflichten des Verantwortlichen bei Anträgen auf Wahrnehmung der Betroffenenrechte gemäß dem anwendbaren Datenschutzrecht, einschließlich Kapitel III der DSGVO.

6.2 Der Auftragsverarbeiter erfüllt seine Pflicht nach Punkt 6.1 grundsätzlich dadurch, dass er dem Verantwortlichen eingelangte Anträge von

Betroffenen weiterleitet. Soweit der Verantwortliche eine zusätzliche Unterstützung des Auftragsverarbeiters für notwendig erachtet und sich der Auftragsverarbeiter dazu bereit erklärt, eine solche Unterstützungsleistung zu erbringen, ist der Auftragsverarbeiter berechtigt, hierfür eine zusätzliche angemessene Vergütung zu fordern.

6.3 Darüber hinaus unterstützt der Auftragsverarbeiter den Verantwortlichen bei der Einhaltung seiner Pflichten gemäß dem anwendbaren Datenschutzrecht, einschließlich Artikel 32–36 DSGVO. Dies erfüllt der Auftragsverarbeiter durch (i) Ergreifen der Maßnahmen unter Punkt 3 („Vertraulichkeit") und 4 („Datensicherheit") dieser Vereinbarung, (ii) die Meldung an den Verantwortlichen über eine Verletzung des Schutzes personenbezogener Daten nach Punkt 4.3 sowie (iii) durch die Zurverfügungstellung der Informationen in <u>Anhang 1</u> dieser Vereinbarung.

7. Rückgabe von personenbezogenen Daten

Nach Wahl des Verantwortlichen löscht der Auftragsverarbeiter in angemessenem Zeitraum nach Abschluss der Erbringung der Verarbeitungsleistungen alle personenbezogenen Daten oder gibt diese in angemessenem Zeitraum zurück, sofern nicht nach dem Unionsrecht oder dem Recht der Mitgliedstaaten eine Verpflichtung zur Speicherung der personenbezogenen Daten besteht. Für die Rückgabe der Daten gebührt dem Auftragsverarbeiter ein angemessenes Entgelt.

8. Überprüfung

8.1 Der Auftragsverarbeiter stellt dem Verantwortlichen alle erforderlichen Informationen zum Nachweis der Einhaltung der in diesem Vertrag niedergelegten Pflichten zur Verfügung.

8.2 Der Auftragsverarbeiter ermöglicht vorangemeldete Überprüfungen zu Geschäftszeiten durch einen unabhängigen Dritten. Solche Überprüfungen werden in angemessenen zeitlichen Abständen und in einer Art durchgeführt, die den Geschäftsbetrieb des Auftragsverarbeiters nicht stören. Kosten, welche durch solche Überprüfungen anfallen, sind vom Verantwortlichen zu tragen. Dem Auftragsverarbeiter steht für alle Leistungen in Zusammenhang mit der Unterstützung von Überprüfungen ein angemessenes Entgelt zu.

8.3 Der Auftragsverarbeiter kann seine Pflichten nach Punkt 8.2 auch dadurch erfüllen, dass er zumindest alle drei Jahre eine Überprüfung durch einen unabhängigen Dritten vornehmen lässt und die zusammengefassten Prüfungsergebnisse dem Verantwortlichen zukommen lässt.

9. Haftung

9.1 Die Haftung beider Parteien ist auf grobes Verschulden beschränkt. Eine Haftung für bloße Vermögensschäden ist ausgeschlossen.

9.2 Dessen ungeachtet haftet der Verantwortliche dem Auftragsverarbeiter für die Rechtmäßigkeit aller erteilten Weisungen und stellt ihn hinsichtlich aller aus der Befolgung einer Weisung resultierenden Schäden und Nachteile klag- und schadlos.

10. Sonstiges

10.1 Änderungen dieser Vereinbarung sind ausschließlich in schriftlicher Form vorzunehmen. Dies gilt auch für dieses Schriftlichkeitsgebot.

10.2 Sollte eine Bestimmung dieser Vereinbarung ungültig oder unwirksam sein, wird sie, soweit gesetzlich zulässig, durch jene Bestimmung ersetzt, die wirtschaftlich der ungültigen oder unwirksamen Bestimmung am nächsten kommt.

Im Namen des Verantwortlichen: Im Namen des Auftragsverarbeiters:

....

Ort und Datum: Ort und Datum:

....

Anhang 1:   Details der erbrachten Datenverarbeitungen

Anhang 2:   Technische und organisatorische Maßnahmen zum Schutz von personenbezogenen Daten

Anhang 1: Details der erbrachten Datenverarbeitungen

Betroffene Personen

Die übermittelten personenbezogenen Daten betreffen folgende Kategorien betroffener Personen:

....

....

Kategorien von Daten

Die übermittelten personenbezogenen Daten gehören zu folgenden Datenkategorien (bitte genau angeben):

....

....

Kategorien von sensiblen Daten (falls zutreffend)

Die übermittelten personenbezogenen Daten umfassen folgende sensible Daten:

....

....

Gegenstand der Verarbeitung und Verarbeitungsmaßnahmen

Die übermittelten personenbezogenen Daten werden folgenden grundlegenden Verarbeitungsmaßnahmen unterzogen:

....

....

Verarbeitungszwecke

Die übermittelten personenbezogenen Daten werden zu folgenden Zwecken des Verantwortlichen verarbeitet:

....

....

Anhang 2: Technische und organisatorische Maßnahmen zum Schutz von personenbezogenen Daten

Präventive Sicherheitsmaßnahmen – Maßnahmen zur Verhinderung eines erfolgreichen Angriffs

> Technische Maßnahmen

- **Logische Zugriffskontrolle**: Die Vergabe von Zugriffsberechtigungen erfolgt nach dem „Need-to-Know"-Prinzip.

- **Authentifizierung**: Jeglicher Zugriff auf personenbezogene Daten erfolgt ausschließlich nach einer erfolgreichen Authentifizierung.

- **Passwortsicherheit**: Soweit Passwörter zur Authentifizierung eingesetzt werden, sollten diese mindestens acht Zeichen lang sein und aus Klein- und Großbuchstaben, Zahlen und Sonderzeichen bestehen. Passwörter werden ausschließlich verschlüsselt gespeichert.

- **Verschlüsselung auf dem Übertragungsweg**: Personenbezogene Daten werden auf dem Übertragungsweg über das Internet verschlüsselt, zumindest soweit es sich um Daten der Lohnverrechnung oder sensible Daten handelt.

- **Verschlüsselung mobiler Geräte**: Mobile Endgeräte und mobile Datenträger werden verschlüsselt, zumindest soweit auf diesen Geräten Daten der Lohnverrechnung oder sensible Daten gespeichert werden.

- **Netzwerksicherheit**: Es wird eine Firewall eingesetzt, welche das interne Netzwerk vom Internet trennt und – soweit möglich – eingehenden Netzwerkverkehr blockiert.

- **Maßnahmen gegen Schadsoftware**: Es wird nach Möglichkeit auf allen Systemen Anti-Viren Software eingesetzt. Alle eingehenden E-Mails werden automatisch auf Schadsoftware gescannt.

- **Management von Sicherheitslücken**: Soweit möglich, wird auf allen Geräten die automatische Installation von Sicherheitsupdates aktiviert. Ansonsten erfolgt die Installation kritischer Sicherheitsupdates binnen drei Arbeitstagen, die Installation von Sicherheitsupdates mittlerer Kritikalität binnen 25 Arbeitstagen und die Installation von Sicherheitsupdates geringer Kritikalität binnen 40 Arbeitstagen.

> Organisatorische Maßnahmen

- **Klare Zuständigkeiten**: Interne Zuständigkeiten für Fragen der Datensicherheit werden definiert.

- **Verschwiegenheitspflicht der Dienstnehmer**: Die Dienstnehmer werden über die Dauer ihres Dienstverhältnisses hinaus zur Verschwiegenheit verpflichtet. Insbesondere werden sie dazu verpflichtet, personenbezogene Daten nur auf ausdrückliche Anweisung eines Vorgesetzten an Dritte zu übermitteln.

- **Schulungen und Informationsmaßnahmen**: Die Dienstnehmer werden zu Fragen der Datensicherheit (intern oder extern) geschult und angemessen über Fragen der Datensicherheit informiert (zB Passwortsicherheit).

- **Geordnete Beendigung des Dienstverhältnisses**: Bei Beendigung des Dienstverhältnisses erfolgt eine unverzügliche Sperrung aller Konten des ausscheidenden Dienstnehmers sowie eine Abnahme aller Schlüssel des ausscheidenden Dienstnehmers.

- **Verwaltung von Computer-Hardware**: Es werden Aufzeichnungen darüber geführt, welchem Mitarbeiter welche Endgeräte (zB PC, Laptop, Mobiltelefon) zugewiesen wurden.

- **Eingabekontrolle**: Es bestehen Verfahren zur Kontrolle der Richtigkeit der eingegebenen personenbezogenen Daten.

- **Keine Doppelverwendung von Benutzer-Accounts**: Jede Person sollte ihren eigenen Benutzer-Account haben – das Teilen von Benutzer-Accounts ist untersagt.

- **Keine unnötige Verwendung administrativer Accounts**: Benutzer-Accounts mit administrativen Rechten werden nur in Ausnahmefällen verwendet – die reguläre Nutzung von IT-Systemen erfolgt ohne administrative Rechte.

- **Auswahl der Dienstleister**: Bei der Auswahl von Dienstleistern wird das vom Dienstleister gebotene Datensicherheitsniveau berücksichtigt. Der Einsatz eines Dienstleisters, der als Auftragsverarbeiter einzustufen ist, erfolgt nur nach Abschluss einer Auftragsverarbeitervereinbarung.

- **Sichere Datenentsorgung**: Papier, welches personenbezogene Daten enthält, wird grundsätzlich geschreddert bzw einem externen Dienstleister zur sicheren Vernichtung übergeben. Datenträger werden vor ihrer Entsorgung vollständig überschrieben oder physisch zerstört, sodass die darauf gespeicherten Daten nicht wieder hergestellt werden können.

> Physische Maßnahmen

- **Physische Zugangskontrolle**: Das Betreten der Betriebsräumlichkeiten ist für betriebsfremde Personen nur in Begleitung einer betriebsangehörigen Person zulässig.

- **Einbruchssicherheit**: Die Zugänge zu den Betriebsräumlichkeiten verfügen über einen angemessenen Einbruchsschutz (zB eine Sicherheitstüre höherer Widerstandsklasse).

- **Besonderer Schutz von Computer-Hardware**: Der Zugang zu Räumlichkeiten, in denen sich Computer-Server befinden, ist durch besondere Maßnahmen gesichert (zB zusätzliches Schloss).

- **Schlüsselverwaltung**: Schlüssel, welchen den Zugang zu den Betriebsräumlichkeiten oder Teilen derselben ermöglichen, werden nur an besonders vertrauenswürdige Personen ausgehändigt und dies auch nur soweit und solange diese Personen tatsächlich einen eigenen Schlüssel benötigen.

Detektive Sicherheitsmaßnahmen – Maßnahmen zur Erkennung eines Angriffs

> Technische Maßnahmen

- **Scans nach Schadsoftware**: Es werden regelmäßig Scans nach Schadsoftware (Anti-Viren-Scans) durchgeführt, um Schadsoftware zu identifizieren, welche ein IT-System bereits kompromittiert hat.

- **Automatische Prüfung von Logfiles**: Soweit die Sicherheits-Logfiles mehrerer Systeme auf einem System zentralisiert gesammelt werden, erfolgt eine automatisierte Auswertung der Logfiles, um mögliche Sicherheitsverletzungen zu erkennen.

- **Sicherheits-Mailing-Listen**: Es wird sichergestellt, dass ein Mitarbeiter des Unternehmens oder ein externer Dienstleister einschlägige Mailing-Listen für die Bekanntgabe neuer IT-Sicherheits-Bedrohungen abonniert (zB Mailing-Listen der Hersteller der verwendeten Software), um über die aktuelle Bedrohungslage Kenntnis zu haben.

> Organisatorische Maßnahmen

- **Erkennung von Sicherheitsverletzungen durch Dienstnehmer**: Alle Dienstnehmer werden instruiert, wie sie Sicherheitsverletzungen erkennen und berichten können (zB nicht mehr auffindbare Computer-Hardware, Meldungen von Anti-Viren-Software).

· **Reporting-Systeme:** Es bestehen technische Verfahren, die es Mitarbeitern ermöglichen, Auffälligkeiten und Anomalien bei technischen Systemen an die zuständigen Personen zu melden.

· **Betriebsfremde Personen:** Alle Dienstnehmer werden instruiert, betriebsfremde Personen anzusprechen, sollten sie in den Betriebsräumlichkeiten angetroffen werden.

· **Audits:** Es werden regelmäßige Audits durchgeführt (zB Prüfung, ob alle kritischen Sicherheits-Updates installiert wurden). Insbesondere erfolgt eine regelmäßige Prüfung der erteilten Zugriffs- und Zutrittsberechtigungen (welchem Mitarbeiter ist welcher Benutzer-Account mit welchen Zugriffsrechten zugewiesen; welche Personen verfügen über welche Schlüssel).

· **Manuelle Prüfung von Logfiles:** Soweit Logfiles geführt werden (zB über erfolglose Authentifizierungsversuche), werden diese in regelmäßigen Abständen geprüft.

> Physische Maßnahmen

· **Brandmelder:** Sofern dies aufgrund der Größe und Beschaffenheit der Betriebsräumlichkeiten angemessen ist, wird ein Brandmelder installiert, der durch Rauch automatisch ausgelöst wird.

Reaktive Sicherheitsmaßnahmen – Maßnahmen zur Reaktion auf einen Angriff

> Technische Maßnahmen

· **Datensicherung:** Es werden regelmäßig Datensicherungen erstellt und sicher aufbewahrt.

· **Datenwiederherstellungskonzept:** Es wird ein Konzept zur raschen Wiederherstellung von Datensicherungen entwickelt, um nach einer Sicherheitsverletzung zeitnah den regulären Betrieb wiederherstellen zu können.

· **Automatische Entfernung von Schadsoftware:** Die eingesetzte Anti-Viren-Software verfügt über die Funktion, Schadsoftware automatisch zu entfernen.

> Organisatorische Maßnahmen

· **Meldepflicht für Dienstnehmer:** Alle Dienstnehmer werden angewiesen, Sicherheitsverletzungen unverzüglich an eine zuvor definierte interne Stelle bzw Person zu melden.

- **Meldepflicht für externe Dienstleister**: Allen Dienstleistern werden Kontaktdaten für die Meldung von Sicherheitsverletzungen mitgeteilt.

- **Prozess für die Reaktion auf Sicherheitsverletzungen**: Es wird durch einen geeigneten Prozess sichergestellt, dass Sicherheitsverletzungen innerhalb von 72 Stunden ab Kenntnis von der Sicherheitsverletzung an die Datenschutzbehörde gemeldet werden können. Insbesondere sind allen Dienstnehmern die Notfall-Telefonnummern der zu involvierenden Personen bekannt zu geben (zB Notfall-Telefonnummer für den IT-Support).

> Physische Maßnahmen

- **Feuerlöscher**: In den Betriebsräumlichkeiten gibt es eine geeignete Anzahl an Feuerlöschern. Allen Dienstnehmern ist bekannt, wo sich die Feuerlöscher befinden.

- **Feueralarm**: Soweit es keinen Brandmelder gibt, der über eine automatische Verbindung zur Feuerwehr verfügt, wird durch einen angemessenen Prozess sichergestellt, dass die Feuerwehr manuell verständigt werden kann.

Abschreckende Sicherheitsmaßnahmen – Maßnahmen zur Minderung der Angreifermotivation

> Technische Maßnahmen

- **Automatische Warnmeldungen**: Nutzer erhalten automatische Warnmeldungen bei risikoträchtiger IT-Nutzung (zB durch den Webbrowser, wenn eine verschlüsselte Website kein korrektes SSL/TLS-Zertifikat verwendet).

> Organisatorische Maßnahmen

- **Sanktionen bei Angriffen durch eigene Dienstnehmer**: Alle Dienstnehmer werden darüber informiert, dass Angriffe auf betriebseigene IT-Systeme nicht toleriert werden und schwerwiegende arbeitsrechtliche Konsequenzen, wie insbesondere eine Entlassung nach sich ziehen können.

- **Protokollierung von Zugriffen**: Zugriffe auf Anwendungen, insb Eingabe, Löschung und Änderung von Daten, werden protokolliert.

H. Auftragsverarbeiterfreundliche Auftragsverarbeitervereinbarung (englische Version)

Data Processing Agreement

(hereafter "**Agreement**")

between

[controller company name]
[controller address]
(hereafter "**Controller**")

and

[processor company name]
[processor address]
(hereafter "**Processor**")

1. Objective of the Agreement

The Processor undertakes to perform, on behalf of the Controller, the data processing operations described in <u>Appendix 1</u>. For the purpose of this Agreement, the terms of the General Data Protection Regulation (Regulation (EU) 2016/679, hereafter "**GDPR**") shall apply.

2. Right to Instruction

2.1 The Processor shall process the personal data only on documented instructions from the Controller, including with regard to transfers of personal data to a third country or an international organization, unless required to do so by Union or Member State law to which the Processor is subject.

2.2 The processor shall immediately inform the controller if, without seeking legal advice, it considers that an instruction obviously violates the GDPR or other data protection provisions of the EU or an EU Member State. The Processor shall not be obliged to seek legal advice on the performance of this Agreement and shall not provide any legal advice related to the performance of this Agreement.

2.3 The processor shall immediately inform the controller whether it is obliged, under EU or EU Member State law, to process data contrary to the instructions of the controller or without the instructions of the controller (if such notification is permissible).

2.4 Instructions given by the Controller are consistent with the subject matter of this Agreement. Should the Processor incur an expense of more than one working hour as a result of following any instruction, the entire expense shall be reimbursed by the Controller.

3. Confidentiality

The Processor shall ensure that persons authorized to process the personal data have committed themselves to confidentiality or are under an appropriate statutory obligation of confidentiality.

4. Data Security

4.1 The Processor takes all measures obligatory pursuant to Article 32 of the GDPR.

4.2 The Processor fulfills its obligation under section 4.1 by implementing the measures set out in Appendix 2.

4.3 The Processor shall inform the Controller of any personal data breach, in so far as such breach concerns data processed by the Processor on behalf of the Controller and results in a risk to the rights and freedoms of natural persons. This information shall be provided without delay as soon as the Processor becomes aware of such a breach and shall be addressed to the contact point notified in writing by the Controller.

4.4 The information provided to the Controller pursuant to section 4.3 shall include the following, as far as possible in the light of the circumstances:

   a. the nature of the personal data breach including where possible, the categories and approximate number of data subjects concerned and the categories and approximate number of personal data records concerned;

   b. the likely consequences of the personal data breach; and

   c. the measures taken or proposed to be taken by the Processor to address the personal data breach.

5. Sub-Processing

5.1 The Processor shall inform the Controller of any intended changes concerning the addition or replacement of other processors or sub-processors (hereinafter collectively **"Sub-Processors"**), thereby giving the Controller the opportunity to object to and prohibit such changes. If the Controller does not object within two weeks, the addition or replacement shall be deemed to have been approved.

5.2 If an objection is raised in accordance with section 5.1 the Processor shall be entitled to terminate the agreement to the end of the month by giving two weeks' notice.

5.3 Where the Processor engages another Sub-Processor for carrying out specific processing activities on behalf of the Controller, the same data protection obligations as set out in this Agreement shall be imposed on that Sub-Processor by way of a contract, in particular providing sufficient guarantees to implement appropriate technical and organizational measures in such a manner that the processing will meet the requirements of applicable data protection law.

5.4 Where that Sub-Processor fails to fulfil its data protection obligations, the Processor shall remain fully liable to the Controller for the performance of that Sub-Processor's obligations.

6. Assistance

6.1 The Processor shall assist the Controller by appropriate technical and organizational measures, insofar as this is possible, for the fulfilment of the Controller's obligation to respond to requests for exercising the data subject's rights under applicable data protection law, including Chapter III of the GDPR.

6.2 The processor shall in principle fulfil his obligation under section 6.1 by forwarding requests received from data subjects to the Controller. If the Controller deems it necessary to receive additional support from the Processor and the Processor agrees to provide such support, the Processor shall be entitled to demand additional appropriate remuneration for rendering such additional support.

6.3 Moreover, the Processor shall assist the Controller in ensuring compliance with the Controller's obligations under applicable data protection law, including Articles 32 to 36 of the GDPR. The Processor shall do so by (i) taking the measures set forth in sections 3 ("Confidentiality") and 4 ("Data Security") of this Agreement; (ii) notifying the Controller of a breach of personal data pursuant to section 4.3; and (iii) providing the information set forth in Annex 1 of this Agreement.

7. Return of Personal Data

The Processor shall, at the choice of the Controller, delete or return all the personal data to the Controller after the end of the provision of services relating to processing, and delete existing copies unless applicable Union or EU Member State law requires storage of the personal data. The processor shall be entitled to an appropriate remuneration for the return of the data.

8. Audit

8.1 The Processor shall make available to the Controller all information necessary to demonstrate compliance with the obligations laid down in this Agreement.

8.2 The Processor shall allow for pre-notified inspections to be carried out during business hours by an independent third party. Such inspections shall be carried out at reasonable intervals and in a manner that does not interfere with the business of the Processor. Costs arising from such audits shall be borne by the Controller. The Processor shall be entitled to reasonable remuneration for all services rendered in connection with its support of inspections.

8.3 The Processor may also fulfil his obligations under section 8.2 by having an independent third party carry out a review at least every three years and sending the summary audit results to the Controller.

9. Liability

9.1 The liability of both parties is limited to gross negligence. Liability for mere financial losses is excluded.

9.2 Notwithstanding the foregoing, the Controller shall be liable to the Processor for the legality of all instructions given and shall indemnify and hold the Processor harmless from and against any and all damages and losses resulting from compliance with such instructions.

10. Miscellaneous

10.1 Amendments to this agreement shall be made exclusively in writing. This shall also apply to this requirement of written form.

10.2 Should any provision of this agreement be invalid or ineffective, it shall, to the extent permitted by law, be replaced by that provision which comes closest in economic terms to the invalid or ineffective provision.

On behalf of the Controller: On behalf of the Processor:

....

Place and date: Place and date:

....

Appendix 1: Details of data processing performed

Appendix 2: Technical and organizational measures for the protection of personal data

Appendix 1: Details of data processing performed

Data subjects

The personal data transferred concern the following categories of data subjects:

....

....

Categories of data

The personal data transferred concern the following categories of data:

....

....

Special categories of data (if appropriate)

The personal data transferred concern the following special categories of data:

....

....

Subject-matter of the processing and processing operations

The personal data transferred will be subject to the following basic processing operations:

....

....

Processing purposes

The personal data transferred will be processed by the Processor for the following purposes of the Controller:

....

....

Appendix 2: Technical and organizational measures for the protection of personal data

Preventive Security Measures — Measures to Prevent a Successful Attack

> Technical measures

- **Logical access control:** Access rights are granted according to the "need-to-know" principle.

- **Authentication:** Personal data is accessible only after successful authentication.

- **Password security:** Passwords used for authentication consist of at least 8 characters, lower and upper case letters, numbers, and special characters. Passwords are stored encrypted only.

- **Encryption on the transmission path:** Personal data is encrypted if transmitted over the Internet, at least to the extent payroll data and sensitive data are concerned.

- **Encryption of mobile devices:** Mobile devices and mobile data carriers are encrypted, at least in case that payroll data or sensitive data are stored on these devices.

- **Network security:** A firewall is used that separates the internal network from the Internet and — as far as possible — blocks incoming network traffic.

- **Measures against malicious software:** Anti-virus software is used on all systems as far as possible. All incoming emails are automatically scanned for malicious software.

- **Management of security vulnerabilities:** To the extent feasible, the automatic installation of security updates is activated on all devices. Otherwise, critical security updates will be installed within 3 business days, medium-critical security updates will be installed within 25 business days, and non-critical security updates will be installed within 40 business days.

> Organizational measures

- **Clear responsibilities:** Internal responsibilities for data security issues are defined.

- **Confidentiality requirements of employees:** Employees are obliged to maintain secrecy beyond the duration of their employment. In

65

particular, employees may only transfer personal data to third parties upon the express instruction of a supervisor.

- **Training and information activities:** Employees are trained on data security issues (internally or externally) and adequately informed about data security issues (such as password security).

- **Orderly termination of employment relationships:** Upon termination of an employment relationship, all accounts of the leaving employee are immediately blocked for that employee and all keys of the leaving employee are collected.

- **Management of computer hardware:** Records are kept on the distribution of end devices to specific employees (e.g., PC, laptop, mobile phone).

- **Input control:** Control procedures are implemented to control the accuracy of personal data.

- **No duplicates of user accounts:** Each person should have their own user account — the sharing of user accounts is prohibited.

- **Limited use of administrative accounts:** User accounts with administrative rights are only used in exceptional cases — IT systems are normally used without administrative rights.

- **Selection of service providers:** When selecting service providers, the data security level offered by the service provider is taken into account. Service providers that are considered a processor are only used after execution of a processor agreement.

- **Secure data disposal:** Paper containing personal data is generally shredded or handed over to an external service provider for secure destruction. Media are completely overwritten or physically destroyed before being disposed of in order to prevent restoration of stored data.

> Physical measures

- **Physical access control:** Access to business premises is only permitted for non-employees if accompanied by a company member.

- **Measures against burglary:** Access to business premises is equipped with adequate burglary protection (e.g., with security doors of higher safety classes).

- **Special protection of computer hardware:** Access to premises where computer servers are located is protected by special security measures (e.g., by additional locks).

- **Key management:** Keys that grant access to premises or parts thereof are only provided to particularly trustworthy persons, and only to the extent and as long as these persons require a separate key.

Detective security measures — measures to detect an attack

> Technical Measures

- **Scans for malware:** Scans for malware (anti-virus scans) are regularly performed to identify malicious software that has already compromised an IT system.

- **Automatic checks of log files:** To the extent that safety log files of several systems are collected on a centralized system, log files are automatically evaluated in order to detect possible security breaches.

- **Security mailing lists:** An employee of the company or an external service provider is required to subscribe to relevant mailing lists for the announcement of new IT security threats (e.g., mailing lists of the manufacturers of the software used) to recognize current threat situations.

> Organizational measures

- **Employee security incident detection:** All employees are trained on the detection and reporting of security breaches (e.g., undetectable computer hardware, anti-virus software messages).

- **Reporting systems:** There are technical procedures in place that enable employees to report anomalies and anomalies in technical systems to the responsible persons.

- **External persons:** All employees are instructed to address non-employees should they be met on the premises.

- **Audits:** Audits are performed regularly (e.g., by verifying if all critical security updates have been installed). In particular, there is a regular check of access grants and access authorizations (which employee is assigned to which user account with which access rights, which persons have which keys).

- **Manual checking of log files:** Log files, if kept, are checked at regular intervals (e.g., with regard to unsuccessful authentication attempts).

67

> Physical measures

- **Fire alarms:** To the extent appropriate with regard to the size and nature of the business facilities, fire alarms that are automatically triggered by smoke will be installed.

Reactive security measures — response to an attack

> Technical Measures

- **Data backup:** Data backups are created regularly and stored securely.

- **Data recovery concept:** A concept for the rapid restoration of data backups will be developed in order to allow for the timely restoration of regular operation after a security breach.

- **Automatic removal of malware:** The anti-virus software used automatically removes malware.

> Organizational measures

- **Reporting obligation for employees:** All employees are instructed to immediately report security violations to a previously defined internal body or person.

- **Obligation to register external service providers:** All service providers are provided with contact details to report security breaches.

- **Incident response process:** Security breaches can be reported to the supervisory authority within 72 hours of knowledge of the breach via an appropriate reporting process. In particular, all employees will be provided with emergency telephone numbers of the persons that will have to get involved (e.g., emergency telephone number of the IT support).

> Physical measures

- **Fire extinguishers:** There is a suitable number of fire extinguishers in the premises. All employees are aware of the location of these fire extinguishers.

- **Fire alarm:** In case that there is a fire detector that does not have an automatic connection to the fire department, an appropriate process ensures that the fire department can be contacted manually.

Deterrent security measures — measures to reduce attack motivation

> Technical Measures

  · **Automatic alerts:** Users receive automatic alerts on risk-entailing IT use (such as through the web browser if an encrypted web site does not use correct SSL / TLS certificates).

> Organizational measures

  · **Sanctions in the case of attacks by own employees:** All employees are informed that attacks on company-owned IT systems are not tolerated and that such attacks may result in serious consequences under employment law, particularly including dismissal.

  · **Logging of access:** Any access to applications, in particular input, deletion and modification of data, is logged.

I. EU-Standardvertragsklauseln für Datenübermittlungen an Nicht-EU/EWR-Auftragsverarbeiter mit DSGVO-Anpassung (deutsche Version)

STANDARDVERTRAGSKLAUSELN (AUFTRAGSVERARBEITER)

gemäß Artikel 26 Absatz 2 der Richtlinie 95/46/EG für die Übermittlung personenbezogener Daten an Auftragsverarbeiter, die in Drittländern niedergelassen sind, in denen kein angemessenes Schutzniveau gewährleistet ist

Bezeichnung der Organisation (Datenexporteur): ....

Anschrift: ....

Tel: .... Fax: .... E-Mail: ....

Weitere Angaben zur Identifizierung der Organisation:

....

....

(„Daten**exporteur**")

und

Bezeichnung der Organisation (Datenimporteur): ....

Anschrift: ....

Tel: .... Fax: .... E-Mail: ....

Weitere Angaben zur Identifizierung der Organisation:

....

....

(„Daten**importeur**")

(die „Partei", wenn eine dieser Organisationen gemeint ist, die „Parteien", wenn beide gemeint sind)

VEREINBAREN folgende Vertragsklauseln („Klauseln"), um angemessene Garantien hinsichtlich des Schutzes der Privatsphäre, der Grundrechte und der Grundfreiheiten von Personen bei der Übermittlung der in <u>Anhang 1</u> zu diesen Vertragsklauseln spezifizierten personenbezogenen Daten vom Datenexporteur an den Datenimporteur zu bieten.

Klausel 1

Begriffsbestimmungen

Im Rahmen der Vertragsklauseln gelten folgende Begriffsbestimmungen:

a) die Ausdrücke „personenbezogene Daten", „besondere Kategorien personenbezogener Daten", „Verarbeitung", „für die Verarbeitung Verantwortlicher", „Auftragsverarbeiter", „betroffene Person" und „Kontrollstelle" entsprechen den Begriffsbestimmungen der Richtlinie 95/46/EG des Europäischen Parlaments und des Rates vom 24. 10. 1995 zum Schutz natürlicher Personen bei der Verarbeitung personenbezogener Daten und zum freien Datenverkehr;

b) der „Datenexporteur" ist der für die Verarbeitung Verantwortliche, der die personenbezogenen Daten übermittelt;

c) der „Datenimporteur" ist der Auftragsverarbeiter, der sich bereit erklärt, vom Datenexporteur personenbezogene Daten entgegenzunehmen und sie nach der Übermittlung nach dessen Anweisungen und den Bestimmungen der Klauseln in dessen Auftrag zu verarbeiten und der nicht einem System eines Drittlandes unterliegt, das angemessenen Schutz im Sinne von Artikel 25 Absatz 1 der Richtlinie 95/46/EG gewährleistet;

d) der „Unterauftragsverarbeiter" ist der Auftragsverarbeiter, der im Auftrag des Datenimporteurs oder eines anderen Unterauftragsverarbeiters des Datenimporteurs tätig ist und sich bereit erklärt, vom Datenimporteur oder von einem anderen Unterauftragsverarbeiter des Datenimporteurs personenbezogene Daten ausschließlich zu dem Zweck entgegenzunehmen, diese nach der Übermittlung im Auftrag des Datenexporteurs nach dessen Anweisungen, den Klauseln und den Bestimmungen des schriftlichen Unterauftrags zu verarbeiten;

e) der Begriff „anwendbares Datenschutzrecht" bezeichnet die Vorschriften zum Schutz der Grundrechte und Grundfreiheiten der Personen, insbesondere des Rechts auf Schutz der Privatsphäre bei der Verarbeitung personenbezogener Daten, die in dem Mitgliedstaat, in dem der Datenexporteur niedergelassen ist, auf den für die Verarbeitung Verantwortlichen anzuwenden sind;

f) die „technischen und organisatorischen Sicherheitsmaßnahmen" sind die Maßnahmen, die personenbezogene Daten vor der zufälligen oder unrechtmäßigen Zerstörung, dem zufälligen Verlust, der Änderung, der unberechtigten Weitergabe oder dem unberechtigten Zugang, insbesondere wenn die Verarbeitung die Übermittlung der Daten über ein Netzwerk umfasst, und vor jeder anderen Form der unrechtmäßigen Verarbeitung schützen sollen.

Klausel 2

Einzelheiten der Übermittlung

Die Einzelheiten der Übermittlung, insbesondere die besonderen Kategorien personenbezogener Daten, sofern vorhanden, werden in <u>Anhang 1</u> erläutert, der Bestandteil dieser Klauseln ist.

Klausel 3

Drittbegünstigtenklausel

(1) Die betroffenen Personen können diese Klausel sowie Klausel 4 Buchstaben b–i, Klausel 5 Buchstaben a–e und g–j, Klausel 6 Absätze 1 und 2, Klausel 7, Klausel 8 Absatz 2 sowie die Klauseln 9–12 gegenüber dem Datenexporteur als Drittbegünstigte geltend machen.

(2) Die betroffene Person kann diese Klausel, Klausel 5 Buchstaben a–e und g, die Klauseln 6 und 7, Klausel 8 Absatz 2 sowie die Klauseln 9–12 gegenüber dem Datenimporteur geltend machen, wenn das Unternehmen des Datenexporteurs faktisch oder rechtlich nicht mehr besteht, es sei denn, ein Rechtsnachfolger hat durch einen Vertrag oder kraft Gesetzes sämtliche rechtlichen Pflichten des Datenexporteurs übernommen; in letzterem Fall kann die betroffene Person die Klauseln gegenüber dem Rechtsnachfolger als Träger sämtlicher Rechte und Pflichten des Datenexporteurs geltend machen.

(3) Die betroffene Person kann diese Klausel, Klausel 5 Buchstaben a–e und g, die Klauseln 6 und 7, Klausel 8 Absatz 2 sowie die Klauseln 9–12 gegenüber dem Unterauftragsverarbeiter geltend machen, wenn sowohl das Unternehmen des Datenexporteurs als auch das des Datenimporteurs faktisch oder rechtlich nicht mehr bestehen oder zahlungsunfähig sind, es sei denn, ein Rechtsnachfolger hat durch einen Vertrag oder kraft Gesetzes sämtliche rechtlichen Pflichten des Datenexporteurs übernommen; in letzterem Fall kann die betroffene Person die Klauseln gegenüber dem Rechtsnachfolger als Träger sämtlicher Rechte und Pflichten des Datenexporteurs geltend machen. Eine solche Haftpflicht des Unterauftragsverarbeiters ist auf dessen Verarbeitungstätigkeiten nach den Klauseln beschränkt.

(4) Die Parteien haben keine Einwände dagegen, dass die betroffene Person, sofern sie dies ausdrücklich wünscht und das nationale Recht dies zulässt, durch eine Vereinigung oder sonstige Einrichtung vertreten wird.

Klausel 4

Pflichten des Datenexporteurs

Der Datenexporteur erklärt sich bereit und garantiert, dass:

a) die Verarbeitung der personenbezogenen Daten einschließlich der Übermittlung entsprechend den einschlägigen Bestimmungen des anwendbaren Datenschutzrechts durchgeführt wurde und auch weiterhin so durchgeführt wird (und gegebenenfalls den zuständigen Behörden des Mitgliedstaats mitgeteilt wurde, in dem der Datenexporteur niedergelassen ist) und nicht gegen die einschlägigen Vorschriften dieses Staates verstößt;

b) er den Datenimporteur angewiesen hat und während der gesamten Dauer der Datenverarbeitungsdienste anweisen wird, die übermittelten personenbezogenen Daten nur im Auftrag des Datenexporteurs und in Übereinstimmung mit dem anwendbaren Datenschutzrecht und den Klauseln zu verarbeiten;

c) der Datenimporteur hinreichende Garantien bietet in Bezug auf die in Anhang 2 zu diesem Vertrag beschriebenen technischen und organisatorischen Sicherheitsmaßnahmen;

d) die Sicherheitsmaßnahmen unter Berücksichtigung der Anforderungen des anwendbaren Datenschutzrechts, des Standes der Technik, der bei ihrer Durchführung entstehenden Kosten, der von der Verarbeitung ausgehenden Risiken und der Art der zu schützenden Daten hinreichend gewährleisten, dass personenbezogene Daten vor der zufälligen oder unrechtmäßigen Zerstörung, dem zufälligen Verlust, der Änderung, der unberechtigten Weitergabe oder dem unberechtigten Zugang, insbesondere wenn die Verarbeitung die Übermittlung der Daten über ein Netzwerk umfasst, und vor jeder anderen Form der unrechtmäßigen Verarbeitung geschützt sind;

e) er für die Einhaltung dieser Sicherheitsmaßnahmen sorgt;

f) die betroffene Person bei der Übermittlung besonderer Datenkategorien vor oder sobald wie möglich nach der Übermittlung davon in Kenntnis gesetzt worden ist oder gesetzt wird, dass ihre Daten in ein Drittland übermittelt werden könnten, das kein angemessenes Schutzniveau im Sinne der Richtlinie 95/46/EG bietet;

g) er die gemäß Klausel 5 Buchstabe b sowie Klausel 8 Absatz 3 vom Datenimporteur oder von einem Unterauftragsverarbeiter erhaltene Mitteilung an die Kontrollstelle weiterleitet, wenn der Datenexporteur beschließt, die Übermittlung fortzusetzen oder die Aussetzung aufzuheben;

h) er den betroffenen Personen auf Anfrage eine Kopie der Klauseln mit Ausnahme von <u>Anhang 2</u> sowie eine allgemeine Beschreibung der Sicherheitsmaßnahmen zur Verfügung stellt; außerdem stellt er ihnen gegebenenfalls die Kopie des Vertrags über Datenverarbeitungsdienste zur Verfügung, der gemäß den Klauseln an einen Unterauftragsverarbeiter vergeben wurde, es sei denn, die Klauseln oder der Vertrag enthalten Geschäftsinformationen; in diesem Fall können solche Geschäftsinformationen herausgenommen werden;

i) bei der Vergabe eines Verarbeitungsauftrags an einen Unterauftragsverarbeiter die Verarbeitung gemäß Klausel 11 erfolgt und die personenbezogenen Daten und die Rechte der betroffenen Person mindestens ebenso geschützt sind, wie vom Datenimporteur nach diesen Klauseln verlangt; und

j) er für die Einhaltung der Klausel 4 Buchstaben a–i sorgt.

Klausel 5

Pflichten des Datenimporteurs

Der Datenimporteur erklärt sich bereit und garantiert, dass:

a) er die personenbezogenen Daten nur im Auftrag des Datenexporteurs und in Übereinstimmung mit dessen Anweisungen und den vorliegenden Klauseln verarbeitet; dass er sich, falls er dies aus irgendwelchen Gründen nicht einhalten kann, bereit erklärt, den Datenexporteur unverzüglich davon in Kenntnis zu setzen, der unter diesen Umständen berechtigt ist, die Datenübermittlung auszusetzen und/oder vom Vertrag zurückzutreten;

b) er seines Wissens keinen Gesetzen unterliegt, die ihm die Befolgung der Anweisungen des Datenexporteurs und die Einhaltung seiner vertraglichen Pflichten unmöglich machen, und eine Gesetzesänderung, die sich voraussichtlich sehr nachteilig auf die Garantien und Pflichten auswirkt, die die Klauseln bieten sollen, dem Datenexporteur mitteilen wird, sobald er von einer solchen Änderung Kenntnis erhält; unter diesen Umständen ist der Datenexporteur berechtigt, die Datenübermittlung auszusetzen und/oder vom Vertrag zurückzutreten;

c) er vor der Verarbeitung der übermittelten personenbezogenen Daten die in <u>Anhang 2</u> beschriebenen technischen und organisatorischen Sicherheitsmaßnahmen ergriffen hat;

d) er den Datenexporteur unverzüglich informiert über

   i)   alle rechtlich bindenden Aufforderungen einer Vollstreckungsbehörde zur Weitergabe der personenbezogenen Daten, es sei denn, dies wäre anderweitig untersagt, beispielsweise durch ein strafrechtliches Verbot zur Wahrung des Untersuchungsgeheimnisses bei strafrechtlichen Ermittlungen;

   ii) jeden zufälligen oder unberechtigten Zugang und

   iii) alle Anfragen, die direkt von den betroffenen Personen an ihn gerichtet werden, ohne diese zu beantworten, es sei denn, er wäre anderweitig dazu berechtigt;

e) er alle Anfragen des Datenexporteurs im Zusammenhang mit der Verarbeitung der übermittelten personenbezogenen Daten durch den Datenexporteur unverzüglich und ordnungsgemäß bearbeitet und die Ratschläge der Kontrollstelle im Hinblick auf die Verarbeitung der übermittelten Daten befolgt;

f) er auf Verlangen des Datenexporteurs seine für die Verarbeitung erforderlichen Datenverarbeitungseinrichtungen zur Prüfung der unter die Klauseln fallenden Verarbeitungstätigkeiten zur Verfügung stellt. Die Prüfung kann vom Datenexporteur oder einem vom Datenexporteur ggf. in Absprache mit der Kontrollstelle ausgewählten Prüfgremium durchgeführt werden, dessen Mitglieder unabhängig sind, über die erforderlichen Qualifikationen verfügen und zur Vertraulichkeit verpflichtet sind;

g) er den betroffenen Personen auf Anfrage eine Kopie der Klauseln und gegebenenfalls einen bestehenden Vertrag über die Vergabe eines Verarbeitungsauftrags an einen Unterauftragsverarbeiter zur Verfügung stellt, es sei denn, die Klauseln oder der Vertrag enthalten Geschäftsinformationen; in diesem Fall können solche Geschäftsinformationen herausgenommen werden; Anhang 2 wird durch eine allgemeine Beschreibung der Sicherheitsmaßnahmen ersetzt, wenn die betroffene Person vom Datenexporteur keine solche Kopie erhalten kann;

h) er bei der Vergabe eines Verarbeitungsauftrags an einen Unterauftragsverarbeiter den Datenexporteur vorher benachrichtigt und seine vorherige schriftliche Einwilligung eingeholt hat;

i) der Unterauftragsverarbeiter die Datenverarbeitungsdienste in Übereinstimmung mit Klausel 11 erbringt;

j) er dem Datenexporteur unverzüglich eine Kopie des Unterauftrags über die Datenverarbeitung zuschickt, den er nach den Klauseln geschlossen hat.

Klausel 6

Haftung

(1) Die Parteien vereinbaren, dass jede betroffene Person, die durch eine Verletzung der in Klausel 3 oder 11 genannten Pflichten durch eine Partei oder den Unterauftragsverarbeiter Schaden erlitten hat, berechtigt ist, vom Datenexporteur Schadenersatz für den erlittenen Schaden zu verlangen.

(2) Ist die betroffene Person nicht in der Lage, gemäß Absatz 1 gegenüber dem Datenexporteur wegen Verstoßes des Datenimporteurs oder seines Unterauftragsverarbeiters gegen in den Klauseln 3 und 11 genannte Pflichten Schadenersatzansprüche geltend zu machen, weil das Unternehmen des Datenexporteurs faktisch oder rechtlich nicht mehr besteht oder zahlungsunfähig ist, ist der Datenimporteur damit einverstanden, dass die betroffene Person Ansprüche gegenüber ihm statt gegenüber dem Datenexporteur geltend macht, es sei denn, ein Rechtsnachfolger hat durch Vertrag oder kraft Gesetzes sämtliche rechtlichen Pflichten des Datenexporteurs übernommen; in diesem Fall kann die betroffene Person ihre Ansprüche gegenüber dem Rechtsnachfolger geltend machen.

Der Datenimporteur kann sich seiner Haftung nicht entziehen, indem er sich auf die Verantwortung des Unterauftragsverarbeiters für einen Verstoß beruft.

(3) Ist die betroffene Person nicht in der Lage, gemäß den Absätzen 1 und 2 gegenüber dem Datenexporteur oder dem Datenimporteur wegen Verstoßes des Unterauftragsverarbeiters gegen in den Klauseln 3 und 11 aufgeführte Pflichten Ansprüche geltend zu machen, weil sowohl das Unternehmen des Datenexporteurs als auch das des Datenimporteurs faktisch oder rechtlich nicht mehr bestehen oder zahlungsunfähig sind, ist der Unterauftragsverarbeiter damit einverstanden, dass die betroffene Person im Zusammenhang mit seinen Datenverarbeitungstätigkeiten aufgrund der Klauseln gegenüber ihm statt gegenüber dem Datenexporteur oder dem Datenimporteur einen Anspruch geltend machen kann, es sei denn, ein Rechtsnachfolger hat durch Vertrag oder kraft Gesetzes sämtliche rechtlichen Pflichten des Datenexporteurs oder des Datenimporteurs übernommen; in diesem Fall kann die betroffene Person ihre Ansprüche gegenüber dem Rechtsnachfolger geltend machen. Eine solche Haftung des Unterauftragsverarbeiters ist auf dessen Verarbeitungstätigkeiten nach diesen Klauseln beschränkt.

Klausel 7

Schlichtungsverfahren und Gerichtsstand

(1) Für den Fall, dass eine betroffene Person gegenüber dem Datenimporteur Rechte als Drittbegünstigte und/oder Schadenersatzansprüche aufgrund der Vertragsklauseln geltend macht, erklärt sich der Datenimporteur bereit, die Entscheidung der betroffenen Person zu akzeptieren, und zwar entweder:

    a) die Angelegenheit in einem Schlichtungsverfahren durch eine unabhängige Person oder gegebenenfalls durch die Kontrollstelle beizulegen oder

    b) die Gerichte des Mitgliedstaats, in dem der Datenexporteur niedergelassen ist, mit dem Streitfall zu befassen.

(2) Die Parteien vereinbaren, dass die Entscheidung der betroffenen Person nicht die materiellen Rechte oder Verfahrensrechte dieser Person, nach anderen Bestimmungen des nationalen oder internationalen Rechts Rechtsbehelfe einzulegen, berührt.

Klausel 8

Zusammenarbeit mit Kontrollstellen

(1) Der Datenexporteur erklärt sich bereit, eine Kopie dieses Vertrags bei der Kontrollstelle zu hinterlegen, wenn diese es verlangt oder das anwendbare Datenschutzrecht es so vorsieht.

(2) Die Parteien vereinbaren, dass die Kontrollstelle befugt ist, den Datenimporteur und etwaige Unterauftragsverarbeiter im gleichen Maße und unter denselben Bedingungen einer Prüfung zu unterziehen, unter denen die Kontrollstelle gemäß dem anwendbaren Datenschutzrecht auch den Datenexporteur prüfen müsste.

(3) Der Datenimporteur setzt den Datenexporteur unverzüglich über Rechtsvorschriften in Kenntnis, die für ihn oder etwaige Unterauftragsverarbeiter gelten und eine Prüfung des Datenimporteurs oder von Unterauftragsverarbeitern gemäß Absatz 2 verhindern. In diesem Fall ist der Datenexporteur berechtigt, die in Klausel 5 Buchstabe b vorgesehenen Maßnahmen zu ergreifen.

Klausel 9

Anwendbares Recht

Für diese Klauseln gilt das Recht des Mitgliedstaats, in dem der Datenexporteur niedergelassen ist, nämlich: ....

Klausel 10

Änderung des Vertrags

Die Parteien verpflichten sich, die Klauseln nicht zu verändern. Es steht den Parteien allerdings frei, erforderlichenfalls weitere, geschäftsbezogene Klauseln aufzunehmen, sofern diese nicht im Widerspruch zu der Klausel stehen.

Klausel 11

Vergabe eines Unterauftrags

(1) Der Datenimporteur darf ohne die vorherige schriftliche Einwilligung des Datenexporteurs keinen nach den Klauseln auszuführenden Verarbeitungsauftrag dieses Datenexporteurs an einen Unterauftragnehmer vergeben. Vergibt der Datenimporteur mit Einwilligung des Datenexporteurs Unteraufträge, die den Pflichten der Klauseln unterliegen, ist dies nur im Wege einer schriftlichen Vereinbarung mit dem Unterauftragsverarbeiter möglich, die diesem die gleichen Pflichten auferlegt, die auch der Datenimporteur nach den Klauseln erfüllen muss. Sollte der Unterauftragsverarbeiter seinen Datenschutzpflichten nach der schriftlichen Vereinbarung nicht nachkommen, bleibt der Datenimporteur gegenüber dem Datenexporteur für die Erfüllung der Pflichten des Unterauftragsverarbeiters nach der Vereinbarung uneingeschränkt verantwortlich.

(2) Die vorherige schriftliche Vereinbarung zwischen dem Datenimporteur und dem Unterauftragsverarbeiter muss gemäß Klausel 3 auch eine Drittbegünstigtenklausel für Fälle enthalten, in denen die betroffene Person nicht in der Lage ist, einen Schadenersatzanspruch gemäß Klausel 6 Absatz 1 gegenüber dem Datenexporteur oder dem Datenimporteur geltend zu machen, weil diese faktisch oder rechtlich nicht mehr bestehen oder zahlungsunfähig sind und kein Rechtsnachfolger durch Vertrag oder kraft Gesetzes sämtliche rechtlichen Pflichten des Datenexporteurs oder des Datenimporteurs übernommen hat. Eine solche Haftpflicht des Unterauftragsverarbeiters ist auf dessen Verarbeitungstätigkeiten nach den Klauseln beschränkt.

(3) Für Datenschutzbestimmungen im Zusammenhang mit der Vergabe von Unteraufträgen über die Datenverarbeitung gemäß Absatz 1 gilt das Recht des Mitgliedstaats, in dem der Datenexporteur niedergelassen ist,

nämlich: ....

(4) Der Datenexporteur führt ein mindestens einmal jährlich zu aktualisierendes Verzeichnis der mit Unterauftragsverarbeitern nach den Klauseln

geschlossenen Vereinbarungen, die vom Datenimporteur nach Klausel 5 Buchstabe j übermittelt wurden. Das Verzeichnis wird der Kontrollstelle des Datenexporteurs bereitgestellt.

Klausel 12

Pflichten nach Beendigung der Datenverarbeitungsdienste

(1) Die Parteien vereinbaren, dass der Datenimporteur und der Unterauftragsverarbeiter bei Beendigung der Datenverarbeitungsdienste je nach Wunsch des Datenexporteurs alle übermittelten personenbezogenen Daten und deren Kopien an den Datenexporteur zurückschicken oder alle personenbezogenen Daten zerstören und dem Datenexporteur bescheinigen, dass dies erfolgt ist, sofern die Gesetzgebung, der der Datenimporteur unterliegt, diesem die Rückübermittlung oder Zerstörung sämtlicher oder Teile der übermittelten personenbezogenen Daten nicht untersagt. In diesem Fall garantiert der Datenimporteur, dass er die Vertraulichkeit der übermittelten personenbezogenen Daten gewährleistet und diese Daten nicht mehr aktiv weiterverarbeitet.

(2) Der Datenimporteur und der Unterauftragsverarbeiter garantieren, dass sie auf Verlangen des Datenexporteurs und/oder der Kontrollstelle ihre Datenverarbeitungseinrichtungen zur Prüfung der in Absatz 1 genannten Maßnahmen zur Verfügung stellen.

Für den Datenexporteur:

Name (ausgeschrieben): ....

Funktion: ....

Anschrift: ....

Gegebenenfalls weitere Angaben, die den Vertrag verbindlich machen:

	Unterschrift
(Stempel der Organisation)	

Für den Datenimporteur:

Name (ausgeschrieben): ....

Funktion: ....

Anschrift: ....

Gegebenenfalls weitere Angaben, die den Vertrag verbindlich machen:

	Unterschrift
(Stempel der Organisation)	

Anhang 1 zu den Standardvertragsklauseln

Dieser Anhang ist Bestandteil der Klauseln und muss von den Parteien ausgefüllt und unterzeichnet werden.

Datenexporteur

Der Datenexporteur ist (bitte erläutern Sie kurz Ihre Tätigkeiten, die für die Übermittlung von Belang sind):

....

....

....

Datenimporteur

Der Datenimporteur ist (bitte erläutern Sie kurz die Tätigkeiten, die für die Übermittlung von Belang sind):

....

....

....

Betroffene Personen

Die übermittelten personenbezogenen Daten betreffen folgende Kategorien betroffener Personen (bitte genau angeben):

....

....

....

Kategorien von Daten

Die übermittelten personenbezogenen Daten gehören zu folgenden Datenkategorien (bitte genau angeben):

....

....

....

Besondere Datenkategorien (falls zutreffend)

Die übermittelten personenbezogenen Daten umfassen folgende besondere Datenkategorien (bitte genau angeben):

....

....

....

Verarbeitung

Die übermittelten personenbezogenen Daten werden folgenden grundlegenden Verarbeitungsmaßnahmen unterzogen (bitte genau angeben):

....

....

....

DATENEXPORTEUR

Name: ....

Unterschrift des/der Bevollmächtigten: ....

DATENIMPORTEUR

Name: ....

Unterschrift des/der Bevollmächtigten: ....

Anhang 2 zu den Standardvertragsklauseln

Beschreibung der technischen oder organisatorischen Sicherheitsmaß-nahmen, die der Datenimporteur gemäß Klausel 4 Buchstabe d und Klausel 5 Buchstabe c eingeführt hat (oder Dokument/Rechtsvorschrift beigefügt):

Präventive Sicherheitsmaßnahmen – Maßnahmen zur Verhinderung eines erfolgreichen Angriffs

> Technische Maßnahmen

- **Logische Zugriffskontrolle:** Die Vergabe von Zugriffsberechtigungen erfolgt nach dem „Need-to-Know"-Prinzip.

- **Authentifizierung:** Jeglicher Zugriff auf personenbezogene Daten erfolgt ausschließlich nach einer erfolgreichen Authentifizierung.

- **Passwortsicherheit:** Soweit Passwörter zur Authentifizierung eingesetzt werden, sollten diese mindestens acht Zeichen lang sein und aus Klein- und Großbuchstaben, Zahlen und Sonderzeichen bestehen. Passwörter werden ausschließlich verschlüsselt gespeichert.

- **Verschlüsselung auf dem Übertragungsweg:** Personenbezogene Daten werden auf dem Übertragungsweg über das Internet verschlüsselt, zumindest soweit es sich um Daten der Lohnverrechnung oder sensible Daten handelt.

- **Verschlüsselung mobiler Geräte:** Mobile Endgeräte und mobile Datenträger werden verschlüsselt, zumindest soweit auf diesen Geräten Daten der Lohnverrechnung oder sensible Daten gespeichert werden.

- **Netzwerksicherheit:** Es wird eine Firewall eingesetzt, welche das interne Netzwerk vom Internet trennt und – soweit möglich – eingehenden Netzwerkverkehr blockiert.

- **Maßnahmen gegen Schadsoftware:** Es wird nach Möglichkeit auf allen Systemen Anti-Viren Software eingesetzt. Alle eingehenden E-Mails werden automatisch auf Schadsoftware gescannt.

- **Management von Sicherheitslücken:** Soweit möglich, wird auf allen Geräten die automatische Installation von Sicherheitsupdates aktiviert. Ansonsten erfolgt die Installation kritischer Sicherheitsupdates binnen drei Arbeitstagen, die Installation von Sicherheitsupdates mittlerer Kritikalität binnen 25 Arbeitstagen und die Installation von Sicherheitsupdates geringer Kritikalität binnen 40 Arbeitstagen.

> Organisatorische Maßnahmen

- **Klare Zuständigkeiten**: Interne Zuständigkeiten für Fragen der Datensicherheit werden definiert.

- **Verschwiegenheitspflicht der Dienstnehmer**: Die Dienstnehmer werden über die Dauer ihres Dienstverhältnisses hinaus zur Verschwiegenheit verpflichtet. Insbesondere werden sie dazu verpflichtet, personenbezogene Daten nur auf ausdrückliche Anweisung eines Vorgesetzten an Dritte zu übermitteln.

- **Schulungen und Informationsmaßnahmen**: Die Dienstnehmer werden zu Fragen der Datensicherheit (intern oder extern) geschult und angemessen über Fragen der Datensicherheit informiert (zB Passwortsicherheit).

- **Geordnete Beendigung des Dienstverhältnisses**: Bei Beendigung des Dienstverhältnisses erfolgt eine unverzügliche Sperrung aller Konten des ausscheidenden Dienstnehmers sowie eine Abnahme aller Schlüssel des ausscheidenden Dienstnehmers.

- **Verwaltung von Computer-Hardware**: Es werden Aufzeichnungen darüber geführt, welchem Mitarbeiter welche Endgeräte (zB PC, Laptop, Mobiltelefon) zugewiesen wurden.

- **Eingabekontrolle**: Es bestehen Verfahren zur Kontrolle der Richtigkeit der eingegebenen personenbezogenen Daten.

- **Keine Doppelverwendung von Benutzer-Accounts**: Jede Person sollte ihren eigenen Benutzer-Account haben – das Teilen von Benutzer-Accounts ist untersagt.

- **Keine unnötige Verwendung administrativer Accounts**: Benutzer-Accounts mit administrativen Rechten werden nur in Ausnahmefällen verwendet – die reguläre Nutzung von IT-Systemen erfolgt ohne administrative Rechte.

- **Auswahl der Dienstleister**: Bei der Auswahl von Dienstleistern wird das vom Dienstleister gebotene Datensicherheitsniveau berücksichtigt. Der Einsatz eines Dienstleisters, der als Auftragsverarbeiter einzustufen ist, erfolgt nur nach Abschluss einer Auftragsverarbeitervereinbarung.

- **Sichere Datenentsorgung**: Papier, welches personenbezogene Daten enthält, wird grundsätzlich geschreddert bzw einem externen Dienstleister zur sicheren Vernichtung übergeben. Datenträger werden vor ihrer Entsorgung vollständig überschrieben oder physisch zerstört, sodass die darauf gespeicherten Daten nicht wiederhergestellt werden können.

> Physische Maßnahmen

· **Physische Zugangskontrolle**: Das Betreten der Betriebsräumlichkeiten ist für betriebsfremde Personen nur in Begleitung einer betriebsangehörigen Person zulässig.

· **Einbruchssicherheit**: Die Zugänge zu den Betriebsräumlichkeiten verfügen über einen angemessenen Einbruchsschutz (zB eine Sicherheitstüre höherer Widerstandsklasse).

· **Besonderer Schutz von Computer-Hardware**: Der Zugang zu Räumlichkeiten, in denen sich Computer-Server befinden, ist durch besondere Maßnahmen gesichert (zB zusätzliches Schloss).

· **Schlüsselverwaltung**: Schlüssel, welchen den Zugang zu den Betriebsräumlichkeiten oder Teilen derselben ermöglichen, werden nur an besonders vertrauenswürdige Personen ausgehändigt und dies auch nur soweit und solange diese Personen tatsächlich einen eigenen Schlüssel benötigen.

Detektive Sicherheitsmaßnahmen – Maßnahmen zur Erkennung eines Angriffs

> Technische Maßnahmen

· **Scans nach Schadsoftware**: Es werden regelmäßig Scans nach Schadsoftware (Anti-Viren-Scans) durchgeführt, um Schadsoftware zu identifizieren, welche ein IT-System bereits kompromittiert hat.

· **Automatische Prüfung von Logfiles**: Soweit die Sicherheits-Logfiles mehrerer Systeme auf einem System zentralisiert gesammelt werden, erfolgt eine automatisierte Auswertung der Logfiles, um mögliche Sicherheitsverletzungen zu erkennen.

· **Sicherheits-Mailing-Listen**: Es wird sichergestellt, dass ein Mitarbeiter des Unternehmens oder ein externer Dienstleister einschlägige Mailing-Listen für die Bekanntgabe neuer IT-Sicherheits-Bedrohungen abonniert (zB Mailing-Listen der Hersteller der verwendeten Software), um über die aktuelle Bedrohungslage Kenntnis zu haben.

> Organisatorische Maßnahmen

- **Erkennung von Sicherheitsverletzungen durch Dienstnehmer**: Alle Dienstnehmer werden instruiert, wie sie Sicherheitsverletzungen erkennen und berichten können (zB nicht mehr auffindbare Computer-Hardware, Meldungen von Anti-Viren-Software).

- **Reporting-Systeme**: Es bestehen technische Verfahren, die es Mitarbeitern ermöglichen, Auffälligkeiten und Anomalien bei technischen Systemen an die zuständigen Personen zu melden.

- **Betriebsfremde Personen**: Alle Dienstnehmer werden instruiert, betriebsfremde Personen anzusprechen, sollten sie in den Betriebsräumlichkeiten angetroffen werden.

- **Audits**: Es werden regelmäßige Audits durchgeführt (zB Prüfung, ob alle kritischen Sicherheits-Updates installiert wurden). Insbesondere erfolgt eine regelmäßige Prüfung der erteilten Zugriffs- und Zutrittsberechtigungen (welchem Mitarbeiter ist welcher Benutzer-Account mit welchen Zugriffsrechten zugewiesen; welche Personen verfügen über welche Schlüssel).

- **Manuelle Prüfung von Logfiles**: Soweit Logfiles geführt werden (zB über erfolglose Authentifizierungsversuche), werden diese in regelmäßigen Abständen geprüft.

> Physische Maßnahmen

- **Brandmelder**: Sofern dies aufgrund der Größe und Beschaffenheit der Betriebsräumlichkeiten angemessen ist, wird ein Brandmelder installiert, der durch Rauch automatisch ausgelöst wird.

Reaktive Sicherheitsmaßnahmen – Maßnahmen zur Reaktion auf einen Angriff

> Technische Maßnahmen

- **Datensicherung**: Es werden regelmäßig Datensicherungen erstellt und sicher aufbewahrt.

- **Datenwiederherstellungskonzept**: Es wird ein Konzept zur raschen Wiederherstellung von Datensicherungen entwickelt, um nach einer Sicherheitsverletzung zeitnah den regulären Betrieb wiederherstellen zu können.

- **Automatische Entfernung von Schadsoftware**: Die eingesetzte Anti-Viren-Software verfügt über die Funktion, Schadsoftware automatisch zu entfernen.

> Organisatorische Maßnahmen

· **Meldepflicht für Dienstnehmer:** Alle Dienstnehmer werden angewiesen, Sicherheitsverletzungen unverzüglich an eine zuvor definierte interne Stelle bzw Person zu melden.

· **Meldepflicht für externe Dienstleister:** Allen Dienstleistern werden Kontaktdaten für die Meldung von Sicherheitsverletzungen mitgeteilt.

· **Prozess für die Reaktion auf Sicherheitsverletzungen:** Es wird durch einen geeigneten Prozess sichergestellt, dass Sicherheitsverletzungen innerhalb von 72 Stunden ab Kenntnis von der Sicherheitsverletzung an die Datenschutzbehörde gemeldet werden können. Insbesondere sind allen Dienstnehmern die Notfall-Telefonnummern der zu involvierenden Personen bekannt zu geben (zB Notfall-Telefonnummer für den IT-Support).

> Physische Maßnahmen

· **Feuerlöscher:** In den Betriebsräumlichkeiten gibt es eine geeignete Anzahl an Feuerlöschern. Allen Dienstnehmern ist bekannt, wo sich die Feuerlöscher befinden.

· **Feueralarm:** Soweit es keinen Brandmelder gibt, der über eine automatische Verbindung zur Feuerwehr verfügt, wird durch einen angemessenen Prozess sichergestellt, dass die Feuerwehr manuell verständigt werden kann.

Abschreckende Sicherheitsmaßnahmen – Maßnahmen zur Minderung der Angreifermotivation

> Technische Maßnahmen

· **Automatische Warnmeldungen:** Nutzer erhalten automatische Warnmeldungen bei risikoträchtiger IT-Nutzung (zB durch den Webbrowser, wenn eine verschlüsselte Website kein korrektes SSL/TLS-Zertifikat verwendet).

> Organisatorische Maßnahmen

· **Sanktionen bei Angriffen durch eigene Dienstnehmer:** Alle Dienstnehmer werden darüber informiert, dass Angriffe auf betriebseigene IT-Systeme nicht toleriert werden und schwerwiegende arbeitsrechtliche Konsequenzen, wie insbesondere eine Entlassung nach sich ziehen können.

· **Protokollierung von Zugriffen:** Zugriffe auf Anwendungen, insb Eingabe, Löschung und Änderung von Daten, werden protokolliert.

ERGÄNZUNG DER STANDARDVERTRAGSKLAUSELN

Um den Anforderungen an die Beauftragung von Auftragsverarbeitern gemäß Art 28 der Verordnung (EU) 2016/679 (Datenschutz-Grundverordnung, „**DSGVO**") zu genügen, werden die Standardvertragsklauseln um die nachfolgenden Bestimmungen ergänzt (nachfolgend „**Auftragsdatenverarbeitervereinbarung**" oder „**ADV**"):

a. <u>Anweisungen</u>: Der Datenimporteur verarbeitet die personenbezogenen Daten nur im Namen des Datenexporteurs und in Übereinstimmung mit dessen dokumentierten Weisungen und der ADV, auch in Bezug auf die Übermittlung personenbezogener Daten an ein Drittland oder eine internationale Organisation, sofern dies nicht nach den Rechtsvorschriften der Union oder des Mitgliedstaats, denen der Datenimporteur unterliegt, erforderlich ist; in einem solchen Fall teilt der Datenimporteur dem Datenexporteur vor der Verarbeitung diese rechtlichen Anforderungen mit, sofern das betreffende Recht eine solche Mitteilung nicht wegen eines wichtigen öffentlichen Interesses verbietet. Anweisungen werden in der Regel schriftlich erteilt, es sei denn, die Dringlichkeit oder andere besondere Umstände erfordern eine andere (zB mündliche, elektronische) Form. Anweisungen in anderer Form als schriftlich oder in elektronischer Form sind auf geeignete Weise zu dokumentieren. Der Datenimporteur informiert den Datenexporteur unverzüglich, wenn seiner Meinung nach eine Anweisung gegen die DSGVO oder andere Datenschutzbestimmungen der Union oder der Mitgliedstaaten verstößt.

b. <u>Geheimhaltung</u>: Der Datenimporteur stellt sicher, dass sich die zur Verarbeitung der personenbezogenen Daten berechtigten Personen zur Geheimhaltung verpflichtet haben oder einer entsprechenden gesetzlichen Geheimhaltungspflicht unterliegen.

c. <u>Sicherheitsmaßnahmen</u>: Der Datenimporteur stellt sicher, dass er alle Sicherheitsmaßnahmen ergreift und einhält, die gemäß Art 32 DSGVO erforderlich sind.

d. <u>Sub-Auftragsverarbeiter</u>: Bei der Beauftragung von Sub-Auftragsverarbeitern durch den Datenimporteur hat der Datenimporteur zusätzlich zu Klausel 11 der Standardvertragsklauseln 2010/87/EU die in Art 28 Abs 2 und 4 DSGVO enthaltenen Anforderungen einzuhalten.

e. <u>Reaktion auf Betroffenenanfragen</u>: Unter Berücksichtigung der Art der Verarbeitung und soweit dies möglich ist, unterstützt der Datenimporteur den Datenexporteur durch geeignete technische und organisatorische Maßnahmen bei der Erfüllung der Verpflichtung des Datenexporteurs, auf Anfragen zur Ausübung der Rechte der betroffenen Person im Rahmen der DSGVO zu reagieren.

f. Unterstützung des Datenexporteurs: Auf Verlangen des Datenexporteurs leistet der Datenimporteur dem Datenexporteur die erforderliche Unterstützung bei der Sicherstellung der Einhaltung der Verpflichtungen gemäß den Art 32–36 DSGVO unter Berücksichtigung der Art der Verarbeitung und der dem Datenimporteur zur Verfügung stehenden Informationen.

g. Rückgabe und Weiterverwendung von Daten nach Vertragsende: Nach Abschluss der Erbringung der Verarbeitungsleistungen im Zusammenhang mit dieser ADV löscht oder übermittelt der Datenimporteur nach Wahl des Datenexporteurs alle personenbezogenen Daten an den Datenexporteur und löscht bestehende Kopien davon, es sei denn, das Recht der Union oder eines Mitgliedstaats erfordert die weitere Speicherung der personenbezogenen Daten.

h. Überwachung durch den Datenexporteur: Der Datenimporteur stellt dem Datenexporteur alle Informationen zur Verfügung, die zum Nachweis der Einhaltung der in dieser ADV festgelegten Verpflichtungen erforderlich sind. Der Datenexporteur hat jährlich und jederzeit anlassbezogen das Recht, mit geeigneten Mitteln zu kontrollieren, ob der Datenimporteur seinen Datenschutzverpflichtungen nachkommt, wobei diese Kontrollen auf Informations- und Datenverarbeitungssysteme beschränkt sind, die für die Dienste relevant sind. Zu diesem Zweck ist der Datenexporteur auch berechtigt, während der regulären Geschäftszeiten vor Ort Überprüfungen durchzuführen, die vom Datenexporteur oder einem anderen vom Datenexporteur beauftragten Prüfer durchgeführt werden, ohne den Geschäftsbetrieb des Datenimporteurs zu stören und in Übereinstimmung mit den Sicherheitsrichtlinien des Datenimporteurs und nach einer angemessenen Vorankündigung. Der Datenimporteur toleriert solche Audits und leistet jede dafür notwendige Unterstützung.

J. EU-Standardvertragsklauseln für Datenübermittlungen an Nicht-EU/EWR-Auftragsverarbeiter mit DSGVO-Anpassung (englische Version)

STANDARD CONTRACTUAL CLAUSES (PROCESSORS)

For the purposes of Article 26(2) of Directive 95/46/EC for the transfer of personal data to processors established in third countries which do not ensure an adequate level of data protection

Name of the data exporting organisation: ....

Address: ....

Tel: .... Fax: .... Email: ....

Other information needed to identify the organisation:

....

....

(the data **exporter**)

and

Name of the data importing organisation: ....

Address: ....

Tel: .... Fax: .... Email: ....

Other information needed to identify the organisation:

....

....

(the data **importer**)

(each a 'party'; together 'the parties')

HAVE AGREED on the following Contractual Clauses (the Clauses) in order to adduce adequate safeguards with respect to the protection of privacy and fundamental rights and freedoms of individuals for the transfer by the data exporter to the data importer of the personal data specified in <u>Appendix 1</u>.

Clause 1

Definitions

For the purposes of the Clauses:

a) 'personal data', 'special categories of data', 'process/processing', 'controller', 'processor', 'data subject' and 'supervisory authority' shall have the same meaning as in Directive 95/46/EC of the European Parliament and of the Council of 24 October 1995 on the protection of individuals with regard to the processing of personal data and on the free movement of such data;

b) 'the data exporter' means the controller who transfers the personal data;

c) 'the data importer' means the processor who agrees to receive from the data exporter personal data intended for processing on his behalf after the transfer in accordance with his instructions and the terms of the Clauses and who is not subject to a third country's system ensuring adequate protection within the meaning of Article 25(1) of Directive 95/46/EC;

d) 'the sub-processor' means any processor engaged by the data importer or by any other sub-processor of the data importer who agrees to receive from the data importer or from any other sub-processor of the data importer personal data exclusively intended for processing activities to be carried out on behalf of the data exporter after the transfer in accordance with his instructions, the terms of the Clauses and the terms of the written subcontract;

e) 'the applicable data protection law' means the legislation protecting the fundamental rights and freedoms of individuals and, in particular, their right to privacy with respect to the processing of personal data applicable to a data controller in the Member State in which the data exporter is established;

f) 'technical and organisational security measures' means those measures aimed at protecting personal data against accidental or unlawful destruction or accidental loss, alteration, unauthorised disclosure or access, in particular where the processing involves the transmission of data over a network, and against all other unlawful forms of processing.

Clause 2

Details of the transfer

The details of the transfer and in particular the special categories of personal data where applicable are specified in Appendix 1 which forms an integral part of the Clauses.

Clause 3

Third-party beneficiary clause

(1) The data subject can enforce against the data exporter this Clause, Clause 4(b) to (i), Clause 5(a) to (e), and (g) to (j), Clause 6(1) and (2), Clause 7, Clause 8(2), and Clauses 9 to 12 as third-party beneficiary.

(2) The data subject can enforce against the data importer this Clause, Clause 5(a) to (e) and (g), Clause 6, Clause 7, Clause 8(2), and Clauses 9 to 12, in cases where the data exporter has factually disappeared or has ceased to exist in law unless any successor entity has assumed the entire legal obligations of the data exporter by contract or by operation of law, as a result of which it takes on the rights and obligations of the data exporter, in which case the data subject can enforce them against such entity.

(3) The data subject can enforce against the sub-processor this Clause, Clause 5(a) to (e) and (g), Clause 6, Clause 7, Clause 8(2), and Clauses 9 to 12, in cases where both the data exporter and the data importer have factually disappeared or ceased to exist in law or have become insolvent, unless any successor entity has assumed the entire legal obligations of the data exporter by contract or by operation of law as a result of which it takes on the rights and obligations of the data exporter, in which case the data subject can enforce them against such entity. Such third-party liability of the sub-processor shall be limited to its own processing operations under the Clauses.

(4) The parties do not object to a data subject being represented by an association or other body if the data subject so expressly wishes and if permitted by national law.

Clause 4

Obligations of the data exporter

The data exporter agrees and warrants:

a) that the processing, including the transfer itself, of the personal data has been and will continue to be carried out in accordance with the relevant provisions of the applicable data protection law (and, where applicable, has been notified to the relevant authorities of the Member State where the data exporter is established) and does not violate the relevant provisions of that State;

b) that it has instructed and throughout the duration of the personal data-processing services will instruct the data importer to process the personal data transferred only on the data exporter's behalf and in accordance with the applicable data protection law and the Clauses;

c) that the data importer will provide sufficient guarantees in respect of the technical and organisational security measures specified in Appendix 2 to this contract;

d) that after assessment of the requirements of the applicable data protection law, the security measures are appropriate to protect personal data against accidental or unlawful destruction or accidental loss, alteration, unauthorised disclosure or access, in particular where the processing involves the transmission of data over a network, and against all other unlawful forms of processing, and that these measures ensure a level of security appropriate to the risks presented by the processing and the nature of the data to be protected having regard to the state of the art and the cost of their implementation;

e) that it will ensure compliance with the security measures;

f) that, if the transfer involves special categories of data, the data subject has been informed or will be informed before, or as soon as possible after, the transfer that its data could be transmitted to a third country not providing adequate protection within the meaning of Directive 95/46/EC;

g) to forward any notification received from the data importer or any sub-processor pursuant to Clause 5(b) and Clause 8(3) to the data protection supervisory authority if the data exporter decides to continue the transfer or to lift the suspension;

h) to make available to the data subjects upon request a copy of the Clauses, with the exception of Appendix 2, and a summary description of the security measures, as well as a copy of any contract for sub-processing services which has to be made in accordance with the Clauses, unless the Clauses or the contract contain commercial information, in which case it may remove such commercial information;

i) that, in the event of sub-processing, the processing activity is carried out in accordance with Clause 11 by a sub-processor providing at least the same level of protection for the personal data and the rights of data subject as the data importer under the Clauses; and

j)   that it will ensure compliance with Clause 4(a) to (i).

Clause 5

Obligations of the data importer

The data importer agrees and warrants:

a)   to process the personal data only on behalf of the data exporter and in compliance with its instructions and the Clauses; if it cannot provide such compliance for whatever reasons, it agrees to inform promptly the data exporter of its inability to comply, in which case the data exporter is entitled to suspend the transfer of data and/or terminate the contract;

b)   that it has no reason to believe that the legislation applicable to it prevents it from fulfilling the instructions received from the data exporter and its obligations under the contract and that in the event of a change in this legislation which is likely to have a substantial adverse effect on the warranties and obligations provided by the Clauses, it will promptly notify the change to the data exporter as soon as it is aware, in which case the data exporter is entitled to suspend the transfer of data and/or terminate the contract;

c)   that it has implemented the technical and organisational security measures specified in Appendix 2 before processing the personal data transferred;

d)   that it will promptly notify the data exporter about:

   i)   any legally binding request for disclosure of the personal data by a law enforcement authority unless otherwise prohibited, such as a prohibition under criminal law to preserve the confidentiality of a law enforcement investigation;

   ii)   any accidental or unauthorised access; and

   iii) any request received directly from the data subjects without responding to that request, unless it has been otherwise authorised to do so;

e)   to deal promptly and properly with all inquiries from the data exporter relating to its processing of the personal data subject to the transfer and to abide by the advice of the supervisory authority with regard to the processing of the data transferred;

f) at the request of the data exporter to submit its data-processing facilities for audit of the processing activities covered by the Clauses which shall be carried out by the data exporter or an inspection body composed of independent members and in possession of the required professional qualifications bound by a duty of confidentiality, selected by the data exporter, where applicable, in agreement with the supervisory authority;

g) to make available to the data subject upon request a copy of the Clauses, or any existing contract for sub-processing, unless the Clauses or contract contain commercial information, in which case it may remove such commercial information, with the exception of Appendix 2 which shall be replaced by a summary description of the security measures in those cases where the data subject is unable to obtain a copy from the data exporter;

h) that, in the event of sub-processing, it has previously informed the data exporter and obtained its prior written consent;

i) that the processing services by the sub-processor will be carried out in accordance with Clause 11;

j) to send promptly a copy of any sub-processor agreement it concludes under the Clauses to the data exporter.

Clause 6

Liability

(1) The parties agree that any data subject, who has suffered damage as a result of any breach of the obligations referred to in Clause 3 or in Clause 11 by any party or sub-processor is entitled to receive compensation from the data exporter for the damage suffered.

(2) If a data subject is not able to bring a claim for compensation in accordance with paragraph 1 against the data exporter, arising out of a breach by the data importer or his sub-processor of any of their obligations referred to in Clause 3 or in Clause 11, because the data exporter has factually disappeared or ceased to exist in law or has become insolvent, the data importer agrees that the data subject may issue a claim against the data importer as if it were the data exporter, unless any successor entity has assumed the entire legal obligations of the data exporter by contract of by operation of law, in which case the data subject can enforce its rights against such entity.

The data importer may not rely on a breach by a sub-processor of its obligations in order to avoid its own liabilities.

(3) If a data subject is not able to bring a claim against the data exporter or the data importer referred to in paragraphs 1 and 2, arising out of a breach by the sub-processor of any of their obligations referred to in Clause 3 or in Clause 11 because both the data exporter and the data importer have factually disappeared or ceased to exist in law or have become insolvent, the sub-processor agrees that the data subject may issue a claim against the data sub-processor with regard to its own processing operations under the Clauses as if it were the data exporter or the data importer, unless any successor entity has assumed the entire legal obligations of the data exporter or data importer by contract or by operation of law, in which case the data subject can enforce its rights against such entity. The liability of the sub-processor shall be limited to its own processing operations under the Clauses.

Clause 7

Mediation and jurisdiction

(1) The data importer agrees that if the data subject invokes against it third-party beneficiary rights and/or claims compensation for damages under the Clauses, the data importer will accept the decision of the data subject:

a) to refer the dispute to mediation, by an independent person or, where applicable, by the supervisory authority;

b) to refer the dispute to the courts in the Member State in which the data exporter is established.

(2) The parties agree that the choice made by the data subject will not prejudice its substantive or procedural rights to seek remedies in accordance with other provisions of national or international law.

Clause 8

Cooperation with supervisory authorities

(1) The data exporter agrees to deposit a copy of this contract with the supervisory authority if it so requests or if such deposit is required under the applicable data protection law.

(2) The parties agree that the supervisory authority has the right to conduct an audit of the data importer, and of any sub-processor, which has the same scope and is subject to the same conditions as would apply to an audit of the data exporter under the applicable data protection law.

(3) The data importer shall promptly inform the data exporter about the existence of legislation applicable to it or any sub-processor preventing the conduct of an audit of the data importer, or any sub-processor, pursuant to paragraph 2. In such a case the data exporter shall be entitled to take the measures foreseen in Clause 5(b).

Clause 9

Governing law

The Clauses shall be governed by the law of the Member State in which the

data exporter is established, namely: ....

Clause 10

Variation of the contract

The parties undertake not to vary or modify the Clauses. This does not preclude the parties from adding clauses on business related issues where required as long as they do not contradict the Clause.

Clause 11

Sub-processing

(1) The data importer shall not subcontract any of its processing operations performed on behalf of the data exporter under the Clauses without the prior written consent of the data exporter. Where the data importer subcontracts its obligations under the Clauses, with the consent of the data exporter, it shall do so only by way of a written agreement with the sub-processor which imposes the same obligations on the sub-processor as are imposed on the data importer under the Clauses. Where the sub-processor fails to fulfil its data protection obligations under such written agreement the data importer shall remain fully liable to the data exporter for the performance of the sub-processor's obligations under such agreement.

(2) The prior written contract between the data importer and the sub-processor shall also provide for a third-party beneficiary clause as laid down in Clause 3 for cases where the data subject is not able to bring the claim for compensation referred to in paragraph 1 of Clause 6 against the data exporter or the data importer because they have factually disappeared or have ceased to exist in law or have become insolvent and no successor entity has assumed the entire legal obligations of the data exporter or data importer by contract or by operation of law. Such third-party liability of the sub-processor shall be limited to its own processing operations under the Clauses.

97

(3) The provisions relating to data protection aspects for sub-processing of the contract referred to in paragraph 1 shall be governed by the law of the Member State in which the data exporter is established, namely:

....

(4) The data exporter shall keep a list of sub-processing agreements concluded under the Clauses and notified by the data importer pursuant to Clause 5(j), which shall be updated at least once a year. The list shall be available to the data exporter's data protection supervisory authority.

Clause 12

Obligation after the termination of personal data-processing services

(1) The parties agree that on the termination of the provision of data-processing services, the data importer and the sub-processor shall, at the choice of the data exporter, return all the personal data transferred and the copies thereof to the data exporter or shall destroy all the personal data and certify to the data exporter that it has done so, unless legislation imposed upon the data importer prevents it from returning or destroying all or part of the personal data transferred. In that case, the data importer warrants that it will guarantee the confidentiality of the personal data transferred and will not actively process the personal data transferred anymore.

(2) The data importer and the sub-processor warrant that upon request of the data exporter and/or of the supervisory authority, it will submit its data-processing facilities for an audit of the measures referred to in paragraph 1.

On behalf of the data exporter:

Name (written out in full): ....

Position: ....

Address: ....

Other information necessary in order for the contract to be binding (if any):

	Signature
(stamp of organisation)	

On behalf of the data importer:

Name (written out in full): ....

Position: ....

Address: ....

Other information necessary in order for the contract to be binding (if any):

	Signature
(stamp of organisation)	

Appendix 1

to the Standard Contractual Clauses

This Appendix forms part of the Clauses and must be completed and signed by the parties.

Data exporter

The data exporter is (please specify briefly your activities relevant to the transfer):

....

....

....

Data importer

The data importer is (please specify briefly activities relevant to the transfer):

....

....

....

Data subjects

The personal data transferred concern the following categories of data subjects (please specify):

....

....

....

Categories of data

The personal data transferred concern the following categories of data (please specify):

....

....

....

Special categories of data (if appropriate)

The personal data transferred concern the following special categories of data (please specify):

....

....

....

Processing operations

The personal data transferred will be subject to the following basic processing activities (please specify):

....

....

....

DATA EXPORTER

Name: ....

Authorised Signature: ....

DATA IMPORTER

Name: ....

Authorised Signature: ....

Appendix 2

to the Standard Contractual Clauses

Description of the technical and organisational security measures implemented by the data importer in accordance with Clauses 4(d) and 5(c) (or document/legislation attached):

Preventive Security Measures — Measures to Prevent a Successful Attack

> Technical measures

- **Logical access control:** Access rights are granted according to the "need-to-know" principle.

- **Authentication:** Personal data is accessible only after successful authentication.

- **Password security:** Passwords used for authentication consist of at least 8 characters, lower and upper case letters, numbers, and special characters. Passwords are stored encrypted only.

- **Encryption on the transmission path:** Personal data is encrypted if transmitted over the Internet, at least to the extent payroll data and sensitive data are concerned.

- **Encryption of mobile devices:** Mobile devices and mobile data carriers are encrypted, at least in case that payroll data or sensitive data are stored on these devices.

- **Network security:** A firewall is used that separates the internal network from the Internet and — as far as possible — blocks incoming network traffic.

- **Measures against malicious software:** Anti-virus software is used on all systems as far as possible. All incoming emails are automatically scanned for malicious software.

- **Management of security vulnerabilities:** To the extent feasible, the automatic installation of security updates is activated on all devices. Otherwise, critical security updates will be installed within 3 business days, medium-critical security updates will be installed within 25 business days, and non-critical security updates will be installed within 40 business days.

> Organizational measures

- **Clear responsibilities:** Internal responsibilities for data security issues are defined.

- **Confidentiality requirements of employees:** Employees are obliged to maintain secrecy beyond the duration of their employment. In particular, employees may only transfer personal data to third parties upon the express instruction of a supervisor.

- **Training and information activities:** Employees are trained on data security issues (internally or externally) and adequately informed about data security issues (such as password security).

- **Orderly termination of employment relationships:** Upon termination of an employment relationship, all accounts of the leaving employee are immediately blocked for that employee and all keys of the leaving employee are collected.

- **Management of computer hardware:** Records are kept on the distribution of end devices to specific employees (e.g., PC, laptop, mobile phone).

- **Input control:** Control procedures are implemented to control the accuracy of personal data.

- **No duplicates of user accounts:** Each person should have their own user account — the sharing of user accounts is prohibited.

- **Limited use of administrative accounts:** User accounts with administrative rights are only used in exceptional cases — IT systems are normally used without administrative rights.

- **Selection of service providers:** When selecting service providers, the data security level offered by the service provider is taken into account. Service providers that are considered a processor are only used after execution of a processor agreement.

- **Secure data disposal:** Paper containing personal data is generally shredded or handed over to an external service provider for secure destruction. Media are completely overwritten or physically destroyed before being disposed of in order to prevent restoration of stored data.

> Physical measures

- **Physical access control:** Access to business premises is only permitted for non-employees if accompanied by a company member.

- **Measures against burglary:** Access to business premises is equipped with adequate burglary protection (e.g., with security doors of higher safety classes).

- **Special protection of computer hardware:** Access to premises where computer servers are located is protected by special security measures (e.g., by additional locks).

- **Key management:** Keys that grant access to premises or parts thereof are only provided to particularly trustworthy persons, and only to the extent and as long as these persons require a separate key.

Detective security measures — measures to detect an attack

> Technical Measures

- **Scans for malware:** Scans for malware (anti-virus scans) are regularly performed to identify malicious software that has already compromised an IT system.

- **Automatic checks of log files:** To the extent that safety log files of several systems are collected on a centralized system, log files are automatically evaluated in order to detect possible security breaches.

- **Security mailing lists:** An employee of the company or an external service provider is required to subscribe to relevant mailing lists for the announcement of new IT security threats (e.g., mailing lists of the manufacturers of the software used) to recognize current threat situations.

> Organizational measures

- **Employee security incident detection:** All employees are trained on the detection and reporting of security breaches (e.g., undetectable computer hardware, anti-virus software messages).

- **Reporting systems:** There are technical procedures in place that enable employees to report anomalies and anomalies in technical systems to the responsible persons.

- **External persons:** All employees are instructed to address non-employees should they be met on the premises.

- **Audits:** Audits are performed regularly (e.g., by verifying if all critical security updates have been installed). In particular, there is a regular check of access grants and access authorizations (which employee is assigned to which user account with which access rights, which persons have which keys).

- **Manual checking of log files:** Log files, if kept, are checked at regular intervals (e.g., with regard to unsuccessful authentication attempts).

> Physical measures

- **Fire alarms:** To the extent appropriate with regard to the size and nature of the business facilities, fire alarms that are automatically triggered by smoke will be installed.

Reactive security measures — response to an attack

> Technical Measures

- **Data backup:** Data backups are created regularly and stored securely.

- **Data recovery concept:** A concept for the rapid restoration of data backups will be developed in order to allow for the timely restoration of regular operation after a security breach.

- **Automatic removal of malware:** The anti-virus software used automatically removes malware.

> Organizational measures

- **Reporting obligation for employees:** All employees are instructed to immediately report security violations to a previously defined internal body or person.

- **Obligation to register external service providers:** All service providers are provided with contact details to report security breaches.

- **Incident response process:** Security breaches can be reported to the Data Protection Authority within 72 hours of knowledge of the breach via an appropriate reporting process. In particular, all employees will be provided with emergency telephone numbers of the persons that will have to get involved (for example, emergency telephone number of the IT support).

> Physical measures

- **Fire extinguishers:** There is a suitable number of fire extinguishers in the premises. All employees are aware of the location of these fire extinguishers.

- **Fire alarm:** In case that there is a fire detector that does not have an automatic connection to the fire department, an appropriate process ensures that the fire department can be contacted manually.

Deterrent security measures — measures to reduce attack motivation

> Technical Measures

  · **Automatic alerts:** Users receive automatic alerts on risk-entailing IT use (such as through the web browser if an encrypted web site does not use correct SSL / TLS certificates).

> Organizational measures

  · **Sanctions in the case of attacks by own employees:** All employees are informed that attacks on company-owned IT systems are not tolerated and that such attacks may result in serious consequences under employment law, particularly including dismissal.

  · **Logging of access:** Any access to applications, in particular input, deletion and modification of data, is logged.

ADDENDUM TO THE STANDARD CONTRACTUAL CLAUSES

In order to satisfy the requirements for the commissioning of processors pursuant to Art. 28 of the Regulation (EU) 2016/679 (General Data Protection Regulation, "GDPR") the following amendments apply to the Standard Contractual Clauses (hereinafter also referred to as **"Data Processing Agreement"** or **"DPA"**):

a. Instructions: The Data Importer will process the personal data only on behalf of the Data Exporter and in compliance with its instructions and the DPA, including with regard to transfers of personal data to a third country or an international organization, unless required to do so by Union or Member State law to which the Data Importer is subject; in such a case, the Data Importer shall inform the Data Exporter of that legal requirement before processing, unless that law prohibits such information on important grounds of public interest. Instructions shall generally be given in writing, unless the urgency or other specific circumstances require another (e.g. oral, electronic) form. Instructions in another form than in writing or in electronic form shall be documented in appropriate form. The Data Importer shall immediately inform the Data Exporter if, in its opinion, an instruction infringes the GDPR or other Union or Member State data protection provisions.

b. Confidentiality: The Data Importer ensures that persons authorized to process the personal data have committed themselves to confidentiality or are under an appropriate statutory obligation of confidentiality.

c. Security Measures: The Data Importer ensures that it takes and complies with all security measures required pursuant to Art. 32 GDPR.

d. Subprocessors: For the commissioning of subprocessors by the Data Importer, in addition to clause 11 of the Standard Contractual Clauses 2010/87/EU, the Data Importer shall comply with the requirements set forth in Art. 28 (2) and (4) GDPR.

e. Response to Data Subject requests: Taking into account the nature of the processing, the Data Importer shall assist the Data Exporter by appropriate technical and organizational measures, insofar as this is possible, for the fulfilment of the Data Exporter's obligation to respond to requests for exercising the data subject's rights under the GDPR.

f. Assistance to the Data Exporter: If so requested by the Data Exporter, the Data Importer shall provide required assistance to the Data Exporter in ensuring its compliance with obligations pursuant to Articles 32 to 36 GDPR taking into account the nature of processing and the information available to the Data Importer.

g. Return and further use of data after end of contract: After the end of the provision of services relating to the commissioned processing of personal data under this DPA, the Data Importer, at the choice of the Data Exporter, shall delete or return all the personal data to the Data Exporter and shall delete existing copies thereof unless Union or Member State law requires storage of the personal data.

h. Monitoring by the Data Exporter: The Data Importer shall make available to the Data Exporter all information necessary to demonstrate compliance with the obligations laid down in this DPA. The Data Exporter shall have the right to control, by appropriate means, the Data Importer's compliance with its data protection obligations annually and at any time occasion-based, such controls being limited to information and data processing systems that are relevant to the Services. For these purposes, the Data Exporter shall also have the right to carry out on-site audits, conducted by the Data Exporter or another auditor mandated by the Data Exporter, during regular business hours without disrupting the Data Importer's business operations and in accordance with the Data Importer's security policies, and after a reasonable prior notice. The Data Importer shall tolerate such audits and shall render all necessary support.

II. Datenschutzbeauftragte und Bevollmächtigte

A. Meldung eines Datenschutzbeauftragten an die Datenschutzbehörde

1. Mitteilung per E-Mail

An: dsb@dsb.gv.at
Betreff: Mitteilung: Bestellung eines Datenschutzbeauftragten

Sehr geehrte Damen und Herren,

Im Namen von *[Firmenwortlaut des Verantwortlichen]*, *[Adresse des Verantwortlichen]*, dürfen wir hiermit Folgendes mitteilen:

[Firmenwortlaut des Verantwortlichen] bestellt hiermit die folgende Person als ihren Datenschutzbeauftragten gemäß Artikel 37 DSGVO.

[Name des Datenschutzbeauftragten]
[Position beim Verantwortlichen]
[Adresse des Verantwortlichen]
[E-Mail-Adresse des Datenschutzbeauftragten]
[Telefonnummer des Datenschutzbeauftragten]

Mit freundlichen Grüßen

2. Postalische Mitteilung

[Ort], den *[Datum]*

PERSÖNLICH / VERTRAULICH

An die
Österreichische Datenschutzbehörde
Barichgasse 40–42
1030 Wien

Sehr geehrte Damen und Herren,

Im Namen von *[Firmenwortlaut des Verantwortlichen]*, *[Adresse des Verantwortlichen]*, dürfen wir hiermit Folgendes mitteilen:

[Firmenwortlaut des Verantwortlichen] bestellt hiermit die folgende Person als ihren Datenschutzbeauftragten gemäß Artikel 37 Datenschutz-Grundverordnung.

111

[Name des Datenschutzbeauftragten]
[Position beim Verantwortlichen]
[Adresse des Verantwortlichen]
[E-Mail-Adresse des Datenschutzbeauftragten]
[Telefonnummer des Datenschutzbeauftragten]

Mit freundlichen Grüßen

B. Dienstleistungsvertrag für einen externen Datenschutzbeauftragten

Dienstleistungsvertrag

(nachfolgend „**Vereinbarung**")

zwischen

[Firmenwortlaut des Auftraggebers]

[Anschrift des Auftraggebers]

(nachfolgend „**Auftraggeber**")

und

[Name/Firmenwortlaut des Datenschutzbeauftragten]

[Anschrift des Datenschutzbeauftragten]

(nachfolgend „**Datenschutzbeauftragter**")

(nachfolgend zusammen als „**Parteien**" bezeichnet)

1.   Benennung zum Datenschutzbeauftragten des Auftraggebers

Der Auftraggeber benennt hiermit gemäß Art 37 Datenschutz-Grundverordnung („**DSGVO**") den Datenschutzbeauftragten als Datenschutzbeauftragten iSd Art 37 ff DSGVO.

2.   Leistungsumfang

2.1   Der Datenschutzbeauftragte verpflichtet sich zur Erfüllung der Aufgaben gemäß Art 39 DSGVO (im Folgenden „**Aufgaben**"). Hierzu zählt auch eine allgemeine Überwachung der Einhaltung des Datenschutzrechts, jedoch nicht die Durchführung von Audits.

2.2   Der Datenschutzbeauftragte ist nur insoweit zur Anwesenheit an der Betriebsstätte des Auftraggebers verpflichtet, wie dies zur Erfüllung seiner Aufgaben zwingend erforderlich ist.

2.3   Der Datenschutzbeauftragte berichtet einmal jährlich der Geschäftsleitung des Auftraggebers über seine Tätigkeit im vorangegangenen Jahr sowie über ihm zur Kenntnis gelangte Datenschutz-Compliance-Defizite sowie mögliche Abhilfemaßnahmen.

3. Erreichbarkeit des Datenschutzbeauftragten

3.1 Der Datenschutzbeauftragte ist grundsätzlich an Werktagen zwischen 9:00 und 17:00 Uhr mitteleuropäischer Zeit für den Auftraggeber telefonisch und für betroffene Personen per EMail erreichbar.

3.2 Der Datenschutzbeauftragte wird vorbehaltlich einer besonderen Dringlichkeit im Einzelfall Anfragen des Auftraggebers spätestens innerhalb von drei Wochen und Anfragen von betroffenen Personen innerhalb der gesetzlich vorgesehenen Frist beantworten.

3.3 Soweit der Auftraggeber die Kontaktdaten des Datenschutzbeauftragten gegenüber den Betroffenen offenzulegen hat, wird er hierfür folgende Kontaktdaten verwenden:

[Kontaktdaten des Datenschutzbeauftragten (jedenfalls Anschrift und E-Mail-Adresse, nicht jedoch zwingend Name des Datenschutzbeauftragten)]

[Nur wenn der Datenschutzbeauftragte ein Unternehmen ist, nachfolgenden Absatz zusätzlich aufnehmen:]

3.4 Der primäre Ansprechpartner innerhalb des Unternehmens des Datenschutzbeauftragten ist für den Auftraggeber:

[Name]
[Anschrift]
[E-Mail-Adresse]
[Telefonnummer]

Dieser primäre Ansprechpartner kann vom Datenschutzbeauftragten unter Einhaltung einer Frist von vier Wochen geändert werden, soweit dies aus betrieblichen Gründen des Datenschutzbeauftragten erforderlich ist.

4. Einsatz von Erfüllungsgehilfen

Der Datenschutzbeauftragte ist berechtigt, die Aufgaben durch seine Mitarbeiter (einschließlich Arbeitnehmer, freie Dienstnehmer und Werkvertragsnehmer) besorgen zu lassen.

Der Datenschutzbeauftragte wird seine Mitarbeiter zur Erfüllung von Aufgaben nur heranziehen, wenn

(i) diese Mitarbeiter entweder über die erforderlichen Fähigkeiten und Kenntnisse nach Art 37 DSGVO verfügen oder durch eine entsprechend qualifizierte Person angeleitet und überwacht werden und

(ii) der Datenschutzbeauftragte diese Mitarbeiter wie in Punkt 7 geregelt zur Verschwiegenheit verpflichtet hat.

5. Weisungsfreiheit

Der Datenschutzbeauftragte unterliegt bei der Erfüllung seiner Verpflichtungen gemäß Art 39 DSGVO keinen Weisungen.

6. Verpflichtungen des Auftraggebers

6.1 Der Auftraggeber stellt sicher, dass der Datenschutzbeauftragte ordnungsgemäß und frühzeitig in alle mit dem Schutz personenbezogener Daten zusammenhängenden Fragen eingebunden wird.

6.2 Der Auftraggeber unterstützt den Datenschutzbeauftragten bei der Erfüllung seiner Verpflichtungen gemäß Art 39 DSGVO, indem er

(i) die für die Erfüllung dieser Verpflichtungen erforderlichen Ressourcen in Form von Ansprechpartnern beim Auftraggeber und Informationen über Geschäftsprozesse und Verarbeitungstätigkeiten zur Verfügung stellt und

(ii) den Zugang zu personenbezogenen Daten und Verarbeitungsvorgängen ermöglicht.

6.3 Durch die Bezahlung der in Punkt 8 geregelten Vergütung stellt der Auftraggeber dem Datenschutzbeauftragten hinreichende zur Erhaltung seines Fachwissens erforderliche Ressourcen zur Verfügung.

7. Verschwiegenheitspflicht

7.1 Der Datenschutzbeauftragte ist hinsichtlich sämtlicher Informationen und personenbezogener Daten, zu welchen er im Rahmen der Erfüllung dieses Vertrages Zugang erhält, zur Verschwiegenheit verpflichtet. Dies gilt insbesondere in Bezug auf die Identität betroffener Personen, die sich an den Datenschutzbeauftragten gewandt haben, sowie über Umstände, die Rückschlüsse auf diese Personen zulassen, es sei denn, es erfolgte eine ausdrückliche Entbindung von der Verschwiegenheit durch die betroffene Person. Der Datenschutzbeauftragte darf die zugänglich gemachten Informationen ausschließlich für die Erfüllung der Aufgaben verwenden und ist auch nach Ende seiner Tätigkeit zur Geheimhaltung verpflichtet.

7.2 Anfragen der Datenschutzbehörde hat der Datenschutzbeauftragte ausschließlich in Abstimmung mit und nach Freigabe durch den Auftraggeber zu beantworten. *[Wenn der Datenschutzbeauftragte Betrof-*

fenenanfragen nicht selbstständig beantworten soll:] Selbiges gilt für Anfragen von Betroffenen.

8. Vergütung

8.1 Für die nach diesem Vertrag zu erbringenden Leistung hat der Auftraggeber dem Datenschutzbeauftragten ein monatliches Entgelt von EUR *[Betrag]* zzgl USt zu bezahlen. Dieses ist jeweils im Vorhinein am Monatsersten (einlangend auf dem vom Datenschutzbeauftragten bekannt gegebenen Bankkonto) fällig.

8.2 Zusätzlich zum Entgelt gemäß Punkt 8.1 hat der Auftraggeber dem Datenschutzbeauftragten die Reisezeit sowie Reisekosten im Falle einer notwendigen Anwesenheit an der Betriebsstätte des Auftraggebers zu vergüten, wobei für die Reisezeit ein Stundensatz von EUR *[Betrag]* zzgl USt anzusetzen ist.

8.3 Sonstige, nicht unter diesen Vertrag fallende Leistungen die vom Datenschutzbeauftragten freiwillig auf Anfrage des Auftraggebers erbracht werden, werden vom Auftraggeber zu einem Stundensatz von EUR *[Betrag]* zzgl USt vergütet.

8.4 Hinsichtlich des in Punkt 8.1 und 8.2 geregelten Entgelt ist der Datenschutzbeauftragte zur monatlichen Rechnungslegung berechtigt. Fälligkeit tritt mit Erhalt der Rechnung durch den Auftraggeber ein.

9. Vertragsdauer und Kündigung

9.1 Der gegenständliche Vertrag wird auf unbestimmte Dauer abgeschlossen.

9.2 Eine ordentliche Kündigung des gegenständlichen Vertrags ist unter der Einhaltung einer Frist von drei Monaten zum Ende eines jeden Quartals zulässig, wobei der Auftraggeber für die ersten 12 Monate der Vertragslaufzeit auf dieses Kündigungsrecht verzichtet.

9.3 Dieser Vertrag darf vom Auftraggeber wegen der gesetzeskonformen Erfüllung der Verpflichtungen des Datenschutzbeauftragten gemäß Art 39 DSGVO nicht gekündigt werden.

9.4 Das Recht beider Parteien auf eine außerordentliche Kündigung aus wichtigem Grund bleibt hiervon unbenommen.

10. Haftung

10.1 Der Datenschutzbeauftragte haftet gegenüber dem Auftraggeber ausschließlich für grobes Verschulden. Eine Haftung für Datenschutzverletzungen, von welchen der Datenschutzbeauftragte keine Kenntnis hatte, ist ausgeschlossen.

10.2 Der Datenschutzbeauftragte haftet dem Auftraggeber für einen unrichtigen Rechtsrat nur im Falle einer nicht vertretbaren Rechtsauffassung.

10.3 Befolgt der Auftraggeber den Rat des Datenschutzbeauftragten nicht, so ist jegliche Haftung des Datenschutzbeauftragten ausgeschlossen.

11. Sonstige Bestimmungen

11.1 Diese Vereinbarung stellt die gesamte Vereinbarung zwischen den Parteien in Bezug auf die vertragsgegenständlichen Dienstleistungen dar und ersetzt alle vorherigen mündlichen und schriftlichen Verhandlungen und Vereinbarungen in Bezug auf diese Dienstleistungen. Jegliche Änderungen dieser Vereinbarung sind nur wirksam, wenn sie in schriftlicher Form erfolgen. Dies gilt auch für ein Abgehen vom Schriftformgebot.

11.2 Wenn eine Bestimmung dieser Vereinbarung für ungültig erklärt wird oder nicht durchsetzbar ist, wird diese Bestimmung durch solche Bestimmungen ersetzt, die dem wirtschaftlichen Zweck der ursprünglichen Bestimmung am nächsten kommen. Sollten eine oder mehrere Bestimmungen dieser Vereinbarung gänzlich oder teilweise unwirksam sein, so bleibt die Wirksamkeit der übrigen Bestimmungen davon unberührt.

11.3 Auf diese Vereinbarung findet österreichisches Recht unter Ausschluss seiner Kollisionsnormen Anwendung.

11.4 Für Streitigkeiten aus oder in Zusammenhang mit dieser Vereinbarung wird die ausschließliche Zuständigkeit des für den ersten Wiener Gemeindebezirk sachlich zuständigen Gerichts vereinbart.

Im Namen des Auftraggebers:	Im Namen des Datenschutzbeauftragten:
....	....
Ort und Datum:	Ort und Datum:
....	....

C. Vollmacht zum Abschluss von datenschutzrechtlichen Vereinbarungen (deutsche Version)

Vollmacht zum Abschluss von datenschutzrechtlichen Vereinbarungen
(nachfolgend „**Vollmacht**")

zwischen

[Firmenwortlaut des Vollmachtgebers]
[Anschrift des Vollmachtgebers]
(nachfolgend „**Vollmachtgeber**")

und

[Name/Firmenwortlaut des Bevollmächtigten]
[Anschrift des Bevollmächtigten]
(nachfolgend „**Bevollmächtigter**")

1. Zweck der Vollmacht

Diese Vollmacht dient der Verbesserung der Datenschutz-Compliance des Vollmachtgebers. Der Bevollmächtigte unterstützt den Vollmachtgeber diesbezüglich durch Abschluss nachfolgend beschriebener datenschutzrechtlicher Vereinbarungen. Diese Vollmacht kann durch zusätzliche Aufträge des Vollmachtgebers konkretisiert werden, welche zusätzliche Rahmenbedingungen, wie etwa die Vergütung, näher konkretisieren.

[Wird der Bevollmächtigte als Auftragsverarbeiter tätig, kann eine solche Konkretisierung etwa im Rahmen eines Auftragsverarbeitervertrags erfolgen.]

2. Umfang der Vollmacht

Der Abschluss gewisser Vereinbarungen ist nach der EU-Datenschutz-Grundverordnung („**DSGVO**") zwingend. Der Vollmachtgeber erteilt dem Bevollmächtigten daher die Vollmacht zu Abschluss, Änderung und Beendigung folgender Vereinbarungen:

> Vereinbarungen zwischen Verantwortlichen und Auftragsverarbeitern gem Art 28 DSGVO (insbesondere auf Grundlage des Beschlusses 2010/87/EU der Kommission),

> Vereinbarungen zwischen eigenständigen Verantwortlichen (insbesondere auf Grundlage der Entscheidungen 2001/497/EC und 2004/915/EC der Kommission) sowie

> Vereinbarungen zwischen gemeinsam Verantwortlichen gem Art 26 DSGVO.

Der Vollmachtgeber erklärt sich damit einverstanden, dass der Bevollmächtigte sowohl als Partei als auch als Vertreter eines Dritten im Rahmen der vorgenannten Vereinbarungen auftreten kann. Tritt der Bevollmächtigte sowohl als Vertreter des Vollmachtgebers als auch des Dritten auf, hat er hierfür zuvor auch die Zustimmung des Dritten einzuholen und schriftlich zu dokumentieren.

3. Entzug der Vollmacht

Der Vollmachtgeber kann dem Bevollmächtigten diese Vollmacht jederzeit und ohne Angaben von Gründen mit einer Mitteilung an den Bevollmächtigten in mündlicher oder schriftlicher Form entziehen.

Im Namen des Vollmachtgebers: Im Namen des Bevollmächtigten:

....

Ort und Datum: Ort und Datum:

....

D. Vollmacht zum Abschluss von datenschutzrechtlichen Vereinbarungen (englische Version)

Power of Attorney to conclude data protection agreements
(hereafter „PoA")

between

[Principal's company name]
[Principal's address]
(hereafter **„Principal"**)

and

[Attorney's company name]
[Attorney's address]
(hereafter **„Attorney"**)

1. Purpose of the PoA

This PoA serves to improve the data protection compliance of the Principal. The Attorney supports the Principal in this respect by concluding the data protection agreements described below. This PoA can be concretized by additional instructions from the Principal, which further concretize additional conditions, such as remuneration.

> *[If the Attorney acts as a processor, such concretization can take place, e.g., within the framework of a Data Processing Agreement.]*

2. Scope of the PoA

The EU General Data Protection Regulation ("**GDPR**") requires the conclusion of certain agreements. Thus, Principal hereby authorizes Attorney to enter into, amend and terminate the following types of agreements in the name and on behalf of Authorizer:

> agreements between controllers and processors under Art. 28 GDPR (in particular, agreements based on European Commission Decision 2010/87/EU),

> agreements between independent controllers (in particular, agreements based on European Commission Decisions 2001/497/EC and 2004/915/EC), and

> agreements between joint controllers under Art. 26 GDPR.

Principal consents that Attorney may act both as a party and as a representative of a third party in the context of the aforementioned agreements. If Attorney acts both as representative of the principal and of a third party, he must first obtain the consent of that third party and document this consent in writing.

3. Withdrawal of the PoA

Principal may withdraw this PoA at any time and without giving reasons by giving notice orally or in writing to Attorney.

On behalf of Principal: On behalf of Attorney:

....

Place and date: Place and date:

....

III. Betriebsvereinbarungen

A. Rahmenbetriebsvereinbarung

Rahmenbetriebsvereinbarung über die Verarbeitung personen-bezogener Beschäftigtendaten

(nachfolgend „**Rahmen-BV**")

zwischen

[Firmenwortlaut des Betriebsinhabers]
[Firmenbuch-Nummer des Betriebsinhabers]
[Anschrift des Betriebsinhabers]
(nachfolgend „**Betriebsinhaber**")

und,

als Vertretung der Arbeitnehmer (nachfolgend die „**Beschäftigten**"),

dem **Betriebsrat der**
[Firmenwortlaut]
[Anschrift]
(nachfolgend „**Betriebsrat**")

(beide gemeinsam nachfolgend „**Parteien**")

1. Präambel

1.1 Soweit es die Verarbeitung von personenbezogenen Daten Beschäftig-ter (nachfolgend „**Daten**") betrifft, sieht das Arbeitsverfassungsgesetz (nachfolgend „**ArbVG**") vor, dass vor der Einführung folgender Maß-nahmen die Zustimmung des Betriebsrates einzuholen ist:

    a. Personalfragebögen, sofern in diesen nicht bloß die allgemeinen Angaben zur Person und Angaben über die fachlichen Vorausset-zungen für die beabsichtigte Verwendung des Arbeitnehmers ent-halten sind (§ 96 Abs 1 Z 2 ArbVG);

    b. Kontrollmaßnahmen und technische Systeme zur Kontrolle der Arbeitnehmer, sofern diese Maßnahmen (Systeme) die Menschen-würde berühren und es sich um keine Ad-hoc-Maßnahme handelt (§ 96 Abs 1 Z 3 ArbVG);

    c. Systeme zur automationsunterstützten Ermittlung, Verarbeitung und Übermittlung von personenbezogenen Daten des Arbeitneh-

125

mers, die über die Ermittlung von allgemeinen Angaben zur Person und fachlichen Voraussetzungen hinausgehen (§ 96a Abs 1 Z 1 ArbVG); sowie

d. Systeme zur Beurteilung von Arbeitnehmern des Betriebes, sofern mit diesen Daten erhoben werden, die nicht durch die betriebliche Verwendung gerechtfertigt sind (§ 96a Abs 1 Z 2 ArbVG).

1.2 Auf Basis der vorliegenden Rahmen-BV sollen spezifische Betriebsvereinbarungen zur Einführung von IT-Systemen bzw Maßnahmen, für die eine Zustimmung des Betriebsrates nach ArbVG vorgesehen ist, abgeschlossen werden (nachfolgend „Zusatz-BV"). Diese enthalten detailliertere Informationen zum jeweiligen IT-System bzw zur jeweiligen Maßnahme.

1.3 Rahmen-BV und Zusatz-BV gelten für alle vom Betriebsrat vertretenen Beschäftigten.

1.4 Die Parteien sichern einander die Einhaltung aller einschlägigen gesetzlichen Pflichten im Rahmen des Abschlusses und der Anwendung der vorliegenden Rahmen-BV und jeder Zusatz-BV zu.

1.5 Festgehalten wird, dass sowohl der Betriebsinhaber als auch der Betriebsrat den Pflichten datenschutzrechtlicher Verantwortlicher nach der Datenschutz-Grundverordnung (nachfolgend „DSGVO") unterliegen. Diese Pflichten sind von beiden Parteien eigenverantwortlich und unabhängig voneinander uneingeschränkt zu erfüllen, wenn diese Daten auf Basis dieser Rahmen-BV bzw einer Zusatz-BV verarbeiten. Eine Haftung für Datenschutz-Verstöße der jeweils anderen Partei besteht nicht.

1.6 Sofern nicht anders spezifiziert, gelten die in der DSGVO enthaltenen Begriffsdefinitionen auch in dieser Rahmen-BV und jeder Zusatz-BV.

2. Form und Inhalt der Zusatz-BV

2.1 Jede Zusatz-BV muss dem Muster in <u>Anlage 1</u> entsprechen und zumindest die darin vorgesehenen Angaben enthalten.

2.2 Sofern nichts anderes vereinbart wurde, sind die Bestimmungen der Rahmen-BV auch auf jede Zusatz-BV anzuwenden.

2.3 Die Bestimmungen der Rahmen-BV genießen im Zweifel Vorrang gegenüber Bestimmungen jeder Zusatz-BV.

3. Rechte des Betriebsrates

3.1 Sowohl die Rahmen-BV als auch jede Zusatz-BV lassen die gesetzlichen Informations, Beratungs-, Vorschlags- und Stellungnahmerechte des Betriebsrates unberührt, die durch entsprechendes Tätigwerden des Betriebsrates ausgeübt werden können.

3.2 Ebenfalls unberührt bleiben die gesetzlichen Pflichten des Betriebsrates, insbesondere jene nach geltendem Datenschutzrecht und zur Geheimhaltung von Geschäfts- und Betriebsgeheimnissen (§ 115 Abs 4 ArbVG).

4. Reguläre Datenübermittlungen

4.1 Dieser Punkt beschreibt Datenübermittlungen im regulären Geschäftsbetrieb, für welche keine Zusatz-BV erforderlich ist.

4.2 Eine Übermittlung (einschließlich Offenlegung) von Daten vom Betriebsinhaber an den Betriebsrat ist unter Einhaltung der DSGVO und des ArbVG zulässig, soweit:

   a. der Betriebsrat Einsicht in folgende Unterlagen begehrt (§ 89 Z 1 ArbVG):

   (i) Unterlagen, die erforderlich sind, um die Berechnung der Bezüge der Beschäftigten zu überprüfen und die Auszahlung zu kontrollieren oder

   (ii) Aufzeichnungen, die Beschäftigte betreffen und deren Führung durch Rechtsvorschriften vorgesehen ist; oder

   b. der betroffene Beschäftigte hierzu seine Einwilligung erteilt hat (§ 89 Z 4 ArbVG).

4.3. Eine Übermittlung von Daten an Auftragsverarbeiter ist zulässig, sofern die Anforderungen des Art 28 DSGVO erfüllt werden und insbesondere der Betriebsinhaber mit dem Auftragsverarbeiter eine Vereinbarung geschlossen hat, welche den in Art 28 DSGVO genannten Anforderungen entspricht.

4.4 *[Bei Betriebsinhabern, die Teil eines Konzerns sind:]* Die *[Bezeichnung des Konzerns des Betriebsinhabers]* verfügt, wie die meisten international tätigen Konzerne, über eine Matrix-Organisationsstruktur, wodurch ein Beschäftigter des Betriebsinhabers einerseits gegenüber seinem arbeitsrechtlichen Vorgesetzten beim Betriebsinhaber und andererseits gegenüber seinem fachlichen Vorgesetzten bei einer anderen

Gesellschaft der *[Bezeichnung des Konzerns des Betriebsinhabers]* berichtspflichtig sein kann. Dies macht es notwendig, Daten aus dem Personalakt von Beschäftigten des Betriebsinhabers sowie sonstige für das Ressourcen-, Zeit- und Projektmanagement erforderliche Daten entlang der Berichtslinien der Matrix-Organisationsstruktur auch an andere Gesellschaften der *[Bezeichnung des Konzerns des Betriebsinhabers]* zu übermitteln. Um einen angemessenen Datenschutz auch bei Gesellschaften der *[Bezeichnung des Konzerns des Betriebsinhabers]* sicherzustellen, die ihren Sitz außerhalb der EU bzw des EWR haben, wird zwischen allen Gesellschaften der *[Bezeichnung des Konzerns des Betriebsinhabers]*, die dieserart Daten erhalten, ein Intra-Group Data Transfer Agreement auf Grundlage der EU-Standardvertragsklauseln abgeschlossen.

5. Geltungsdauer

5.1 Die Rahmen-BV und jede Zusatz-BV treten mit Unterzeichnung durch beide Parteien (bzw deren zeichnungsberechtigte Vertreter) in Kraft und gelten auf unbestimmte Dauer.

5.2 Die Möglichkeit einer ordentlichen Kündigung gem § 32 Abs 1 ArbVG ist für beide Parteien ausgeschlossen.

5.3 Die außerordentliche Kündigung einer Zusatz-BV lässt die Geltung der Rahmen-BV und jeder sonstigen Zusatz-BV unberührt.

5.4 Die außerordentliche Kündigung der Rahmen-BV lässt die Geltung jeder Zusatz-BV unberührt.

6. Sonstiges

6.1 Sollte eine Regelung dieser Rahmen-BV unwirksam oder undurchführbar sein oder künftig unwirksam oder undurchführbar werden, so werden die übrigen Regelungen dieser Rahmen-BV davon nicht berührt. Anstelle der unwirksamen oder undurchführbaren Regelung verpflichten sich die Parteien schon jetzt, eine wirksame Regelung zu vereinbaren, die dem Sinn und Zweck der unwirksamen oder undurchführbaren Regelung rechtlich und wirtschaftlich möglichst nahe kommt. Entsprechendes gilt für die Ausfüllung von Lücken dieser Rahmen-BV.

6.2 Änderungen dieser Rahmen-BV bedürfen der Zustimmung beider Parteien. Stillschweigende, mündliche oder schriftliche Nebenabreden wurden nicht getroffen. Änderungen und Ergänzungen dieser Vereinbarung bedürfen der Schriftform. Dies gilt auch für ein Abgehen von dieser Klausel.

Im Namen des Betriebsinhabers: Im Namen des Betriebsrats:

....

Ort und Datum: Ort und Datum:

....

Anhang: Muster für Zusatz-BV

Zusatz-BV gem *[Norm]* zur Rahmen-BV vom *[Datum]*

Der Betriebsinhaber beabsichtigt, folgendes IT-System bzw folgende Maßnahme einzuführen (nachfolgend „**IT-System**"):

> *[Beschreibung des IT-Systems]*

Die Bestimmungen der Rahmen-BV sind auch auf diese Zusatz-BV anzuwenden. Die Bestimmungen der Rahmen-BV genießen im Zweifel Vorrang gegenüber Bestimmungen dieser Zusatz-BV.

Unter Verwendung des IT-Systems werden nachfolgende Kategorien von Beschäftigtendaten zu nachfolgenden Zwecken verarbeitet und an nachfolgende dritte Verantwortliche („**Empfänger**") übermittelt:

Datenkategorien

[Liste der Kategorien]

Verarbeitungszwecke

[Liste der Zwecke]

Empfänger

[Liste der Kategorien von Empfängern bzw Firmenwortlaut und Anschrift]

Mit Inkrafttreten dieser Betriebsvereinbarung wird der Betriebsinhaber die oben beschriebene Verarbeitung von Beschäftigtendaten aufnehmen.

Im Namen des Betriebsinhabers: Im Namen des Betriebsrats:

....

Ort und Datum: Ort und Datum:

....

B. Basis für eine eigenständige Betriebsvereinbarung über die Verarbeitung von Arbeitnehmerdaten

Betriebsvereinbarung gemäß § 96a Abs 1 Z 1 ArbVG über die Verarbeitung von Arbeitnehmerdaten

zwischen

[Firmenwortlaut des Betriebsinhabers]

[Firmenbuch-Nummer des Betriebsinhabers]

[Anschrift des Betriebsinhabers]

(nachfolgend „**Betriebsinhaber**")

und

dem Betriebsrat der

[Firmenwortlaut]

[Anschrift]

(nachfolgend „**Betriebsrat**")

1. Diese Betriebsvereinbarung gilt für alle vom Betriebsrat vertretenen Arbeitnehmer, einschließlich überlassener Arbeitnehmer, die zum Zeitpunkt des Inkrafttretens dieser Betriebsvereinbarung an der Betriebsstätte tätig sind, unabhängig von der Dauer ihrer Tätigkeit.

2. Der Betriebsinhaber beabsichtigt, das in <u>Anlage 1</u> beschriebene IT-System (nachfolgend „**IT-System**") einzuführen.

3. Unter Verwendung des IT-Systems wird der Betriebsinhaber die in <u>Anlage 2</u> genannten Kategorien von Arbeitnehmerdaten (nachfolgend „**Arbeitnehmerdaten**") zu folgenden Zwecken verarbeiten:

    · *[Liste der Verarbeitungszwecke]*

4. Unter Verwendung des IT-Systems wird der Betriebsinhaber die Arbeitnehmerdaten zu den oben genannten Zwecken auch an folgende Verantwortliche übermitteln:

    · *[Liste der Übermittlungsempfänger, welche die Arbeitnehmerdaten als Verantwortliche erhalten]*

5. Mit Inkrafttreten dieser Betriebsvereinbarung wird der Betriebsinhaber die oben beschriebene Verarbeitung von Arbeitnehmerdaten aufnehmen.

6. Diese Betriebsvereinbarung wird für unbestimmte Dauer abgeschlossen. Sie tritt mit Unterzeichnung durch Betriebsinhaber und Betriebsrat in Kraft.

Im Namen des Betriebsinhabers: Im Namen des Betriebsrats:

....

Ort und Datum: Ort und Datum:

....

<u>Anlage 1</u>: Beschreibung des IT-Systems

<u>Anlage 2</u>: Liste der Datenkategorien

C. Beispiel: Eigenständige Betriebsvereinbarung über die Einrichtung eines Videoüberwachungssystems

Betriebsvereinbarung gemäß § 96 Abs 1 Z 3 ArbVG über die
Einrichtung eines Videoüberwachungssystems

zwischen

[Firmenwortlaut des Betriebsinhabers]
[Firmenbuch-Nummer des Betriebsinhabers]
[Anschrift des Betriebsinhabers]
(nachfolgend „**Betriebsinhaber**")

und

dem Betriebsrat der
[Firmenwortlaut]
[Anschrift]
(nachfolgend „**Betriebsrat**").

1. Zielsetzung und Zweck

1.1 Diese Betriebsvereinbarung regelt die Überwachung in *[Adresse der Betriebsstätte]* („**Betriebsstätte**") unter Zuhilfenahme eines Videoüberwachungssystems.

1.2 Die technischen Details des Videoüberwachungssystems werden in Anhang 1 beschrieben. Die Standorte der Videokameras werden in Anhang 2 beschrieben.

1.3 Die Videoüberwachung dient dem Schutz des Eigentums des Betriebsinhabers vor (Einbruchs-)Diebstählen und Sachbeschädigung sowie sonstigem schädigendem Verhalten und dem Schutz und der Sicherheit der Mitarbeiter. Die Videoüberwachung soll dabei einerseits generalpräventive Wirkung erzielen, anderseits auch hinsichtlich jener Handlungen Beweise sichern, die strafrechtliche Konsequenzen nach sich ziehen können.

1.4 Die mithilfe des Videoüberwachungssystems erhobenen Bild- und Tondaten („**Aufzeichnungen**") werden nicht für Zwecke der Mitarbeiterkontrolle verwendet oder ausgewertet.

2. Geltungsbereich und Rechtsgrundlage

2.1 Diese Betriebsvereinbarung gilt für alle Arbeitnehmer des Betriebsinhabers, einschließlich überlassener Arbeitnehmer, die zum Zeitpunkt des Inkrafttretens dieser Betriebsvereinbarung an der Betriebsstätte tätig sind, unabhängig von der Dauer ihrer Tätigkeit (in der Folge kurz **„Mitarbeiter"**).

2.2 Rechtsgrundlage dieser Betriebsvereinbarung sind § 96 Abs 1 Z 3 ArbVG und die einschlägigen Normen der Datenschutz-Grundverordnung und des Datenschutzgesetzes in seiner jeweils gültigen Fassung (in der Folge kurz **„DSG"**).

3. Verwendung von Aufzeichnungen

3.1 Ein Zugriff auf die Daten des Videoüberwachungssystems ist allen Mitarbeitern des Betriebsinhabers untersagt, mit Ausnahme

> der Mitglieder der Geschäftsleitung des Betriebsinhabers

> der in Anhang 3 genannten Mitarbeiter und

> des Betriebsrats.

3.2 Der Ablauf eines solchen Zugriffs auf Daten des Videoüberwachungssystems ist in Anhang 3 skizziert.

3.3 Die Aufzeichnungen können bei begründetem Verdacht einer Straftat durch einen Mitarbeiter oder einen Dritten, wie insbesondere bei einem (Einbruchs-)Diebstahl oder einer Sachbeschädigung, zur Kontrolle, Rekonstruktion und/oder Beweissicherung ausgewertet werden.

3.4 Eine Auswertung der Aufzeichnungen ist nur nach vorheriger Information des Betriebsrats per E-Mail zulässig. Der Betriebsrat entscheidet aufgrund der Verständigung, ob er an der Erstauswertung der Videoaufzeichnung teilnimmt.

4. Kennzeichnung und Speicherdauer von Aufzeichnungen

4.1 Betroffene Personen werden vor Betreten der Betriebsstätte auf das bestehende Videoüberwachungssystem und die Aufzeichnungen auf geeignete Weise hingewiesen. Hier kann das Hinweisschild in Anhang 4 verwendet werden.

4.2 Die Verarbeitung und Speicherung der Aufzeichnungen erfolgt ausschließlich unter Anwendung geeigneter Datensicherheitsmaßnahmen sowie unter Beachtung der gesetzlichen Protokollierungs- und Kennzeichnungspflichten nach § 13 DSG.

4.3 Da eine Auswertung der Aufzeichnungen der Videoüberwachung nur bei einem begründeten Verdacht einer Straftat erfolgt, erachten die Parteien unter Berücksichtigung der unternehmensinternen Arbeitsabläufe eine Speicherung von nur 72 Stunden als zu kurz und eine Speicherung von bis zu 10 (zehn) Werktagen als angemessen.

4.4 Eine über 10 (zehn) Werktage hinausgehende Aufbewahrung ist nur dann zulässig, wenn die Aufzeichnungen aus der Videoüberwachung ein strafrechtlich zu verfolgendes Delikt dokumentieren und diese Aufzeichnungen an die Polizei oder Staatsanwaltschaft übergeben werden.

5. Rechte der Mitarbeiter

5.1 Betroffene Personen sind in jedem Einzelfall zu informieren, wenn die durch Videoüberwachung gewonnenen Daten ihrer Person zugeordnet werden.

5.2 Die Mitarbeiter, die von einer Überwachung betroffen waren, haben das Recht, Auskunft über die zu ihrer Person verarbeiteten Daten bzw eine Kopie davon zu erhalten. Dazu haben die betroffenen Mitarbeiter den Überwachungszeitraum und den Ort anzugeben und ihre Identität nachzuweisen.

6. Inkrafttreten und Kündigung

6.1 Die Bestimmungen dieser Betriebsvereinbarung haben nur insoweit Gültigkeit, als ihnen nicht zwingend gesetzliche und/oder kollektivvertragliche Bestimmungen entgegenstehen.

6.2 Diese Betriebsvereinbarung tritt mit Unterzeichnung durch Betriebsinhaber und Betriebsrat in Kraft und wird auf unbefristete Zeit abgeschlossen. Sie ersetzt alle bisherigen schriftlichen Vereinbarungen, sohin Betriebsvereinbarungen, Ergänzungen zur Betriebsvereinbarung oder Einzelzustimmungen zur Einführung von Videoüberwachungssystemen.

6.3 Die Betriebsvereinbarung kann von beiden Seiten schriftlich, unter Einhaltung einer Kündigungsfrist von drei Monaten, zum Monatsende gekündigt werden. Wird nur ein Teil dieser Betriebsvereinbarung gekündigt, bleiben die anderen Regelungen unverändert bestehen.

Im Namen des Betriebsinhabers: Im Namen des Betriebsrats:

....

Ort und Datum: Ort und Datum:

....

Anhang 1: Technische Beschreibung des Videoüberwachungssystems

1. Videokameras

Hersteller	*[Herstellername]*
Modell	*[Modellnummer]*
Verwendete Auflösung	*[zB 1280 x 720 Pixel]*
Aufzeichnungsmodus	*[zB Aufzeichnung nur bei Bewegungserkennung]*
Bildwiederholungsrate	*[Angabe in Bilder/Sekunde (BPS)]*
Brennweite	*[Angabe in mm]*
Gehäuse	*[zB Angabe, ob manueller Zugriff auf Linse möglich]*
Ausrichtung	*[fixiert oder veränderlich]*
Tonaufzeichnung	*[Mikrofon vorhanden ja/nein]*

2. Videorekorder

Hersteller	*[Herstellername]*
Modell	*[Modellnummer]*
Speicherplatz	*[Angabe in Terrabyte oder Gigabyte]*
OS	*[zB MS Windows 10]*
Software	*[Überwachungssoftware]*
Aufzeichnungsschleife	*[Angabe in Sekunden]*
Speicherort	*[zB Serverraum, EG, Raum Nr 102]*

3. Netzwerk

Videorekorder	*[interne LAN-IP]*
Videokameras	*[interne LAN-IPs (von ... bis ...)]*

Anhang 2: Standorte der Videokameras

[Stockangabe, zB Erdgeschoss]	
Lageplan (Kennzeichnung der Kamerastandorte mit roten Kreisen und Nummerierung)	*[Lageplan der Betriebsstätte]* *[Die Kamerastandorte sollten nummeriert und mit roten Kreisen und Nummerierung gekennzeichnet werden]*
Beispielaufnahme Kamera Nr *[Nummer lt Lageplan]*	*[Beispielaufnahme, um den typischen Aufnahmebereich abzubilden]*
[Stockangabe, zB 1. Stock]	
Lageplan (Kennzeichnung der Kamerastandorte mit roten Kreisen und Nummerierung)	*[Lageplan der Betriebsstätte]* *[Die Kamerastandorte sollten nummeriert und mit roten Kreisen und Nummerierung gekennzeichnet werden]*
Beispielaufnahme Kamera Nr *[Nummer lt Lageplan]*	*[Beispielaufnahme, um den typischen Aufnahmebereich abzubilden]*

Anhang 3: Ablauf des Zugriffs auf Aufzeichnungen und Zu-griffsberechtigte

1. **Ablauf des Zugriffs auf Daten der Videoüberwachungsanlage**

   a. Bedarfsanmeldung an *[Funktionsbezeichnung]*

   b. Prüfung der Bedarfsanmeldung durch *[Funktionsbezeichnung]* und Betriebsrat

   c. Bei Rechtmäßigkeit der Bedarfsanmeldung: erste Datensichtung mit Vertreter des Betriebsrats

   d. Wenn relevante Daten vorhanden: Abstimmung des weiteren Vorgehen

   e. Wenn relevante Daten nicht vorhanden: Rückmeldung an Bedarfsanmelder

2. **Zugriffsberechtigte**

Funktion	Name
[Funktionsbezeichnung, zB IT Admin]	*[Name des Funktionsträgers]*

Anhang 4: Hinweisschild zur Kennzeichnung der Videoaufzeichnung

Verantwortlicher:

Achtung
Videoüberwachung!

[Weitere Informationen können zB an der Kassa verfügbar sein oder per Aushang oder online über eine Datenschutzerklärung bereitgestellt werden.]

IV. Cookies und Co

A. Cookie-Banner (deutsche Version)

[Der Banner sollte so implementiert werden, dass

> *der Nutzer die Bitte um Erteilung seiner Einwilligung und das Informationsangebot eindeutig erkennen kann, bevor er mit der Nutzung der Seite fortfährt;*

> *Cookies erst gesetzt werden, nachdem der grüne Button betätigt wurde, sofern diese nicht für den Betrieb der Website unbedingt erforderlich sind;*

> *die Website auch dann nutzbar ist, wenn die Einwilligung nicht erteilt wird.*

Der Nutzer muss zudem die Möglichkeit haben, seine Einwilligung zu widerrufen oder einzuschränken. Siehe dazu das Muster „Cookie-Hinweis lang für Datenschutzerklärung / Cookie Policy" unter C.]

Diese Website verwendet Cookies. Nähere Informationen finden Sie in unserer <u>Datenschutzerklärung</u>.

[Das Wort „Datenschutzerklärung" sollte mit einem Link zur aktuellen Datenschutzerklärung versehen werden. Je nachdem, wie viele Cookies eingesetzt werden, kann es ratsam sein, eine eigene Cookie-Policy zu erstellen.]

143

B. Cookie-Banner (englische Version)

[The banner should be implemented in such a way that

> *the user can clearly identify the request for consent and the information made available to him before continuing to use the site;*

> *cookies can only be set after the green button has been pressed, unless they are absolutely necessary for the operation of the website;*

> *the website can be used even if consent is not given.*

The user must also have the option to withdraw or restrict his consent. See the template "Cookie note long for data protection declaration / Cookie Policy" under D.]

This website uses cookies. For further information please refer to our <u>privacy notice</u>.

[The words "privacy notice" should be a link to the current privacy notice. Depending on how many cookies are used, it may be advisable to create a separate cookie policy.]

C. Cookie-Hinweis lang für Datenschutzerklärung / Cookie Policy (deutsche Version)

Zur Verbesserung des Betriebs unserer Websites greifen wir auf „Cookies" zurück. Cookies sind kleine Textdateien, die auf Ihrem Computer gespeichert werden können, wenn Sie eine Website besuchen. Grundsätzlich werden Cookies verwendet, um Nutzern zusätzliche Funktionen auf einer Website zu bieten. Cookies können auf keine anderen Daten auf Ihrem Computer zugreifen, diese lesen oder verändern.

Wir verwenden Cookies, die

> wieder gelöscht werden, wenn Sie Ihren Browser schließen (Session-Cookies),

> auch nach dem Schließen Ihres Browsers auf Ihrem Endgerät gespeichert bleiben (permanente Cookies),

> von uns (First Party-Cookies) oder von Drittanbietern (Third Party-Cookies) stammen.

Über unsere Cookies verarbeiten wir Daten auf den folgenden rechtlichen Grundlagen und für die folgenden Zwecke:

> Cookies, die unbedingt erforderlich für das Funktionieren unserer Websites sind, setzen wir auf gesetzlicher Grundlage ein.

> Alle weiteren Cookies setzen wir auf Basis Ihrer Einwilligung ein.

Um Ihre Einwilligung zu widerrufen oder auf gewisse Cookies einzuschränken, haben Sie insbesondere folgende Möglichkeiten:

> Verwenden Sie die Einstellungen Ihres Browsers. Details dazu finden Sie in der Hilfe-Funktion Ihres Browsers (zumeist aufrufbar über die F1-Taste Ihrer Tastatur).

> Sie können unter http://www.youronlinechoices.com/uk/your-ad-choices analysieren lassen, welche Cookies bei Ihnen verwendet werden und diese einzeln oder gesamt deaktivieren lassen. Es handelt sich dabei um ein Angebot der European Interactive Digital Advertising Alliance.

Der Widerruf Ihrer Einwilligung hat keinen Einfluss auf die Rechtmäßigkeit der Verarbeitung, die vor ihrem Widerruf aufgrund Ihrer Einwilligung erfolgt ist.

Bitte beachten Sie, dass die Funktionsfähigkeit unserer Websites eingeschränkt sein kann, wenn Sie Ihre Einwilligung widerrufen oder einschränken.

145

Die von uns verwendeten Cookies im Detail:

Bezeichnung	Anbieter	Zweck	Speicherdauer
[Name des Cookies]	*[eigenes/fremdes Unternehmen]*	*[zB Identifikation des Nutzers]*	*[zB Dauer der Sitzung, 1 Jahr]*

D. Cookie-Hinweis lang für Datenschutzerklärung / Cookie Policy (englische Version)

We use "cookies" to improve the functionality of our websites. Cookies are small text files that may be installed on your computer when you visit a website. Cookies are generally used to provide site visitors with additional functionality within the site. Cookies cannot access, read or modify any other data on your computer.

We use cookies that

> are going to be deleted again when you close your browser (session cookies),

> remain stored on your end user device even after you close your browser (permanent cookies),

> originate from us (first party cookies) or from third parties (third party cookies).

Through our cookies, we process data on the following legal bases and for the following purposes:

> We use cookies, which are absolutely necessary for our websites to function, on a legal basis.

> We use all other cookies on the basis of your consent.

In order to withdraw your consent or to restrict it to certain cookies, you have inter alia the following options:

> Use the settings of your browser. Details can be found in the help function of your browser (usually accessible via the F1 key on your keyboard).

> At http://www.youronlinechoices.com/uk/your-ad-choices you can have the system analyze which cookies are used by you and deactivate them individually or in their entirety. This is an offer from the European Interactive Digital Advertising Alliance.

Withdrawing your consent does not affect the lawfulness of processing based on your consent before your withdrawal.

Please note that the functionality of our websites may be impaired if you withdraw or restrict your consent.

Details about the cookies we use:

Designation	Supplier	Purpose	Retention period
[File name of the cookie]	*[own/external company]*	*[e.g.: user identification]*	*[e.g.: duration of the session, 1 year]*

147

E. Google Analytics Statement (deutsche Version)

[Dieser Baustein kann auch verwendet werden, um eine Datenschutzer-klärung/Cookie-Policy zu ergänzen.]

Diese Website benutzt Google Analytics, einen Webanalysedienst von Google LLC, 1600 Amphitheatre Parkway, Mountain View, CA 94043, USA (nachfolgend „**Google**"). Google Analytics verwendet sog „Cookies", Textdateien, die auf Ihrem Computer gespeichert werden und eine Analyse Ihrer Nutzung der Website ermöglichen. Wir verarbeiten Ihre Daten auf Grundlage unseres überwiegenden berechtigten Interesses, auf kosteneffizi-ente Weise eine leicht zu verwendende Website-Zugriffsstatistik zu erstellen (Art 6 Abs 1 lit f DSGVO).

Die durch das Cookie erzeugten Informationen über Ihre Nutzung dieser Website (einschließlich Ihrer IP-Adresse und die URLs der aufgerufen Webseiten) werden an Server von Google in den USA übertragen und dort gespeichert. Wir speichern keine Ihrer Daten, die in Zusammenhang mit Google Analytics erhoben werden.

Diese Website verwendet die von Google Analytics gebotene Möglichkeit der IP-Anonymisierung. Ihre IP-Adresse wird daher von Google gekürzt/ anonymisiert, sobald Google Ihre IP-Adresse erhält. In unserem Auftrag wird Google diese Informationen verwenden, um Ihre Nutzung der Websi-te auszuwerten, um Reports über die Websiteaktivitäten zusammenzustel-len und um weitere mit der Websitenutzung und der Internetnutzung ver-bundene Dienstleistungen an uns zu erbringen. Die im Rahmen von Google Analytics von Ihrem Browser übermittelte IP-Adresse wird von Google nicht mit anderen Daten zusammengeführt.

Sie können die Speicherung der Cookies durch eine entsprechende Einstel-lung Ihrer Browser-Software verhindern. Wir weisen Sie jedoch darauf hin, dass Sie in diesem Fall unter Umständen nicht sämtliche Funktionen dieser Website vollumfänglich nutzen können. Sie können darüber hinaus verhin-dern, dass Google Ihre Daten in Zusammenhang mit Google Analytics er-hebt, indem Sie das unter dem folgenden Link verfügbare Browser-Plugin herunterladen und installieren: https://tools.google.com/dlpage/gaoptout? hl=de.

Sie können die Erhebung Ihrer Daten durch Google Analytics auf dieser Website auch verhindern, indem Sie auf untenstehenden Link klicken. Es wird ein Opt-Out-Cookie gesetzt, das die zukünftige Erfassung Ihrer Da-ten beim Besuch dieser Website verhindert:

[*Anmerkung: Um die vorstehende Lösung zu implementieren, ist es erforderlich, den HTML-Code der jeweiligen Website zu modifizieren und an der Stelle, an der der Opt-Out-Link erscheinen soll, folgende Codezeile einzufügen: <a href="javascript:gaOptout()">Google Analytics deaktivieren</a>*]

Nähere Informationen zu den Nutzungsbedingungen von Google sowie Googles Datenschutzerklärung finden Sie unter https://www.google.com/analytics/terms/de.html bzw unter https://policies.google.com/?hl=at&gl=at.

F. Google Analytics Statement (englische Version)

[This text can also be used to supplement a privacy notice.]

This website uses Google Analytics, a web analytics service provided by Google LLC, 1600 Amphitheatre Parkway, Mountain View, CA 94043, USA ("**Google**"). Google Analytics uses "cookies", which are text files placed on your computer, to help the website analyze how users use the site. We process your data on the basis of our overriding legitimate interest to cost-efficiently generate easy to use website access statistics (Article 6(1)(f) General Data Protection Regulation).

The information generated by the cookie about your use of the website (including your IP address and the URLs of the accessed pages) will be transmitted to and stored by Google on servers in the United States. We do not store any of your personal data collected by Google Analytics.

This website uses an IP anonymization feature provided by Google Analytics. Your IP address will therefore be truncated/anonymized by Google as soon as it receives it. On our behalf, Google will use this information for the purpose of evaluating your use of the website, compiling reports on website activity for website operators and providing other services relating to website activity and internet usage to us. Google will not associate your IP address with any other data held by Google.

You may refuse the use of cookies by selecting the appropriate settings on your browser. However, please note that if you do this, you may not be able to use the full functionality of this website. Furthermore you can prevent Google's collection and use of your data by downloading and installing the browser plug-in available under https://tools.google.com/dlpage/gaoptout?hl=en-GB.

You can also refuse the use of Google Analytics on this website by clicking on the following link. An opt-out cookie will be set on the computer, which prevents the future collection of your data when visiting this website:

[In order to implement the abovementioned solution, it is necessary to modify the HTML code of the relevant website and insert the following line of code at the point where the opt-out link is to appear: <a href="jav ascript:gaOptout()">Disable Google Analytics</a>]

Further information concerning Google's terms of use and privacy statement can be found at https://www.google.com/analytics/terms/gb.html or at https://policies.google.com/?hl=en&gl=uk.

G. Facebook Pixel Statement (deutsche Version)

[Dieser Baustein kann auch verwendet werden, um eine Datenschutzerklärung/Cookie-Policy zu ergänzen.]

Wir verwenden „Facebook Pixel" von

Facebook Inc.
1 Hacker Way,
Menlo Park,
CA 94304, USA

(„**Facebook**")

auf unserer Website.

Wir können daher Ihre Aktivitäten verfolgen, nachdem Sie auf eine Facebook-Werbung geklickt haben, die Benutzer auf unsere Website weiterleitet. Dies dient dazu, die Wirksamkeit von Facebook-Werbung für statistische und Marktforschungszwecke zu verfolgen und kann dazu verwendet werden, zukünftige Werbung für Sie zu optimieren.

Alle erhobenen Daten bleiben für uns anonym, sodass wir daraus keine Rückschlüsse auf die Identität eines Benutzers ziehen können. Facebook speichert und verarbeitet jedoch Daten, die eine Verbindung zu Ihrem Nutzerprofil ermöglichen, und es Facebook ermöglichen, Ihre Daten für Werbezwecke gemäß der Facebook-Datenschutzrichtlinie (https://de-de.facebook.com/policy.php) zu nutzen. Dadurch können Facebook und seine Partner Anzeigen innerhalb und außerhalb von Facebook schalten.

Für diese Zwecke kann auch ein Cookie auf Ihrem Computer gespeichert werden.

H. Facebook Pixel Statement (englische Version)

[This text can also be used to supplement a privacy notice.]

We use the "Facebook Pixel" by

Facebook Inc.
1 Hacker Way,
Menlo Park,
CA 94304, USA

("**Facebook**")

on our website.

We may thus track user activities after your clicking on a Facebook advert forwarding users to our website. This procedure serves to track the effectiveness of Facebook adverts for statistical and market research purposes, and may be used to optimize future advertising for you.

All collected data remains anonymous to us, we thus cannot infer a user's identity based on it. However, Facebook will store and process data, which enables a connection to your user profile, and will enable Facebook to use the data for advertising purposes according to the Facebook privacy guideline (https://www.facebook.com/policy.php). This may enable Facebook and its partners to place adverts within and beyond Facebook.

Furthermore, a cookie may be stored on your computer for that purpose.

I. Facebook Like-Button Statement (deutsche Version)

[Dieser Baustein kann auch verwendet werden, um eine Datenschutzerklärung/Cookie-Policy zu ergänzen.]

Auf unseren Seiten sind Plugins des sozialen Netzwerks Facebook integriert, das von dem Unternehmen

Facebook Inc.
1 Hacker Way,
Menlo Park,
CA 94304, USA

(„**Facebook**")

betrieben wird.

Die Facebook-Plugins sind durch das Facebook-Logo oder den „Like-Button" auf unserer Website gekennzeichnet. Eine Übersicht über Facebook-Plugins finden Sie hier: http://developers.facebook.com/docs/plugins/.

Wenn Sie unsere Seiten besuchen, stellt das Plugin eine Verbindung zwischen Ihrem Browser und dem Facebook-Server her. Facebook erhält dadurch die Informationen, dass Sie unsere Website mit Ihrer IP-Adresse besucht haben. Wenn Sie auf den Facebook „Like-Button" klicken, während Sie in Ihrem Facebook-Konto angemeldet sind, können Sie den Inhalt unserer Seiten in Ihrem Facebook-Profil verlinken. Dadurch kann Facebook Ihren Besuch auf unserer Website mit Ihrem Benutzerkonto in Verbindung bringen. Wir weisen darauf hin, dass wir als Anbieter dieser Website keine Kenntnis vom Inhalt der übermittelten Daten oder deren Nutzung durch Facebook haben. Weitere Informationen finden Sie in der Datenschutzerklärung von Facebook unter https://de-de.facebook.com/policy.php.

Wenn Sie nicht möchten, dass Facebook Ihren Besuch auf unserer Website mit Ihrem Facebook-Konto in Verbindung bringen kann, melden Sie sich bitte von Ihrem Facebook-Konto ab, bevor Sie unsere Website weiterhin besuchen.

J. Facebook Like-Button Statement (englische Version)

[This text can also be used to supplement a privacy notice.]

Our pages integrate plugins of the social network Facebook operated by

Facebook Inc.
1 Hacker Way,
Menlo Park,
CA 94304, USA

("**Facebook**")

The Facebook plugins are characterized by the Facebook logo or the "Like-Button" on our website. You can find an overview of Facebook-plugins here: http://developers.facebook.com/docs/plugins/.

When you visit our pages, the plugin establishes a connection between your browser and the Facebook server. Facebook thereby obtains the information that you have visited our website using your IP address. If you click on the Facebook "Like-Button" while you are logged into your Facebook account, you can link the content of our pages to your Facebook profile. Thereby Facebook can correlate your visit of our site with your user account. We point out that we as the provider of this website have no knowledge of the content of the transmitted data or how Facebook uses it. For more information, please refer to the privacy statement of Facebook under https://www.facebook.com/policy.php.

If you do not wish that Facebook can associate your visit to our website with your Facebook account, please log out from your Facebook account before continuing to visit our website.

K. Oracle AddThis Plugin Statement (deutsche Version)

[Dieser Baustein kann auch verwendet werden, um eine Datenschutzer-klärung/Cookie-Policy zu ergänzen.]

Unsere Website verwendet ein Social Bookmarking-Plugin namens „AddThis", das von

Oracle Corporation
500 Oracle Parkway
Redwood Shores, CA 94065, USA

(„**Oracle**")

betrieben wird.

Über AddThis stellt Oracle uns Webanalyse-Services zur Verfügung. AddThis verwendet dazu Cookies. Oracle sammelt Daten wie Ihre IP-Adresse oder Ihr Verhalten auf unserer Website, um Ihre Nutzung unserer Website auszuwerten und anonymisierte Berichte über die Aktivitäten der Website zu erstellen. Diese Informationen werden von Oracle verwendet, um Ihnen auf Sie abgestimmte Werbung anzuzeigen. Oracle kann die gesammelten Informationen an ihre Server oder Dritte außerhalb der EU/EWR übertragen.

Weitere Informationen zu den Kategorien der erfassten Daten und deren Verarbeitung finden Sie unter https://www.oracle.com/legal/privacy/addthis-privacy-policy.html.

Sie können der Erhebung von Daten durch Oracle widersprechen, indem Sie den Anweisungen unter http://www.youronlinechoices.eu/ folgen.

L. Oracle AddThis Plugin Statement (englische Version)

[This text can also be used to supplement a privacy notice.]

Our website uses a social bookmarking plugin called "**AddThis**" which is provided by

Oracle Corporation
500 Oracle Parkway
Redwood Shores, CA 94065, USA

("**Oracle**")

Through AddThis, Oracle provides web analytics services to us. AddThis uses cookies to implement the described functionality. Oracle collects data such as your IP address or your behaviour on our website to evaluate your use of our website and compile anonymized reports on website activity. This information will be used by Oracle for the purpose of serving you with targeted advertising. Oracle may transfer the collected information to their servers or third parties outside of the EU/EEA.

Further details on the categories of collected data and the processing are available at http://www.addthis.com/privacy/privacy-policy.

You may object to the collection of data by Oracle by following the instructions at http://www.youronlinechoices.eu/.

V. Datenschutzerklärungen

A. Checkliste: Notwendige Inhalte einer Datenschutzerklärung (deutsche Version)

1. Stets bereitzustellende Informationen

   ☐ Name und Kontaktdaten des Verantwortlichen

   ☐ Zwecke der Datenverarbeitung

   ☐ Rechtsgrundlagen der Datenverarbeitung

   ☐ Empfänger (alternativ: Empfängerkategorien)

   ☐ Speicherdauer (alternativ: Kriterien für die Festlegung dieser Dauer)

   ☐ Rechte des Betroffenen auf:

      ☐ Auskunft

      ☐ Berichtigung, Löschung oder Einschränkung der Verarbeitung

      ☐ Widerspruch

      ☐ Datenübertragbarkeit

      ☐ Beschwerde bei der zuständigen Aufsichtsbehörde

   ☐ Hinweis: Die Bereitstellung der Daten durch die betroffene Person ist

      › freiwillig, oder

      › gesetzlich oder vertraglich vorgeschrieben, oder

      › für den Vertragsabschluss erforderlich

   ☐ Folgen der Nichtbereitstellung der Daten durch die betroffene Person

2. Bei Datenerhebung, die nicht bei der betroffenen Person erfolgt (zB Übermittlung durch Dritte, öffentlich verfügbare Daten) zusätzlich bereitzustellende Informationen

   ☐ Kategorien personenbezogener Daten, die verarbeitet werden

   ☐ Quelle, aus der die Daten stammen, und Auskunft darüber, ob diese öffentlich zugänglich ist

   [Ausnahmen: wenn betroffene Person bereits informiert, bei unverhältnismäßigem Aufwand, gesetzlicher Pflicht oder Berufsgeheimnis; vgl Art 14 Abs 5 DSGVO]

159

3. Je nach Einzelfall zusätzlich bereitzustellende Informationen

☐ Name und Kontaktdaten des Inlands-Vertreters nach Art 27 DSGVO

[Bei nicht in der Union niedergelassenen Verantwortlichen oder Auftragsverarbeitern]

☐ Kontaktdaten des Datenschutzbeauftragten

[Insb dann zu bestellen, wenn die Kerntätigkeit des Verantwortlichen oder des Auftragsverarbeiters eine umfangreiche regelmäßige und systematische Überwachung von betroffenen Personen umfasst]

☐ Berechtigte Interessen des Verantwortlichen oder eines Dritten

[Sofern die Datenverarbeitung auf die Verfolgung überwiegender berechtigter Interessen gestützt wird, zB bei Direktmarketing]

☐ Absicht der Übermittlung in ein Drittland/an eine internationale Organisation

Wenn eine solche besteht:

    ☐ Vorhandensein eines Angemessenheitsbeschlusses oder geeigneter und angemessener Garantien und Hinweis, wie und wo Kopien solcher Garantien zu erhalten sind

    [Angemessenheitsbeschlüsse existieren für Datenübermittlungen nach Andorra, Argentinien, die Färöer, Guernsey, Kanada (kommerzielle Organisationen), Israel, die Insel Man, Japan, Jersey, Neuseeland, die Schweiz, Uruguay und die USA (bei Zertifizierung unter dem Privacy Shield Framework) in Vorbereitung: Südkorea]

☐ Bei Verarbeitung aufgrund Einwilligung Hinweis auf

    › jederzeitiges Widerrufsrecht

    › Rechtmäßigkeit der bis zum Widerruf erfolgten Verarbeitung

☐ Hinweis auf Bestehen einer automatisierten Entscheidungsfindung (inkl Profiling) sowie deren Logik und Tragweite/Auswirkungen auf die betroffene Person

B. Checkliste: Notwendige Inhalte einer Datenschutzerklärung (englische Version)

1. Information that must always be provided

☐ Identity and the contact details of the controller

☐ Purposes of the processing

☐ Legal bases for the processing

☐ Recipients (alternatively: categories of recipients of the personal data)

☐ Retention period (alternatively: criteria used to determine that period)

☐ Data subject's rights to:

    ☐ access

    ☐ rectification, erasure or restriction of processing

    ☐ object

    ☐ data portability

    ☐ lodge a complaint with a supervisory authority

☐ Note that the provision of the personal data by the data subject is

    > optional, or

    > a statutory or contractual requirement, or

    > a requirement necessary to enter into the contract

☐ Consequences of failure to provide personal data

2. Additional information that must be provided where data have not been obtained from the data subject (e.g., transfer by third persons, publicly accessible data)

☐ Categories of personal data processed

☐ Source of the personal data and information whether it is publicly accessible

> *[Exceptions: data subject already has the information; the provision of such information proves impossible or would involve a disproportionate effort; obligation of professional secrecy or statutory obligation of secrecy; cf. Article 14 (5) GDPR]*

161

3. Information that must provided as the case may be

☐ Name and contact details of the representative under Article 27 GDPR

[For controllers or processors outside the EU.]

☐ Contact details of the data protection officer

[Must be designated if, e.g., the core activities of the controller or the processor consist of processing operations which require regular and systematic monitoring of data subjects on a large scale.]

☐ Legitimate interests pursued by the controller or by a third party

[Insofar as the data processing is based on the pursuit of overriding legitimate interests, e.g. for direct marketing.]

☐ Intention to transfer personal data to a third country or international organization

If there is such intention:

  ☐ Existence of an adequacy decision by the Commission or reference to the appropriate or suitable safeguards and information where and how to obtain a copy of such safeguards

  [Adequacy decisions exist for data transfers to Andorra, Argentina, Canada (commercial organisations), Faroe Islands, Guernsey, Israel, Isle of Man, Japan, Jersey, New Zealand, Switzerland, Uruguay and the United States of America (limited to the Privacy Shield framework); in preparation: South Korea.]

☐ Where the processing is based on consent, information regarding

  > the right to withdraw consent at any time

  > lawfulness of processing based on consent before its withdrawal

☐ Information regarding he existence of automated decision-making (including profiling) and the logic involved and the significance and the envisaged consequences of such processing for the data subject

C. Allgemeines Muster einer Datenschutzerklärung (deutsche Version)

Datenschutzerklärung

Diese Datenschutzerklärung beschreibt, wie *[Firmenwortlaut des Verant-wortlichen]*, *[Anschrift des Verantwortlichen]* („**wir**") Ihre personenbezoge-nen Daten verarbeitet/verarbeiten.

1. Zwecke der Datenverarbeitung

Wir werden die unten genannten Kategorien Ihrer personenbezogenen Da-ten zu folgenden Zwecken verarbeiten:

[Beschreibung der Zwecke, zB

a) Ausführung der von Ihnen angeforderten Bestellungen

b) Bewertung Ihrer Bonität

c) Leistungsbeurteilung

d) Nachfolgeplanung]

Ihre personenbezogenen Daten erheben wir *[Beschreibung der Quelle, aus der die Daten stammen, zB von Ihnen selbst automatisch beim Besuch dieser Website]. [Nur erforderlich, wenn die Daten nicht beim Betroffenen erhoben werden]*

Es besteht keine Verpflichtung, uns die personenbezogenen Daten, um die wir Sie bitten, zur Verfügung zu stellen. Allerdings *[Beschreibung der Nach-teile, wenn Daten nicht bereitgestellt werden, zB können HR-Prozesse ver-spätet oder unmöglich sein]*, wenn Sie Ihre personenbezogenen Daten nicht bereitstellen. Sollte die Bereitstellung Ihrer Daten in manchen Fällen gesetz-lich verpflichtend sein, werden wir Sie gesondert darauf hinweisen. *[Nur erforderlich, wenn die Daten beim Betroffenen erhoben werden.]*

2. Verarbeitete Datenkategorien und Rechtsgrundlagen der Verarbei-tung

[Die Angabe der Datenkategorien ist nur erforderlich, wenn die Daten nicht beim Betroffenen erhoben werden.]

Die Verarbeitung Ihrer personenbezogenen Daten stützt sich auf folgende Rechtsgrundlagen der Datenschutz-Grundverordnung („**DSGVO**"):

[Wenn eine Einwilligung als Rechtsgrundlage dient:]

> Wir verarbeiten folgende Kategorien Ihrer personenbezogenen Daten ausschließlich mit Ihrer Einwilligung gemäß Art 6 Abs 1 lit a DSGVO:

[Liste der Datenkategorien, welche aufgrund der Einwilligung verarbeitet werden]

[Wenn überwiegende berechtigte Interessen als Rechtsgrundlage dienen:]

> Wir verarbeiten folgende Kategorien Ihrer personenbezogenen Daten auf der Grundlage unseres überwiegenden berechtigten Interesses (Art 6 Abs 1 lit f DSGVO), welches darin besteht, die oben unter Punkt 1 *[je nach Anwendbarkeit genauen Buchstaben einfügen]* genannten Zwecke zu erreichen:

[Liste der Datenkategorien, welche aufgrund des überwiegenden berechtigten Interesses verarbeitet werden]

[Wenn rechtliche Pflichten als Rechtsgrundlage dienen:]

> Wir verarbeiten folgende Kategorien Ihrer personenbezogenen Daten auf der Grundlage der Notwendigkeit der Erfüllung von rechtlichen Pflichten, denen wir unterliegen (Art 6 Abs 1 lit c DSGVO):

[Liste der Datenkategorien, welche aufgrund rechtlicher Pflichten verarbeitet werden]

3. Übermittlung Ihrer personenbezogenen Daten

Sofern dies zu den oben genannten Zwecken erforderlich ist, werden wir Ihre personenbezogenen Daten an folgende Kategorien von Empfängern übermitteln:

[Liste der Empfängerkategorien, zB

> *von uns eingesetzte IT-Dienstleister;*

> *Gesellschaften, die unserem Konzern angehören.]*

[Wenn zutreffend:] Manche der oben genannten Empfänger befinden sich außerhalb Ihres Landes oder verarbeiten dort Ihre personenbezogenen Daten. Das Datenschutzniveau in anderen Ländern entspricht unter Umständen nicht dem Ihres Landes. Wir übermitteln Ihre personenbezogenen Daten jedoch nur in Länder, für welche die EU-Kommission entschieden hat, dass sie über ein angemessenes Datenschutzniveau verfügen oder wir setzen Maßnahmen, um zu gewährleisten, dass alle Empfänger ein angemessenes

Datenschutzniveau haben. Dazu schließen wir beispielsweise Standardvertragsklauseln (2010/87/EC und/oder 2004/915/EC) ab. Diese sind auf Anfrage verfügbar (siehe die Kontaktdaten unter Punkt 6).

4. Speicherdauer

Ihre personenbezogenen Daten werden von uns nur so lange aufbewahrt, wie dies erforderlich ist, um die oben genannten Zwecke zu erreichen.

Wir speichern Ihre personenbezogenen Daten jedenfalls solange (i) gesetzliche Aufbewahrungspflichten bestehen oder (ii) etwaige rechtliche Ansprüche noch nicht verjährt sind, für deren Geltendmachung oder deren Abwehr die personenbezogenen Daten benötigt werden.

5. Ihre Rechte im Zusammenhang mit personenbezogenen Daten

Nach geltendem Recht sind Sie dazu berechtigt (wenn die jeweiligen Voraussetzungen des anwendbaren Rechts erfüllt sind),

> Bestätigung darüber zu verlangen, ob und welche Ihrer personenbezogenen Daten wir verarbeiten und Kopien dieser Daten zu erhalten,

> die Berichtigung oder Löschung Ihrer personenbezogenen Daten zu verlangen,

> von uns zu verlangen, die Verarbeitung Ihrer personenbezogenen Daten einzuschränken,

> *[wenn zutreffend:]* der Verarbeitung Ihrer personenbezogenen Daten zu widersprechen,

> *[wenn zutreffend:]* die gegebenenfalls für die Verarbeitung zuvor erteilte Einwilligung zu widerrufen (der Widerruf Ihrer Einwilligung hat keinen Einfluss auf die Rechtmäßigkeit der Verarbeitung, die vor ihrem Widerruf aufgrund Ihrer Einwilligung erfolgt ist),

> Datenübertragbarkeit zu verlangen, und

> bei der Datenschutzbehörde Beschwerde zu erheben.

6. Unsere Kontaktdaten

Sollten Sie zu der Verarbeitung Ihrer personenbezogenen Daten Fragen oder Anliegen haben, wenden Sie sich bitte an uns:

[Firmenwortlaut des Verantwortlichen]
[Anschrift des Verantwortlichen]
[E-Mail-Adresse des Verantwortlichen]

[Wenn ein Datenschutzbeauftragter bestellt wurde:] Alternativ können Sie sich auch gerne an unseren Datenschutzbeauftragten wenden:

[Anschrift des Datenschutzbeauftragten]
[E-Mail-Adresse des Datenschutzbeauftragten]

Zuletzt aktualisiert am *[Datum]*.

D. Allgemeines Muster einer Datenschutzerklärung (englische Version)

Privacy Notice

This notice provides you with information on how *[company name of the controller]*, *[street address of the controller]* („**we**") will process your personal data.

1. Purposes for which we process your data

We will process the categories of your personal data set out below for the following purposes:

[description of the processing purposes; e.g.:

a) to fulfil your orders;

b) to assess your creditworthiness;

c) to assess your performance;

d) to perform succession planning]

We collect this data from *[description of the source of the data, e.g.: you automatically when you visit this website]. [Necessary only if the data is not collected from the data subject]*

You are under no obligation to provide us with the data we ask you for. However, if you do not provide your personal data, *[description of the disadvantages, e.g.: HR processes might be delayed or impossible]*. Should the provision of your personal data be mandatory by law, we will inform you separately thereof. *[Necessary only if the data is collected from the data subject]*

2. Processed data categories and legal bases of the processing

[Listing the data categories is only necessary if the data is not collected from the data subject.]

We process your personal data on the following legal bases under the General Data Protection Regulation ("**GDPR**"):

[If consent serves as a legal basis for the processing:]

> We process the following categories of your personal data exclusively on the basis of your consent according to Article 6(1)(a) GDPR:

> *[list of data categories that are processed on the legal basis of consent]*

[If the overriding legitimate interest serves as a legal basis for the processing:]

> We process the following categories of your personal data on the basis of our overriding legitimate interest (Article 6(1)(f) GDPR) which is to achieve the purposes [insert exact letters depending on applicability] set out under point 1 above:

[list of data categories that are processed on the basis of the overriding legitimate interest]

[If legal obligations serve as a legal basis for the processing:]

> We process the following categories of your personal data on the basis of the necessity to comply with legal obligations to which we are subject (Article 6(1)(c) GDPR):

[list of data categories that are processed on the basis of legal obligations]

3. Transfer of your personal data

To achieve the purposes set out above, we will transfer your personal data to the following categories of recipients:

[list of categories of recipients; e.g.:

> *IT service providers that we use;*

> *companies that are part of our corporate group.]*

[If applicable:] Some of the recipients referred to above are located in or process personal data outside of your country. The level of data protection in another country may not be equivalent to that in your country. However, we only transfer your personal data to countries where the EU Commission has decided that they have an adequate level of data protection or we take measures to ensure that all recipients provide an adequate level of data protection. We do this, e.g., by entering into appropriate data transfer agreements based on Standard Contractual Clauses (2010/87/EC and/or 2004/915/EC). These are accessible upon request (see the contact details in point 6).

4. Retention period

Your personal data will only be kept for as long as it is necessary to achieve the purposes set out above.

We will, in any case, retain your personal data for as long as (i) required under statutory retention obligations or (ii) potential legal claims, where personal data is needed to raise or defend against the claim, are not yet time-barred.

5. Your rights regarding with your personal data

Under applicable law, you have the right to (under the conditions set out in applicable law):

> obtain confirmation as to whether and what kind of personal data we store about you and to request copies of such data,

> request rectification or erasure of your personal data,

> request us to restrict the processing of your personal data,

> *[if applicable:]* object to the processing of your personal data,

> *[if applicable:]* withdraw any consent previously granted for the processing (withdrawing your consent does not affect the lawfulness of processing based on your consent before your withdrawal),

> request data portability, and

> lodge a complaint with the competent supervisory authority.

6. Our contact details

Please address your requests or questions concerning the processing of your personal data to:

[company name of the controller]
[street address of the controller]
[email address of the controller]

[If a data protection officer has been appointed:] Alternatively, you may also contact our data protection officer:

[address of the data protection officer]
[email address of the data protection officer]

Last updated on *[date]*.

E. Datenschutzerklärung für Webshops (deutsche Version)

Datenschutzerklärung des *[Firmenwortlaut des Verantwortlichen]*-Webshops

Dieser Webshop wird von *[Firmenwortlaut des Verantwortlichen]*, *[Anschrift des Verantwortlichen]* („**wir**" bzw „**uns**") betrieben. Diese Datenschutzerklärung beschreibt wie wir, als datenschutzrechtlich Verantwortlicher, Ihre personenbezogenen Daten im Zusammenhang mit diesem Webshop verarbeiten.

1. Welche Daten wir über Sie verarbeiten

Im Zuge Ihres Besuchs dieses Webshops und der Bearbeitung Ihrer Bestellungen erheben wir die im <u>Annex</u> aufgeführten Kategorien personenbezogener Daten.

Es besteht keine Verpflichtung, uns die personenbezogenen Daten, um die wir Sie bitten, zur Verfügung zu stellen. Allerdings können Sie nicht alle Funktionen dieses Webshops nutzen, und können auch keine Waren oder Dienstleistungen über unseren Webshop bestellen, wenn Sie Ihre personenbezogenen Daten nicht bereitstellen. Sollte die Bereitstellung Ihrer Daten in manchen Fällen gesetzlich verpflichtend sein, werden wir Sie gesondert darauf hinweisen.

2. Cookies

Zur Verbesserung des Betriebs unserer Websites greifen wir auf „Cookies" zurück. Cookies sind kleine Textdateien, die auf Ihrem Computer gespeichert werden können, wenn Sie eine Website besuchen. Grundsätzlich werden Cookies verwendet, um Nutzern zusätzliche Funktionen auf einer Website zu bieten. Cookies können auf keine anderen Daten auf Ihrem Computer zugreifen, diese lesen oder verändern.

Wir verwenden Cookies, die

> wieder gelöscht werden, wenn Sie Ihren Browser schließen (Session-Cookies),

> auch nach dem Schließen Ihres Browsers auf Ihrem Endgerät gespeichert bleiben (permanente Cookies),

> von uns (First Party-Cookies) oder von Drittanbietern (Third Party-Cookies) stammen.

Über unsere Cookies verarbeiten wir Daten auf den folgenden rechtlichen Grundlagen und für die folgenden Zwecke:

> Cookies, die unbedingt erforderlich dafür sind, dass unsere Websites funktionieren, setzen wir auf gesetzlicher Grundlage ein.

> Alle weiteren Cookies setzen wir auf Basis Ihrer Einwilligung ein.

Um Ihre Einwilligung zu widerrufen oder auf gewisse Cookies einzuschränken, haben Sie insbesondere folgende Möglichkeiten:

> Verwenden Sie die Einstellungen Ihres Browsers. Details dazu finden Sie in der Hilfe-Funktion Ihres Browsers (zumeist aufrufbar über die F1-Taste Ihrer Tastatur).

> Sie können unter http://www.youronlinechoices.com/uk/your-ad-choices analysieren lassen, welche Cookies bei Ihnen verwendet werden und diese einzeln oder gesamt deaktivieren lassen. Es handelt sich dabei um ein Angebot der European Interactive Digital Advertising Alliance.

Der Widerruf Ihrer Einwilligung hat keinen Einfluss auf die Rechtmäßigkeit der Verarbeitung, die vor ihrem Widerruf aufgrund Ihrer Einwilligung erfolgt ist.

Bitte beachten Sie, dass die Funktionsfähigkeit unserer Websites eingeschränkt sein kann, wenn Sie Ihre Einwilligung widerrufen oder einschränken.

Die von uns verwendeten Cookies im Detail:

Bezeichnung	Anbieter	Zweck	Speicherdauer
[Name des Cookies]	*[eigenes/fremdes Unternehmen]*	*[zB: Identifikation des Nutzers]*	*[zB: Dauer der Sitzung, 1 Jahr]*

[Alternativ, insbesondere bei Einsatz vieler Cookies:] Zur Verbesserung des Betriebs unserer Websites greifen wir auf „Cookies" zurück. Cookies sind kleine Textdateien, die auf Ihrem Computer gespeichert werden können, wenn Sie eine Website besuchen. Grundsätzlich werden Cookies verwendet, um Nutzern zusätzliche Funktionen auf einer Website zu bieten. Cookies können auf keine anderen Daten auf Ihrem Computer zugreifen, diese lesen oder verändern. Weitere Informationen zu den von uns verwendeten Cookies finden Sie in unserer Cookie Policy. *[Die Worte „Cookie Policy" sollten einen Link zur aktuellen Cookie Policy enthalten.]*

3. Zwecke der Datenverarbeitung

Wir verarbeiten die im <u>Annex</u> aufgelisteten Kategorien Ihrer personenbezogenen Daten, um

a. Ihnen diesen Webshop zur Verfügung zu stellen und Waren und Dienstleistungen anzubieten;

b. Ihre Bestellung zu bearbeiten;

c. diese Website weiter zu verbessern und zu entwickeln;

d. Nutzungsstatistiken erstellen zu können; und

e. Angriffe auf unseren Webshop erkennen, verhindern und untersuchen zu können.

4. Rechtsgrundlage der Verarbeitung

Wir verarbeiten die im <u>Annex</u> aufgelisteten Kategorien Ihrer personenbezogenen Daten auf der Grundlage

> der Erfüllung eines mit Ihnen geschlossenen Vertrages oder der Durchführung vorvertraglicher Maßnahmen, soweit hierfür erforderlich (Art 6 Abs 1 lit b Datenschutz-Grundverordnung („DSGVO")), oder

> unseres überwiegenden berechtigten Interesses nach Art 6 Abs 1 lit f DSGVO, welches darin besteht, die unter Punkt 3 lit c und d genannten Zwecke zu erreichen, oder

> der Notwendigkeit der Erfüllung von rechtlichen Pflichten, denen wir unterliegen (Art 6 Abs 1 lit c DSGVO).

5. Übermittlung Ihrer personenbezogenen Daten

Sofern dies zu den oben genannten Zwecken erforderlich ist, werden wir Ihre personenbezogenen Daten an folgende Kategorien von Empfängern übermitteln:

> von uns eingesetzte IT-Dienstleister;

> von uns eingesetzte Vertriebspartner, Logistikunternehmen, oder Zustelldienstleister;

> Zahlungsdienstleister; und

> Gesellschaften, die unserem Konzern angehören.

[Wenn zutreffend.] Manche der oben genannten Empfänger befinden sich außerhalb Ihres Landes oder verarbeiten dort Ihre personenbezogenen Da-

ten. Das Datenschutzniveau in anderen Ländern entspricht unter Umständen nicht dem Ihres Landes. Wir übermitteln Ihre personenbezogenen Daten jedoch nur in Länder, für welche die EU-Kommission entschieden hat, dass sie über ein angemessenes Datenschutzniveau verfügen oder wir setzen Maßnahmen, um zu gewährleisten, dass alle Empfänger ein angemessenes Datenschutzniveau haben. Dazu schließen wir beispielsweise Standardvertragsklauseln (2010/87/EC und/oder 2004/915/EC) ab. Diese sind auf Anfrage verfügbar (siehe die Kontaktdaten unter Punkt 8).

6. Dauer der Speicherung

Wir werden Ihre Daten grundsätzlich für eine Dauer von drei Monaten speichern. Eine längere Speicherung erfolgt nur, (i) soweit dies erforderlich ist, um festgestellte Angriffe auf unsere Website zu untersuchen oder (ii) solange gesetzliche Aufbewahrungspflichten bestehen oder (iii) solange etwaige rechtliche Ansprüche noch nicht verjährt sind, für deren Geltendmachung oder deren Abwehr die personenbezogenen Daten benötigt werden.

Wenn Sie sich auf unserer Website registrieren, werden wir Ihre Daten jedenfalls so lange speichern wie Ihr Account besteht.

7. Ihre Rechte im Zusammenhang mit personenbezogenen Daten

Nach geltendem Recht sind Sie dazu berechtigt (wenn die jeweiligen Voraussetzungen des anwendbaren Rechts erfüllt sind),

> Bestätigung darüber zu verlangen, ob und welche Ihrer personenbezogenen Daten wir verarbeiten und Kopien dieser Daten zu erhalten,

> die Berichtigung oder Löschung Ihrer personenbezogenen Daten zu verlangen,

> von uns zu verlangen, die Verarbeitung Ihrer personenbezogenen Daten einzuschränken,

> der Verarbeitung Ihrer personenbezogenen Daten zu widersprechen,

> die gegebenenfalls für die Verarbeitung zuvor erteilte Einwilligung zu widerrufen (der Widerruf Ihrer Einwilligung hat keinen Einfluss auf die Rechtmäßigkeit der Verarbeitung, die vor ihrem Widerruf aufgrund Ihrer Einwilligung erfolgt ist),

> Datenübertragbarkeit zu verlangen, und

> bei der Datenschutzbehörde Beschwerde zu erheben.

8. Unsere Kontaktdaten

Sollten Sie zu der Verarbeitung Ihrer personenbezogenen Daten Fragen oder Anliegen haben, wenden Sie sich bitte an uns:

[Firmenwortlaut des Verantwortlichen]
[Anschrift des Verantwortlichen]
[E-Mail-Adresse des Verantwortlichen]

[Wenn ein Datenschutzbeauftragter bestellt wurde:] Alternativ können Sie sich auch gerne an unseren Datenschutzbeauftragten wenden:

[Anschrift des Datenschutzbeauftragten]
[E-Mail-Adresse des Datenschutzbeauftragten]

Zuletzt aktualisiert am *[Datum]*.

Annex

> Namen

> Titel

> Geschlecht

> Geburtsdatum

> Kontaktdaten (Anschrift, E-Mail-Adresse, Telefonnummer)

> Bevorzugte Sprache

> Lieferanschrift

> Liefer- oder Leistungsbedingungen (einschließlich Angaben zum Liefer- oder Leistungsort, Verpackung usw)

> Zahlungsmethode

> Bankverbindung

> Kreditkartennummer und Kreditkartenunternehmen

> Liefer- oder Serviceversicherungsdaten und zugehörige Finanzierungsdaten

> Steuerpflicht und Steuerberechnungsdaten

> Datum und Uhrzeit des Besuchs unseres Webshops

> IP-Adresse, Name und Version Ihres Webbrowsers

> Website (URL), die Sie vor dem Zugriff auf unseren Webshop besucht haben

> Informationen, die Sie uns zur Verfügung stellen, indem Sie ein Kontaktformular ausfüllen, sich in diesem Webshop registrieren oder Produkte bestellen

F. Datenschutzerklärung für Webshops (englische Version)

Privacy Notice of the *[company name of the controller]*-webshop

This webshop is operated by *[company name of the controller]*, *[street address of the controller]* ("**we**" or "**us**"). This notice provides you with information on how we, as the data controller, process your personal data in the context of this webshop.

1. Which of your data we process

In the course of your visit of this webshop and the processing of your orders we will collect the categories of personal data set out in the <u>Annex</u>.

You are under no obligation to provide us with the data we ask you for. However, if you do not provide your personal data, you will not be able to make use of all the functions of this webshop, including the possibility to order goods or services via our webshop. Should the provision of your personal data be mandatory by law, we will inform you separately thereof.

2. Cookies

We use "cookies" to improve the functionality of our websites. Cookies are small text files that may be installed on your computer when you visit a website. Cookies are generally used to provide site visitors with additional functionality within the site. Cookies cannot access, read or modify any other data on your computer.

We use cookies that

> are going to be deleted again when you close your browser (session cookies),

> remain stored on your end user device even after you close your browser (permanent cookies),

> originate from us (first party cookies) or from third party cookies.

Through our cookies, we process data on the following legal bases and for the following purposes:

> We use cookies, which are absolutely necessary for our websites to function, on a legal basis.

> We use all other cookies on the basis of your consent.

176

In order to withdraw your consent or to restrict it to certain cookies, you have inter alia the following options:

> Use the settings of your browser. Details can be found in the help function of your browser (usually accessible via the F1 key on your keyboard).

> At http://www.youronlinechoices.com/uk/your-ad-choices you can have the system analyse which cookies are used by you and deactivate them individually or in their entirety. This is an offer from the European Interactive Digital Advertising Alliance.

Withdrawing your consent does not affect the lawfulness of processing based on your consent before your withdrawal.

Please note that the functionality of our websites may be impaired if you withdraw or restrict your consent.

Details about the cookies we use:

Designation	Supplier	Purpose	Retention period
[File name of the cookie]	*[own/external company]*	*[e.g.: user iden-tification]*	*[e.g.: duration of the session, 1 year]*

[Alternatively, especially when many cookies are used:] We use "cookies" to improve the functionality of our websites. Cookies are small text files that may be installed on your computer when you visit a website. Cookies are generally used to provide site visitors with additional functionality within the site. Cookies cannot access, read or modify any other data on your computer. Further information on the cookies we use can be found in our Cookie Policy. *[The words "Cookie Policy" should contain a link to the current Cookie Policy.]*

3. Purposes for which we process your data

We will process your personal data set out in the Annex to

a. make this webshop available to you and to offer goods and services;

b. process your order;

c. further optimize and develop this webshop;

d. create usage statistics; and

e. be able to recognize, prevent and investigate attacks on this webshop.

4. Legal bases of the processing

We process the categories of your personal data listed in the Annex either on the basis of

> the performance of the contract we have concluded with you or the necessity to take steps at your request prior to entering into such an agreement, insofar as it is necessary (Article 6(1)(b) General Data Protection Regulation ("**GDPR**")), or

> our overriding legitimate interest according to Article 6(1)(f) GDPR to achieve the purposes set out in point 3 lit c and d above, or

> the necessity to comply with legal obligations to which we are subject (Article 6(1)(c) GDPR).

5. Transfer of your personal data

To achieve the purposes set out above, we will transfer your personal data to the following categories of recipients:

> IT service providers that we use;

> distributors, logistic companies and postal service providers that we use;

> Payment Service Providers; and

> companies that are part of our corporate group.

[If applicable:] Some of the recipients referred to above are located in or process personal data outside of your country. The level of data protection in another country may not be equivalent to that in your country. However, we only transfer your personal data to countries where the EU Commission has decided that they have an adequate level of data protection or we take measures to ensure that all recipients provide an adequate level of data protection. We do this for example by entering into appropriate data transfer agreements based on Standard Contractual Clauses (2010/87/EC and/or 2004/915/EC). These are accessible upon request (see the contact details in point 8).

6. Retention period

We will retain your data for a period of three months.

We will only retain your data for a longer period (i) to the extend that this is necessary to investigate attacks on our website or (ii) as long as required under statutory retention obligations or (iii) as long as potential legal claims are not yet time-barred, where personal data is needed to raise or defend against the claim.

If you register on our webshop we will retain your data at least for as long as your account is active.

7. Your rights regarding your personal data

Under applicable law, you have the right to (under the conditions set out in applicable law):

> obtain confirmation as to whether and what kind of personal data we store about you and to request copies of such data,

> request rectification or erasure of your personal data,

> request us to restrict the processing of your personal data,

> object to the processing of your personal data,

> withdraw any consent previously granted for the processing (withdrawing your consent does not affect the lawfulness of processing based on your consent before your withdrawal),

> request data portability, and

> lodge a complaint with the competent supervisory authority.

8. Our contact details

Please address your requests or questions concerning the processing of your personal data to:

[company name of the controller]
[street address of the controller]
[email address of the controller]

[If a data protection officer has been appointed:] Alternatively, you may also contact our data protection officer:

[address of the data protection officer]
[email address of the data protection officer]

Last updated on *[date]*.

Annex

> names

> titles

> gender

> birth date

> contact data (address, email address, phone numbers)

> preferred language

> delivery address

> terms of delivery or service (including data about place of delivery or service, packaging etc.)

> payment method

> bank account details

> credit card numbers and credit card company

> delivery or service insurance data and related financing data

> tax liability and tax calculation data

> date and time of your visit of this webshop

> IP address, name and version of your web browser

> the website (URL) you have visited before you accessed this webshop

> information that you provide us with by filling out any contact form, by registering in this webshop, and by ordering products

G. Datenschutzerklärung für Mitarbeiter (deutsche Version)

Mitarbeiter-Datenschutzerklärung

Diese Datenschutzerklärung beschreibt, wie die *[Firmenwortlaut des Arbeitgebers]*, *[Adresse des Arbeitgebers]* („**wir**") Ihre personenbezogenen Daten im Zuge Ihrer Beschäftigung bei uns verarbeitet/verarbeiten.

1. Zwecke der Datenverarbeitung

Wir werden die im <u>Annex</u> genannten Kategorien Ihrer personenbezogenen Daten zu folgenden Zwecken verarbeiten:

> Personalplanung und Personalverwaltung;

> Sicherstellung angemessener Stellenbesetzung und der Beurteilung ob Mitarbeiter für die Ausübung bestimmter Positionen qualifiziert sind;

> Investitionsentscheidungen für Prognosen und Etataufstellung, für die Buchführung und Verrechnung von Gehältern und Ausgleichszahlungen;

> Bezahlung von Löhnen und Gehältern, inkl aller Abgaben, Reisekostenrückerstattung, Abfertigungen, sonstiger im KV vorgeschriebene Leistungen bzw zu zahlenden Leistungen;

> Administration von Kompetenzen, Schulungen, Ausbildungspfaden, Mitarbeiterfähigkeiten;

> Zeitmanagement und Anwesenheitsverwaltung;

> Leistungsbeurteilung und Leistungsmanagement;

> Karriere- und Entwicklungsplanung;

> Ziele-Management;

> Nachfolgeplanung;

> Planung und Verwaltung von Boni oder andere Belohnungen;

> Abwicklung von Visaanträgen für Dienstreisen;

> Personalkennzahlen für Führungskräfte zur Unterstützung bei der Mitarbeiterführung;

> Vorstellung neuer Mitarbeiter;

> Information über laufende Tätigkeiten innerhalb der Organisation;

> Zurverfügungstellung von Kommunikationsmitteln sowie von Mitteln zur Terminplanung und Kontaktverwaltung;

181

> Kommunikationsmanagement;

> Zurverfügungstellung einer Unternehmens-Informationsdatenbank;

> Berechtigungsmanagement.

Diese Daten erheben wir im Zuge Ihrer Beschäftigung bei uns entweder, indem Sie uns diese Daten selbst zur Verfügung stellen, oder aus anderen Quellen im Zuge von verschiedenen betrieblichen Prozessen und Abläufen.

Es besteht keine Verpflichtung, uns die personenbezogenen Daten, um die wir Sie bitten, zur Verfügung zu stellen. Allerdings können sich gewisse Prozesse in der Mitarbeiterverwaltung sowie der internen und externen Kommunikation verzögern oder sogar unmöglich sein, wenn Sie Ihre personenbezogenen Daten nicht bereitstellen. Sollte die Bereitstellung Ihrer Daten in manchen Fällen gesetzlich verpflichtend sein, werden wir Sie gesondert darauf hinweisen.

2. Verarbeitete Datenkategorien und Rechtsgrundlagen der Verarbeitung

Wir verarbeiten die im Annex aufgelisteten Kategorien Ihrer personenbezogenen Daten auf der Grundlage

> unseres überwiegenden berechtigten Interesses nach Art 6 Abs 1 lit f Datenschutz-Grundverordnung („**DSGVO**"), welches darin besteht, unsere Mitarbeiterverwaltung sowie die interne und externe Kommunikation effizient zu gestalten, oder

> der Erfüllung des mit Ihnen geschlossenen Vertrages oder der Durchführung vorvertraglicher Maßnahmen, soweit hierfür erforderlich (Art 6 Abs 1 lit b DSGVO), oder

> der Notwendigkeit der Erfüllung von rechtlichen Pflichten, denen wir unterliegen (Art 6 Abs 1 lit c DSGVO).

Sofern es sich dabei um sensible Daten handelt, verarbeiten wir diese zur Erfüllung unserer aus dem Sozial- oder Arbeitsrecht entfließenden Pflichten.

3. Übermittlung Ihrer personenbezogenen Daten

Sofern dies zu den oben genannten Zwecken erforderlich ist, werden wir Ihre personenbezogenen Daten an folgende Kategorien von Empfängern übermitteln:

> von uns eingesetzte IT-Dienstleister;

> Gesellschaften, die unserem Konzern angehören;

> Sozialversicherungsträger;

> Behörden (Finanzamt, Arbeitsmarktservice, etc);

> Wahlvorstand für Betriebsratswahlen;

> Versicherungsanstalten;

> Banken, an die Ihre Bezüge ausgezahlt werden;

> vom Dienstnehmer angegebene Gewerkschaft, mit Zustimmung des Betroffenen;

> die von Ihnen angegebenen Gewerkschaften;

> gesetzliche Interessenvertretungen;

> Betriebsratsfonds;

> Betriebsärzte;

> Pensionskassen;

> Rechnungshof;

> Rechtsvertreter;

> Gerichte und Verwaltungsbehörden;

> Mitversicherte;

> Mitarbeitervorsorgekassen und

> Kunden und Interessenten des Verantwortlichen (ausschließlich Kontaktdaten wie Ihre E-Mail-Adresse).

Manche der oben genannten Empfänger befinden sich außerhalb Ihres Landes oder verarbeiten dort Ihre personenbezogenen Daten. Das Datenschutzniveau in anderen Ländern entspricht unter Umständen nicht dem Ihres Landes. Wir übermitteln Ihre personenbezogenen Daten jedoch nur in Länder, für welche die EU-Kommission entschieden hat, dass sie über ein angemessenes Datenschutzniveau verfügen oder wir setzen Maßnahmen, um zu gewährleisten, dass alle Empfänger ein angemessenes Datenschutzniveau haben. Dazu schließen wir beispielsweise Standardvertragsklauseln (2010/87/EC und/oder 2004/915/EC) ab. Diese sind auf Anfrage verfügbar (siehe die Kontaktdaten unter Punkt 6).

4. Speicherdauer

Wir speichern Ihre personenbezogenen Daten jedenfalls (i) für die Dauer des Dienstverhältnisses sowie (ii) solange gesetzliche Aufbewahrungspflichten bestehen oder (iii) solange etwaige rechtliche Ansprüche noch nicht verjährt sind, für deren Geltendmachung oder deren Abwehr die personenbezogenen Daten benötigt werden.

5. Ihre Rechte im Zusammenhang mit personenbezogenen Daten

Nach geltendem Recht sind Sie dazu berechtigt (wenn die jeweiligen Voraussetzungen des anwendbaren Rechts erfüllt sind),

> Bestätigung darüber zu verlangen, ob und welche Ihrer personenbezogenen Daten wir verarbeiten und Kopien dieser Daten zu erhalten,

> die Berichtigung oder Löschung Ihrer personenbezogenen Daten zu verlangen,

> von uns zu verlangen, die Verarbeitung Ihrer personenbezogenen Daten einzuschränken,

> der Verarbeitung Ihrer personenbezogenen Daten zu widersprechen,

> Datenübertragbarkeit zu verlangen, und

> bei der Datenschutzbehörde Beschwerde zu erheben.

6. Unsere Kontaktdaten

Sollten Sie zu der Verarbeitung Ihrer personenbezogenen Daten Fragen oder Anliegen haben, wenden Sie sich bitte an uns:

[Firmenwortlaut des Verantwortlichen]
[Anschrift des Verantwortlichen]
[E-Mail-Adresse des Verantwortlichen]

[Wenn ein Datenschutzbeauftragter bestellt wurde:] Alternativ können Sie sich auch gerne an unseren Datenschutzbeauftragten wenden:

[Anschrift des Datenschutzbeauftragten]
[E-Mail-Adresse des Datenschutzbeauftragten]

Zuletzt aktualisiert am *[Datum]*

Annex

> Namen

> Titel

> Geschlecht

> Mitarbeiter-Identifikationsnummer

> Geschlecht

> Geburtsdatum

> Geburtsort

> Nationalität

> Kontaktdaten (Anschrift, E-Mail-Adresse, Telefonnummer)

> Foto

> Bundesheer/Zivildienst

> Familienstand

> Familienmitglieder (Name, Geburtsdatum, Verwandtschaftsverhältnis, Sozialversicherungsnummer)

> Konfession

> Sozialversicherungsnummer und Sozialversicherungsträger

> Pensionskassendaten

> Mitversicherungen

> Eintrittsdatum/Austrittsdatum

> Arbeitsvertrag und Zusatzvereinbarungen

> Kündigungsfrist

> Organisatorische Zuordnung im Unternehmen

> Titel der aktuellen Position und Beschreibung der Tätigkeit

> Gruppenzugehörigkeit (Arbeiter/Mitarbeiter)

> Kammerzugehörigkeit

> Daten zur Arbeitszeit (Arbeitszeiten, Überstunden, Teilzeit, etc)

> Nebenbeschäftigung

> Daten zur Urlaubsverwaltung

> Zeiten schwerer Arbeit

> Zahlungsdaten

> Beitragsverpflichtungen (Zuweisungen und andere Beiträge)

> Gehaltsabrechnungsdaten

> Sozialleistungen im Zusammenhang mit der Beschäftigung

> Beiträge an die Gewerkschaft sowie Bezeichnung und Adresse des Empfängers (gemäß den von Ihnen gemachten Angaben)

> Abwesenheiten (Abwesenheiten aufgrund von Krankheit oder Mutterschaftsurlaub)

> Invaliditätsgrad nach dem Behinderteneinstellungsgesetz

> Daten über die Nutzung von Firmenfahrzeugen

> Kopie des Führerscheins

> Visum/Arbeitserlaubnis

> Lebenslauf

> Bewerbungsschreiben

> Schulzeugnisse und Referenzen

> Aus- und Weiterbildung (besuchte Trainingskurse, Feedback etc)

> Bewertung der Fähigkeiten (Karriereweg, Lernziele, berufliches Interesse und Ziele)

> Daten über Talent-Planung, Management und Nachfolge (Fähigkeiten und Kenntnisse, Berufserfahrung und -weg, abgeschlossene Projekte und Ziele, Zertifikate, Mobilitätspräferenzen usw)

> Daten zu Geschäftsreisen

> Sicherheitsniveau/Zugriffsrechte

> Projektberichte

> Daten über Arbeitsunfälle (Zeit, Unfallort usw)

> Notfallkontakt

> E-Mail-Verkehr einschließlich des Inhalts von E-Mails (für geschäftliche und private Zwecke, soweit eine private Nutzung zulässig ist) und Daten im Zusammenhang mit anderen Kommunikationsmitteln.

> Login-Daten

H. Datenschutzerklärung für Mitarbeiter (englische Version)

Employee Privacy Notice

This notice provides you with information on how *[company name of the controller]*, *[street address of the controller]* ("**we**") will process your personal data in the course of your employment with us.

1. Purposes for which we process your personal data

We will process the categories of your personal data set out in the <u>Annex</u> for the following purposes:

> personnel planning and management;

> to ensure appropriate staffing and to evaluate whether employees are qualified for certain positions;

> to make investment decisions for predictions and budgeting, for accounting and payroll and compensations;

> payroll and compensation, including all taxes, reimbursement for travel expenses, severance packages, and other benefits as required by collective bargaining agreements

> administration of employee competences, trainings, choice of training, employee skills;

> time management and record keeping;

> performance assessment and performance management;

> career and development planning;

> target management;

> succession planning;

> planning and management of bonuses and other rewards;

> processing visa applications for business trips;

> providing information for executives to provide support in leading employees;

> to introduce new employees;

> collecting information about ongoing activities within the organization;

> providing means of communication as well as means for contact and schedule management;

> communication management;

> to provide a company information database;

> authorization and access management.

We collect your personal data in the course of your employment either by you providing your personal data to us or by obtaining it through other sources within the course of our business operations and procedures.

You are under no obligation to provide us with the data we ask you for. However, if you do not provide your personal data, certain HR processes as well as internal and external communication processes might be delayed or even impossible. Should the provision of your personal data be mandatory by law, we will inform you separately thereof.

2. Processed data categories and legal bases of the processing

We process the categories of your personal data listed in the Annex either on the basis of

> our overriding legitimate interest according to Article 6(1)(f) General Data Protection Regulation ("**GDPR**"), which is to efficiently manage our human resources as well as our internal and external communication, or

> the performance of the contract we have concluded with you or the necessity to take steps at your request prior to entering into such an agreement, insofar as it is necessary (Article 6(1)(b) GDPR), or

> the necessity to comply with legal obligations to which we are subject (Article 6(1)(c) GDPR).

Insofar as sensitive data is concerned, processing takes place to comply with obligations under social or employment law to which we are subject (Article 9(2)(b) GDPR).

3. Transfer of your personal data

To achieve the purposes set out above, we will transfer your personal data to the following categories of recipients:

> IT service providers that we use;

> companies that are part of our corporate group;

> social insurance agencies;

> public authorities (tax authority, employment service, etc.);

> electoral committee for works council elections;

> insurance companies;

> banks handling your payments;

> trade union as indicated by you (only with your consent);

> legal representation of interests;

> works council fund;

> works doctors;

> pension funds;

> court of auditors;

> legal representatives;

> courts and public authorities;

> co-insured persons;

> employee pension funds; and

> our clients and prospective clients (exclusively contact data such as your email).

[If applicable:] Some of the recipients referred to above are located in or process personal data outside of your country. The level of data protection in another country may not be equivalent to that in your country. However, we only transfer your personal data to countries where the EU Commission has decided that they have an adequate level of data protection or we take measures to ensure that all recipients provide an adequate level of data protection. We do this, e.g., by entering into appropriate data transfer agreements based on Standard Contractual Clauses (2010/87/EC and/or 2004/915/EC). These are accessible upon request (see the contact details in point 6).

4. Retention period

We will retain your personal data (i) for the duration of your employment and thereafter for (ii) as long as required under statutory retention obligations or (iii) as long as potential legal claims, where personal data is needed to raise or defend against the claim, are not yet time-barred.

5. Your rights regarding your personal data

Under applicable law, you have the right to (under the conditions set out in applicable law):

> obtain confirmation as to whether and what kind of personal data we store about you and to request copies of such data,

> request rectification or erasure of your personal data,

> request us to restrict the processing of your personal data,

> object to the processing of your personal data,

> request data portability, and

> lodge a complaint with the competent supervisory authority.

6. Our contact details

Please address your requests or questions concerning the processing of your personal data to:

[company name of the controller]
[street address of the controller]
[email address of the controller]

[If a data protection officer has been appointed:] Alternatively, you may also contact our data protection officer:

[address of the data protection officer]
[email address of the data protection officer]

Last updated on *[date]*.

Annex

> names

> titles

> gender

> personnel number

> date of birth

> place of birth

> nationality

> contact data (address, email address, phone numbers)

> photograph

> military or civil service

> fiscal authority of residence

> civil status

> family members (name, date of birth, family relationship, social insurance number)

> religious confession

> social security number and social insurance agency

> pension fund data

> co-insurances

> date of entrance/leaving

> employment contract and additional agreements

> period of notice

> organizational assignment in the company

> title of the current position and description of the activity

> group affiliation (worker/employee)

> chamber affiliation

> data regarding working time (working hours, extra hours, part-time, etc.)

> secondary employment

> vacation management data

> times of heavy work

> payment data

> contribution obligations (allocations and other contributions)

> pay slip data

> social benefits in connection with the employment

> contributions to the trade union as well as designation and address of the recipient (according to the information provided by you)

> absences (absences due to illness or maternity leave)

> degree of disablement according to the Disability Employment Act (Behinderteneinstellungsgesetz)

> data regarding the use of company vehicles

> copy of driver's license

> visa/working permit

> CV

> letter of application

> school certificates and references

> education and training (attended training courses, feedback etc.)

> assessment of skills (career pathway, learning goals, professional interest and goals)

> data on talent planning, management and succession (skills and knowledge, professional experiences and path, completed projects and goals, certificates, preferences regarding mobility, etc.)

> data regarding business trips

> safety level/data regarding access rights

> project reports

> data regarding work-related accidents (time, place of accident, etc.)

> emergency contact

> email traffic including contents of emails (for business and private purposes as far as private use is permitted) and data related to any other means of communication

> login details

I. Datenschutzerklärung für Kunden und Interessenten (deutsche Version)

Kunden-Datenschutzerklärung

Diese Datenschutzerklärung beschreibt, wie *[Firmenwortlaut des Verantwortlichen]*, *[Anschrift des Verantwortlichen]* („**wir**") Ihre personenbezogenen Daten als

a. (potenzieller) Kunde oder

b. Kontaktperson eines Kunden

verarbeitet/verarbeiten.

1. Zwecke der Datenverarbeitung

Wir werden die im <u>Annex</u> genannten Kategorien Ihrer personenbezogenen Daten zu folgenden Zwecken verarbeiten:

a. Abwicklung von unseren Verkaufsprozessen;

b. Verwaltung unserer Kundenbeziehungen, einschließlich Kontaktpflege und Kommunikation, inklusive der Analyse von Kundenbedürfnissen und wie unsere Produkte und Leistungen verwendet werden;

c. Verwaltung von Besuchen im Haus;

d. Analyse und Vorhersage der Kundennachfrage;

e. Organisieren von Veranstaltungen;

f. Durchführung von Kundenzufriedenheitsanalysen;

g. Bereitstellung von Informationen über unsere Leistungen und Veranstaltungen;

h. Durchführung von Umfragen und

i. Durchführung von Direktmarketing und Werbung über elektronische und nicht-elektronische Wege.

Wir erheben Ihre personenbezogenen Daten entweder

> direkt von Ihnen, im Rahmen unserer Kommunikation oder Geschäftsbeziehung, oder

> aus öffentlichen Quellen (zB soziale Medien, öffentliche Internetquellen, öffentliche Anwesenheitslisten von Konferenzen oder öffentlichen Büchern) oder

> über unsere Mitarbeiter, welche mit Ihnen in Kontakt sind bzw Ihren Besuch in unserem Haus verwalten.

Es besteht keine Verpflichtung, uns die personenbezogenen Daten, um die wir Sie bitten, zur Verfügung zu stellen. Allerdings könnten sich gemeinsame Geschäftsprozesse oder Marketingprozesse verzögern oder unmöglich werden und es könnte für Sie unmöglich werden an unseren Veranstaltungen teilzunehmen, wenn Sie Ihre personenbezogenen Daten nicht bereitstellen. Sollte die Bereitstellung Ihrer Daten in manchen Fällen gesetzlich verpflichtend sein, werden wir Sie gesondert darauf hinweisen.

2. Verarbeitete Datenkategorien und Rechtsgrundlagen der Verarbeitung

Wir verarbeiten die im Annex aufgelisteten Kategorien Ihrer personenbezogenen Daten auf der Grundlage

> der Erfüllung eines mit Ihnen geschlossenen Vertrages oder der Durchführung vorvertraglicher Maßnahmen, soweit hierfür erforderlich (Art 6 Abs 1 lit b Datenschutz-Grundverordnung („**DSGVO**")), oder

> unseres überwiegenden berechtigten Interesses nach Art 6 Abs 1 lit f DSGVO, welches darin besteht, die unter Punkt 1 lit c–i genannten Zwecke zu erreichen, oder

> der Notwendigkeit der Erfüllung von rechtlichen Pflichten, denen wir unterliegen (Art 6 Abs 1 lit c DSGVO).

Sofern es sich dabei um sensible Daten handelt, verarbeiten wir diese zur Erfüllung unserer aus dem Sozial- oder Arbeitsrecht entfließenden Pflichten (Art 9 Abs 2 lit b DSGVO).

3. Übermittlung Ihrer personenbezogenen Daten

Sofern dies zu den oben genannten Zwecken erforderlich ist, werden wir Ihre personenbezogenen Daten an folgende Kategorien von Empfängern übermitteln:

> von uns eingesetzte IT-Dienstleister;

> Rechtsvertreter;

> Banken zur Abwicklung des Zahlungsverkehrs;

> Wirtschaftstreuhänder für Zwecke des Auditings;

> Gerichte und Verwaltungsbehörden;

> Zuständige Verwaltungsbehörden, insb Finanzbehörden;

> Inkassounternehmen zur Schuldeintreibung (ins Ausland daher nur, soweit die Schuld im Ausland eingetrieben werden muss);

> Fremdfinanzierer, wie Leasing- oder Factoring-Unternehmen und Zessionare, sofern die Lieferung oder Leistung auf diese Weise fremdfinanziert ist;

> Vertrags- und Geschäftspartner, die an der Lieferung oder Leistung mitwirken bzw mitwirken sollen;

> Versicherungen aus Anlass des Abschlusses eines Versicherungsvertrages über die Lieferung/Leistung oder des Eintritts des Versicherungsfalles; und

> Gesellschaften, die unserem Konzern angehören.

[Wenn zutreffend:] Manche der oben genannten Empfänger befinden sich außerhalb Ihres Landes oder verarbeiten dort Ihre personenbezogenen Daten. Das Datenschutzniveau in anderen Ländern entspricht unter Umständen nicht dem Ihres Landes. Wir übermitteln Ihre personenbezogenen Daten jedoch nur in Länder, für welche die EU-Kommission entschieden hat, dass sie über ein angemessenes Datenschutzniveau verfügen oder wir setzen Maßnahmen, um zu gewährleisten, dass alle Empfänger ein angemessenes Datenschutzniveau haben. Dazu schließen wir beispielsweise Standardvertragsklauseln (2010/87/EC und/oder 2004/915/EC) ab. Diese sind auf Anfrage verfügbar (siehe die Kontaktdaten unter Punkt 6).

4. Speicherdauer

Wir speichern Ihre personenbezogenen Daten (i) bis zur Beendigung der Geschäftsbeziehung mit Ihnen, jedenfalls aber (ii) solange gesetzliche Aufbewahrungspflichten bestehen oder (iii) etwaige rechtliche Ansprüche noch nicht verjährt sind, für deren Geltendmachung oder deren Abwehr die personenbezogenen Daten benötigt werden.

5. Ihre Rechte im Zusammenhang mit personenbezogenen Daten

Nach geltendem Recht sind Sie dazu berechtigt (wenn die jeweiligen Voraussetzungen des anwendbaren Rechts erfüllt sind),

> Bestätigung darüber zu verlangen, ob und welche Ihrer personenbezogenen Daten wir verarbeiten und Kopien dieser Daten zu erhalten,

> die Berichtigung oder Löschung Ihrer personenbezogenen Daten zu verlangen,

> von uns zu verlangen, die Verarbeitung Ihrer personenbezogenen Daten einzuschränken,

> der Verarbeitung Ihrer personenbezogenen Daten zu widersprechen,

> Datenübertragbarkeit zu verlangen, und

> bei der Datenschutzbehörde Beschwerde zu erheben.

6. Unsere Kontaktdaten

Sollten Sie zu der Verarbeitung Ihrer personenbezogenen Daten Fragen oder Anliegen haben, wenden Sie sich bitte an uns:

[Firmenwortlaut des Verantwortlichen]
[Anschrift des Verantwortlichen]
[E-Mail-Adresse des Verantwortlichen]

[Wenn ein Datenschutzbeauftragter bestellt wurde:] Alternativ können Sie sich auch gerne an unseren Datenschutzbeauftragten wenden:

[Anschrift des Datenschutzbeauftragten]
[E-Mail-Adresse des Datenschutzbeauftragten]

Zuletzt aktualisiert am *[Datum]*.

Annex

Personenbezogene Daten von Kunden und Interessenten:

> Namen

> Titel

> Geschlecht

> Nationalität

> Geburtsdatum und -ort

> Firmenname

> Kontaktdaten (Anschrift, E-Mail-Adresse, Telefonnummer)

> Kommunikation mit Ihnen

Personenbezogene Daten von Kunden:

> Abgeschlossene Dienstleistungsverträge sowie damit zusammenhängende Daten (zB Ausgaben und Einnahmen)

> Handelsregisterdaten

> Bonitätsdaten

> Umsatzsteuer-Identifikationsnummer oder Intrastat-Identifikations-Nummer

> Steuerpflicht und Steuerberechnungsdaten

> Zahlungsdaten (insb Bankverbindung und Kreditkartendaten)

> Kundenkategorie

Personenbezogene Daten von Mitarbeitern bei Kunden und Interessenten:

> Namen

> Titel

> Geschlecht

> Unternehmen, bei dem Sie tätig sind sowie Ihre dortige Funktion

> Geburtsdatum und -ort

> Kontaktdaten (Anschrift, E-Mail-Adresse, Telefonnummer)

197

> Kommunikationsinhalte (von E-Mails und Telefonaten etc)

> Vertretungsberechtigung

> Datum und Uhrzeit von Besuchen

> Unterschrift

> Empfang und Reaktion auf Marketing- und Vertriebsinitiativen

> Historie früherer Interaktionen mit uns

> Berufliche und persönliche Interessen

J. Datenschutzerklärung für Kunden und Interessenten (englische Version)

Customer Privacy Notice

This policy provides you with information on how *[company name of the controller]*, *[street address of the controller]* ("**we**") will process your personal data in the context of our customer relations.

1. Purposes for which we process your data

We will process the categories of your personal data set out in the <u>Annex</u> for the following purposes:

a. to manage our sales processes;

b. to manage our customer relations, including human relations and communications, including the analysis of customers' business needs and how they use our products and services;

c. to manage on-site visits;

d. to analyze and forecast customer demand;

e. to organize events;

f. to analyze customer satisfaction;

g. to provide you with information regarding our services and events;

h. to conduct surveys and

i. to conduct direct marketing and advertising via electronic and non-electronic means.

We collect your personal data either

> from you directly, in the course of our communication or business relationship, or

> from public sources (e.g., social media, public internet sources, public attendance lists of conferences or books), or

> through our employees, who are in contact with you or manage your on-site visit.

You are under no obligation to provide us with the data we ask you for. However, if you do not provide your personal data different business processes or marketing processes might be delayed or even impossible and it might become impossible for you to attend our events. Should the provision of your personal data be mandatory by law, we will inform you separately thereof.

2. Legal bases of the processing

We process the categories of your personal data listed in the Annex either on the basis of

> the performance of the contract we have concluded with you or the necessity to take steps at your request prior to entering into such an agreement, insofar as it is necessary (Article 6(1)(b) General Data Protection Regulation ("**GDPR**")), or

> our overriding legitimate interest according to Article 6(1)(f) GDPR to achieve the purposes set out in point 1 lit. c to h above, or

> the necessity to comply with legal obligations to which we are subject (Article 6(1)(c) GDPR).

Insofar as sensitive data is concerned, processing takes place to comply with obligations under social or employment law to which we are subject (Article 9(2)(b) GDPR).

3. Transfer of your personal data

To achieve the purposes set out above, we will transfer your personal data to the following categories of recipients:

> IT service providers that we use;

> legal representatives;

> banks for management of payment transactions;

> auditors for the performance of audits;

> courts and public authorities;

> competent administrative authorities, especially fiscal authorities;

> collection agencies for debt collection (only in so far as debts are collected abroad);

> external financers, e.g., leasing or factoring companies, cessionaries etc., as far as the delivery or service is financed in such manner;

> contract partners or business partners who are or should be participating in the performance of the delivery or service;

> insurances in the context of the conclusion of an insurance contract concerning the delivery/service or occurrence of the insured event; and

> companies that are part of our corporate group.

[If applicable:] Some of the recipients referred to above are located in or process personal data outside of your country. The level of data protection in another country may not be equivalent to that in your country. However, we only transfer your personal data to countries where the EU Commission has decided that they have an adequate level of data protection or we take measures to ensure that all recipients provide an adequate level of data protection. We do this, e.g., by entering into appropriate data transfer agreements based on Standard Contractual Clauses (2010/87/EC and/or 2004/915/EC). These are accessible upon request (see the contact details in point 6).

4. Retention period

We will retain your personal data for (i) as long as we are in a business relationship with you and thereafter (ii) as long as required under statutory retention obligations or (iii) as long as potential legal claims, where personal data is needed to raise or defend against the claim, are not yet time-barred.

5. Your rights regarding your personal data

Under applicable law, you have the right to (under the conditions set out in applicable law):

> obtain confirmation as to whether and what kind of personal data we store about you and to request copies of such data,

> request rectification or erasure of your personal data,

> request us to restrict the processing of your personal data,

> object to the processing of your personal data,

> request data portability, and

> lodge a complaint with the competent supervisory authority.

6. Our contact details

Please address your requests or questions concerning the processing of your personal data to:

[company name of the controller]
[street address of the controller]
[email address of the controller]

[If a data protection officer has been appointed:] Alternatively, you may also contact our data protection officer:

[address of the data protection officer]
[email address of the data protection officer]

Last updated on *[date]*.

Annex

Personal data of customers and interested parties:

> names

> titles

> gender

> nationality

> date and place of birth

> company name

> contact data (address, email address, phone numbers)

> data from our communication with you

Personal data of customers only:

> service agreement concluded and related data (e.g., expenses and earnings)

> company register data

> creditworthiness data

> VAT-number/Intrastat identification number

> tax liability and tax calculation data

> payment data (in particular bank details and credit card data)

> customer category

Personal data of employees at one of our customers or interested parties:

> names

> titles

> gender

> company name and address

> date and place of birth

> contact data (address, email address, phone numbers)

> extent of power of representation

> date and time of visits

> signature

> receipt of and reaction to marketing and sales initiatives

> history of previous interactions with us

> professional and personal interests

K. Datenschutzerklärung für Bewerber (deutsche Version)

Bewerber-Datenschutzerklärung

Diese Datenschutzerklärung beschreibt, wie *[Firmenwortlaut des Verantwortlichen]*, *[Anschrift des Verantwortlichen]* („**wir**") Ihre personenbezogenen Daten im Zusammenhang mit Ihrer Bewerbung verarbeitet/verarbeiten.

1. Zwecke der Datenverarbeitung

Wir werden die im <u>Annex</u> genannten Kategorien Ihrer personenbezogenen Daten zu folgenden Zwecken verarbeiten:

> Um über verschiedene Kanäle sowie über beauftragte Personalberater aktiv an potenzielle Mitarbeiter heranzutreten (Rekrutierung);

> um auf globaler Ebene Personalplanung und Personalverwaltung zu betreiben, einschließlich der Sicherstellung angemessener Stellenbesetzung;

> für Investitionsentscheidungen;

> zur Planung und Verwaltung von Fähigkeiten potenzieller Mitarbeiter;

> um Bewerbungen zu bearbeiten, welche über verschiedene Kanäle eingehen (zB via E-Mail oder LinkedIn);

> um den Bewerbungsprozess durchzuführen;

> zur Geltendmachung, Ausübung oder Verteidigung von Rechtsansprüchen;

> um auf eingegangene Bewerbungen zu einem späteren Zeitpunkt hinsichtlich einer potenziellen Beschäftigung zurückgreifen zu können.

Diese Daten erhalten wir

> aus öffentlichen Quellen,

> von Personalberatern,

> im Zuge des Bewerbungsprozesses in dem Sie uns die Daten selbst zur Verfügung stellen (beispielsweise durch Zusenden Ihres Lebenslaufes per E-Mail) oder

> durch Gesprächsnotizen während des Bewerbungsgesprächs.

Es besteht keine Verpflichtung, uns die personenbezogenen Daten, um die wir Sie bitten, zur Verfügung zu stellen. Allerdings wird es nicht möglich sein, den Bewerbungsprozess durchzuführen, wenn Sie Ihre personenbezogenen Daten nicht bereitstellen. Sollte die Bereitstellung Ihrer Daten in manchen Fällen gesetzlich verpflichtend sein, werden wir Sie gesondert darauf hinweisen.

2. Verarbeitete Datenkategorien und Rechtsgrundlagen der Verarbeitung

Wir verarbeiten die im Annex aufgelisteten Kategorien Ihrer personenbezogenen Daten auf der Grundlage unseres überwiegenden berechtigten Interesses gemäß Art 6 Abs 1 lit f Datenschutz-Grundverordnung („**DSGVO**"), welches darin besteht, einen effizienten Bewerbungsprozess und eine optimale Stellenbesetzung zu gewährleisten.

Um eine Einwilligung zur Verarbeitung Ihrer personenbezogenen Daten zwecks Evidenzhaltung bitten wir Sie in einem separaten Prozess (Art 6 Abs 1 lit a DSGVO).

[Für ein entsprechendes Muster siehe unten VII. E „Einwilligungserklärung zur Evidenzhaltung von Bewerberdaten".]

3. Übermittlung Ihrer personenbezogenen Daten

Sofern dies zu den oben genannten Zwecken erforderlich ist, werden wir Ihre personenbezogenen Daten an folgende Kategorien von Empfängern übermitteln:

> von uns eingesetzte IT-Dienstleister;

> Gesellschaften, die unserem Konzern angehören.

Manche der oben genannten Empfänger befinden sich außerhalb Ihres Landes oder verarbeiten dort Ihre personenbezogenen Daten. Das Datenschutzniveau in anderen Ländern entspricht unter Umständen nicht dem Ihres Landes. Wir übermitteln Ihre personenbezogenen Daten jedoch nur in Länder, für welche die EU-Kommission entschieden hat, dass sie über ein angemessenes Datenschutzniveau verfügen oder wir setzen Maßnahmen, um zu gewährleisten, dass alle Empfänger ein angemessenes Datenschutzniveau haben. Dazu schließen wir beispielsweise Standardvertragsklauseln (2010/87/EC und/oder 2004/915/EC) ab. Diese sind auf Anfrage verfügbar (siehe die Kontaktdaten unter Punkt 6).

4. Speicherdauer

Wir speichern Ihre personenbezogenen Daten entweder (i) für die Dauer des Bewerbungsprozesses oder (ii) bis zum Widerruf Ihrer Einwilligung (für den Fall, dass Sie Ihre Einwilligung dazu erteilt haben, dass wir Ihre Bewerbung in Evidenz halten).

Hiervon unabhängig speichern wir Ihre Daten solange (i) gesetzliche Aufbewahrungspflichten bestehen oder (ii) etwaige rechtliche Ansprüche noch nicht verjährt sind, für deren Geltendmachung oder deren Abwehr die personenbezogenen Daten benötigt werden.

5. Ihre Rechte im Zusammenhang mit personenbezogenen Daten

Nach geltendem Recht sind Sie dazu berechtigt (wenn die jeweiligen Voraussetzungen des anwendbaren Rechts erfüllt sind),

> Bestätigung darüber zu verlangen, ob und welche Ihrer personenbezogenen Daten wir verarbeiten und Kopien dieser Daten zu erhalten,

> die Berichtigung oder Löschung Ihrer personenbezogenen Daten zu verlangen,

> von uns zu verlangen, die Verarbeitung Ihrer personenbezogenen Daten einzuschränken,

> der Verarbeitung Ihrer personenbezogenen Daten zu widersprechen,

> die gegebenenfalls für die Verarbeitung zuvor erteilte Einwilligung zu widerrufen (der Widerruf Ihrer Einwilligung hat keinen Einfluss auf die Rechtmäßigkeit der Verarbeitung, die vor ihrem Widerruf aufgrund Ihrer Einwilligung erfolgt ist),

> Datenübertragbarkeit zu verlangen, und

> bei der Datenschutzbehörde Beschwerde zu erheben.

6. Unsere Kontaktdaten

Sollten Sie zu der Verarbeitung Ihrer personenbezogenen Daten Fragen oder Anliegen haben, wenden Sie sich bitte an uns:

[Firmenwortlaut des Verantwortlichen]
[Anschrift des Verantwortlichen]
[E-Mail-Adresse des Verantwortlichen]

[Wenn ein Datenschutzbeauftragter bestellt wurde:] Alternativ können Sie sich auch gerne an unseren Datenschutzbeauftragten wenden:

[Anschrift des Datenschutzbeauftragten]
[E-Mail-Adresse des Datenschutzbeauftragten]

Zuletzt aktualisiert am *[Datum]*.

Annex

> Name

> Anrede (Herr/Frau/divers) einschließlich akademischer Titel

> Namenszusatz

> Foto (sofern bereitgestellt)

> Geschlecht

> Adresse

> Geburtsdatum und -ort

> Führerschein (ja/nein)

> E-Mail-Adresse

> Telefonnummer

> Familienstand und Kinder

> Staatsbürgerschaft

> Position, für die Sie sich bewerben möchten

> Art der Bewerbung (zB E-Mail, LinkedIn, Initiativbewerbung ja/nein)

> Frühestes Eintrittsdatum

> Kündigungsfrist

> Gehaltsvorstellung

> Lebenslauf

> Präsenzdienst/Zivildienst

> Ausbildungen (Schule, Universität, Kurse)

> Bisherige berufliche Erfahrung

> Persönliche Fähigkeiten und Kompetenzen

> Unterschrift

> Zertifikate und Zeugnisse

> Notizen vom Bewerbungsgespräch

> Daten zur Kommunikation (einschließlich E-Mail-Verkehr)

> Sonstige von Ihnen im Rahmen des Bewerbungsprozesses bereitgestellte Daten

L. Datenschutzerklärung für Bewerber (englische Version)

Applicants Privacy Notice

This policy provides you with information on how *[company name of the controller]*, *[street address of the controller]* ("**we**") will process your personal data in the context of your job application.

1. Purposes for which we process your personal data

We will process the categories of personal data set out in the Annex for the following purposes:

> to approach potential employees actively through different means as well as through commissioned personnel consultants (recruitment);

> to plan and manage human resources on a global level, including but not limited to ensuring appropriate staffing;

> for investment decisions;

> planning and administration of potential employee skills;

> to process applications received via different communication methods (e.g., via email or LinkedIn);

> to organize the application process;

> for the establishment, exercise or defense of legal claims; and

> to be able to consider former job applicants for new job opportunities.

We collect your personal data in the course of your application process either

> through public sources;

> personnel consultants;

> from you when you provide your personal data to us (e.g., by sending your résumé via email); or

> by taking notes during your job interview.

You are under no obligation to provide us with the data we ask you for. However, if you do not provide your personal data, it will not be possible to complete the job application process. Should the provision of your personal data be mandatory by law, we will inform you separately thereof.

2. Processed data categories and legal bases of the processing

We process the categories of your personal data listed in the Annex on the basis of our overriding legitimate interest according to Article 6(1)(f) General Data Protection Regulation ("**GDPR**"), which is to guarantee an efficient application process and to ensure that we fill our vacancies with suitable job applicants:

In a separate process we may ask you to consent to us keeping your personal data for the purpose of contacting you regarding future vacancies (Article 6(1)(a) GDPR).

[For a corresponding sample see below VII. F „Einwilligungserklärung zur Evidenzhaltung von Bewerberdaten".]

3. Transfer of personal data

To achieve the purposes set out above, we will transfer your personal data to the following categories of recipients:

> IT service providers that we use;

> companies that are part of our corporate group.

[If applicable:] Some of the recipients referred to above are located in or process personal data outside of your country. The level of data protection in another country may not be equivalent to that in your country. However, we only transfer your personal data to countries where the EU Commission has decided that they have an adequate level of data protection or we take measures to ensure that all recipients provide an adequate level of data protection. We do this, e.g., by entering into appropriate data transfer agreements based on Standard Contractual Clauses (2010/87/EC and/or 2004/915/EC). These are accessible upon request (see the contact details in point 6).

4. Retention period

We will retain your personal data either (i) for the duration of the application process or (ii) in case you consent to us holding on to your application for future consideration until you withdraw your consent (in cases where you have consented to us keeping your data to contact you regarding future vacancies).

In any case, we will retain your data for as long as (i) required under statutory retention obligations or (ii) potential legal claims, where personal data is needed to raise or defend against the claim, are not yet time-barred.

5. Your rights regarding your personal data

Under applicable law, you have the right to (under the conditions set out in applicable law):

> obtain confirmation as to whether and what kind of personal data we store about you and to request copies of such data;

> request rectification or erasure of your personal data;

> request us to restrict the processing of your personal data;

> object to the processing of your personal data,

> withdraw any consent previously granted for the processing (the withdrawal of your consent does not affect the lawfulness of processing based on your consent before its withdrawal),

> request data portability, and

> to lodge a complaint with the competent supervisory authority.

6. Our contact details

Please address your requests or questions concerning the processing of your personal data to:

[company name of the controller]
[street address of the controller]
[email address of the controller]

[If a data protection officer has been appointed:] Alternatively, you may also contact our data protection officer:

[address of the data protection officer]
[email address of the data protection officer]

Last updated on *[date]*.

Annex

> name

> prefix (Mr./Mrs./etc.) including academic titles

> suffix

> photo (if provided)

> gender

> address

> date/place of birth

> driver's license (yes/no)

> email address

> telephone number

> civil status and children

> citizenship

> position you apply for

> type of application (e.g., email, LinkedIn, speculative application yes/no)

> earliest date of entry

> notice period

> desired salary

> résumé

> military service/civilian service

> education (school, university, courses)

> previous professional experience

> personal skills and competences

> signature

> certificates and reports

> notes regarding the job interview

> communication data (including email traffic)

> any other data provided by you during the job application process

M. Datenschutzerklärung für Lieferanten (deutsche Version)

Lieferanten-Datenschutzerklärung

Diese Datenschutzerklärung beschreibt, wie *[Firmenwortlaut des Verantwortlichen], [Anschrift des Verantwortlichen]* („**wir**") Ihre personenbezogenen Daten als

a. einer unserer Lieferanten oder Dienstleister oder

b. ein Mitarbeiter einer unserer Lieferanten oder Dienstleister

verarbeitet/verarbeiten.

1. Zwecke der Datenverarbeitung

Wir werden Ihre im <u>Annex</u> genannten personenbezogenen Daten zu folgenden Zwecken verarbeiten:

a. zur Abwicklung unseres Beschaffungswesens;

b. zur Bereitstellung von Arbeitsmaterialien und Infrastruktur zur Gewährleistung effizienter interner Arbeitsabläufe;

c. zur Kommunikation mit unseren Lieferanten und Dienstleistern;

d. um die Produkte und Dienstleistungen unserer Lieferanten und Dienstleister nutzen zu können; und

e. um unsere Verträge mit unseren Lieferanten und Dienstleistern zu administrieren.

Ihre personenbezogenen Daten

> werden uns entweder direkt von Ihnen zur Verfügung gestellt (insbesondere durch Kommunikation über E-Mail oder andere Kommunikationsmittel) oder

> wir erheben Ihre personenbezogenen Daten selbst im Zuge der Abwicklung unserer Geschäftsbeziehungen.

Es besteht keine Verpflichtung, uns die personenbezogenen Daten, um die wir Sie bitten, zur Verfügung zu stellen. Allerdings könnten sich gemeinsame Geschäftsprozesse verzögern oder in manchen Fällen unmöglich sein, wenn Sie Ihre personenbezogenen Daten nicht bereitstellen. Sollte die Bereitstellung Ihrer Daten in manchen Fällen gesetzlich verpflichtend sein, werden wir Sie gesondert darauf hinweisen.

2. Verarbeitete Datenkategorien und Rechtsgrundlagen der Verarbeitung

Wir verarbeiten die im <u>Annex</u> aufgelisteten Kategorien Ihrer personenbezogenen Daten auf der Grundlage

> der Erfüllung eines mit Ihnen geschlossenen Vertrages oder der Durchführung vorvertraglicher Maßnahmen, soweit hierfür erforderlich (Art 6 Abs 1 lit b Datenschutz-Grundverordnung („**DSGVO**")), oder

> unseres überwiegenden berechtigten Interesses nach Art 6 Abs 1 lit f DSGVO, welches darin besteht, die unter Punkt 1 genannten Zwecke zu erreichen, oder

> der Notwendigkeit der Erfüllung von rechtlichen Pflichten, denen wir unterliegen (Art 6 Abs 1 lit c DSGVO).

3. Übermittlung Ihrer personenbezogenen Daten

Sofern dies zu den oben genannten Zwecken erforderlich ist, werden wir Ihre personenbezogenen Daten an folgende Kategorien von Empfängern übermitteln:

> von uns eingesetzte IT-Dienstleister;

> Rechtsvertreter;

> Banken zur Abwicklung des Zahlungsverkehrs;

> Wirtschaftstreuhänder für Zwecke des Auditings;

> Gerichte;

> Zuständige Verwaltungsbehörden, insb Finanzbehörden;

> Inkassounternehmen zur Schuldeneintreibung (ins Ausland daher nur, soweit die Schuld im Ausland eingetrieben werden muss);

> Fremdfinanzierer, wie Leasing- oder Factoring-Unternehmen und Zessionare, sofern die Lieferung oder Leistung auf diese Weise fremdfinanziert ist;

> Vertrags- oder Geschäftspartner, die an der Lieferung oder Leistung mitwirken bzw mitwirken sollen;

> Versicherungen aus Anlass des Abschlusses eines Versicherungsvertrages über die Lieferung/Leistung oder des Eintritts des Versicherungsfalles;

214

> Bundesanstalt „Statistik Österreich" für die Erstellung der gesetzlich vorgeschriebenen (amtlichen) Statistiken;

> Kunden; und

> Gesellschaften, die unserem Konzern angehören.

[Wenn zutreffend:] Manche der oben genannten Empfänger befinden sich außerhalb Ihres Landes oder verarbeiten dort Ihre personenbezogenen Daten. Das Datenschutzniveau in anderen Ländern entspricht unter Umständen nicht dem Ihres Landes. Wir übermitteln Ihre personenbezogenen Daten jedoch nur in Länder, für welche die EU-Kommission entschieden hat, dass sie über ein angemessenes Datenschutzniveau verfügen oder wir setzen Maßnahmen, um zu gewährleisten, dass alle Empfänger ein angemessenes Datenschutzniveau haben. Dazu schließen wir beispielsweise Standardvertragsklauseln (2010/87/EC und/oder 2004/915/EC) ab. Diese sind auf Anfrage verfügbar (siehe die Kontaktdaten unter Punkt 6).

4. Speicherdauer

Ihre personenbezogenen Daten werden von uns gespeichert (i) bis zur Beendigung unserer Geschäftsbeziehung mit Ihnen oder darüber hinaus (ii) solange gesetzliche Speicherpflichten bestehen oder (iii) solange etwaige rechtliche Ansprüche, zu deren Geltendmachung die personenbezogenen Daten benötigt werden, noch nicht verjährt sind.

5. Ihre Rechte im Zusammenhang mit personenbezogenen Daten

Nach geltendem Recht sind Sie dazu berechtigt (wenn die jeweiligen Voraussetzungen des anwendbaren Rechts erfüllt sind),

> Bestätigung darüber zu verlangen, ob und welche Ihrer personenbezogenen Daten wir verarbeiten und Kopien dieser Daten zu erhalten,

> die Berichtigung oder Löschung Ihrer personenbezogenen Daten zu verlangen,

> von uns zu verlangen, die Verarbeitung Ihrer personenbezogenen Daten einzuschränken,

> der Verarbeitung Ihrer personenbezogenen Daten zu widersprechen,

> Datenübertragbarkeit zu verlangen und

> bei der Datenschutzbehörde Beschwerde zu erheben.

6. Unsere Kontaktdaten

Sollten Sie zu der Verarbeitung Ihrer personenbezogenen Daten Fragen oder Anliegen haben, wenden Sie sich bitte an uns:

[Firmenwortlaut des Verantwortlichen]
[Anschrift des Verantwortlichen]
[E-Mail-Adresse des Verantwortlichen]

[Wenn ein Datenschutzbeauftragter bestellt wurde:] Alternativ können Sie sich auch gerne an unseren Datenschutzbeauftragten wenden:

[Anschrift des Datenschutzbeauftragten]
[E-Mail-Adresse des Datenschutzbeauftragten]

Zuletzt aktualisiert am *[Datum]*.

Annex

Personenbezogene Daten von Lieferanten und Dienstleistern

> Namen

> Titel

> Geschlecht

> Geburtsdatum

> Kontaktdaten (Anschrift, E-Mail-Adresse, Telefonnummer)

> Firmenbuchdaten

> Sperrkennzeichen (zB Kontaktsperre, Rechnungssperre, Liefersperre, Buchungssperre, Zahlungssperre)

> Kenn-Nummern für Zwecke amtlicher Statistik wie UID-Nummer und Intrastat-Kenn-Nummer

> Zugehörigkeit zu einem bestimmten Einkaufsverband oder Konzern

> Gegenstand der Lieferung oder Leistung

> Bonus-, Provisionsdaten udgl

> Kontaktperson zur Abwicklung der Lieferung oder Leistung

> Bei der Leistungserbringung mitwirkende Dritte einschließlich Angaben über die Art der Mitwirkung

> Liefer- und Leistungsbedingungen (einschließlich Angaben über den Ort der Lieferung oder Leistung, Verpackung, usw)

> Daten zur Verzollung (zB Ursprungsland, Zolltarifnummer) und Exportkontrolle

> Daten zur Versicherung der Lieferung oder Leistung und zu ihrer Finanzierung

> Daten zur Steuerpflicht und Steuerberechnung

> Finanzierungs- und Zahlungsbedingungen

> Bankverbindung, Kreditkartendaten

> Daten zum Kreditmanagement (zB Kreditlimit, Wechsellimit)

> Daten zum Zahlungs- oder Leistungsverhalten des Betroffenen

> Mahndaten/Klagsdaten

> Konto- und Belegdaten

> Leistungsspezifische Aufwände und Erträge

Personenbezogene Daten von Mitarbeitern bei Lieferanten und Dienstleistern

> Namen

> Titel

> Geschlecht

> Zugehöriger Kunde, Lieferant oder Dritter

> Zusätzliche Daten zur Adressierung beim Kunden, Lieferanten oder Dritten

> Korrespondenzsprachen, sonstige Vereinbarungen und Schlüssel zum Datenaustausch

> Funktion des Betroffenen beim Leistungsempfänger oder Leistungserbringer

> Umfang der Vertretungsbefugnis

> Vom Betroffenen bearbeitete Geschäftsfälle

N. Datenschutzerklärung für Lieferanten (englische Version)

Supplier Privacy Notice

This notice provides you with information on how *[company name of the controller]*, *[street address of the controller]* ("**we**") will process your personal data as

a. one of our suppliers or service providers or

b. an employee at one of our suppliers or service providers.

1. Purposes for which we process your data

We will process your personal data set out in the <u>Annex</u> below for the following purposes:

> to manage our logistics;

> to provide work materials and infrastructure for efficient internal work processes;

> to communicate with our suppliers and service providers;

> to make use of our suppliers' and service providers' products and services; and

> to manage the contracts with our suppliers and service providers.

We collect your personal data either

a. directly from you, when you provide us with your personal data (e.g., by sending us an email or through other modern communication) or

b. in the course of handling our business relationships.

You are under no obligation to provide us with the data we ask you for. However, if you do not provide us with your personal data different business processes might be delayed or even impossible. Should the provision of your personal data be mandatory by law, we will inform you separately thereof.

2. Legal bases of the processing

We process your personal data listed in the <u>Annex</u> on the basis of

> the performance of the contract we have concluded with you or the necessity to take steps at your request prior to entering into such an agreement, insofar as it is necessary (Article 6(1)(b) General Data Protection Regulation ("**GDPR**"))

> our overriding legitimate interest according to Article 6(1)(f) GDPR to achieve the purposes set out above, or

> the necessity to comply with legal obligations to which we are subject (Article 6(1)(c) GDPR).

3. Transfer of your personal data

To achieve the purposes set out above, we will transfer your personal data to the following categories of recipients:

> IT service providers that we use;

> legal representatives;

> banks for management of payment transactions;

> auditors for the performance of audits;

> courts;

> competent administrative authorities, especially fiscal authorities;

> collection agencies for debt collection (only in so far as debts are collected abroad);

> external financers, e.g., leasing or factoring companies, cessionaries etc., as far as the delivery or service is financed in such manner;

> contract partners or business partners who are or should be participating in the performance of the delivery or service;

> insurances in the context of the conclusion of an insurance contract concerning the delivery/service or occurrence of the insured event;

> federal institution "Statistic Austria" for the creation of statutory official statistics;

> clients; and

> companies of our corporate group.

[If applicable:] Some of the recipients referred to above are located in or process personal data outside of your country. The level of data protection in another country may not be equivalent to that in your country. However, we only transfer your personal data to countries where the EU Commission has decided that they have an adequate level of data protection or we take measures to ensure that all recipients provide an adequate level of data protection. We do this, e.g., by entering into appropriate data transfer agreements based on Standard Contractual Clauses (2010/87/EC and/or

2004/915/EC). These are accessible upon request (see the contact details in point 6).

4. Retention period

We will retain your personal data for as long as (i) we are in a business relationship with you and thereafter (ii) as long as required undert statutory retention obligations or (iii) as long as potential legal claims, where personal data is needed to raise or defend against the claim, are not yet time-barred.

5. Your rights regarding your personal data

Under applicable law the right to (under the conditions set out in applicable law):

> obtain confirmation as to whether and what kind of personal data we store about you and to request copies of such data,

> request rectification or erasure of your personal data,

> request us to restrict the processing of your personal data,

> object to the processing of your personal data,

> request data portability, and

> lodge a complaint with the competent supervisory authority.

6. Our contact details

Please address your requests or questions concerning the processing of your personal data to:

[company name of the controller]
[street address of the controller]
[email address of the controller]

[If a data protection officer has been appointed:] Alternatively, you may also contact our data protection officer:

[address of the data protection officer]
[email address of the data protection officer]

Last updated on *[date]*.

Annex

Personal data of suppliers or service providers

> names

> titles

> gender

> date of birth

> contact data (address, email address, phone numbers)

> company register data

> block indicators (e.g., contact block, invoice block, delivery block, posting block, payment block)

> identification numbers for official statistics purposes such as VAT number and Intrastat identification number

> affiliation to a specific purchasing group or corporate group

> object of the delivery or service

> data on bonuses, commissions, etc.

> contact person for processing the delivery or service

> third parties involved in the provision of the service, including information on the nature of the involvement

> delivery and service conditions (including information on the place of delivery or service, packaging, etc.)

> data on customs clearance (e.g., country of origin, customs tariff number) and export control

> data on the insurance of the supply or service and its financing

> data on tax liability and tax calculation

> financing and payment conditions

> bank details, credit card details

> credit management data (e.g., credit limit, bill of exchange limit)

> data on the payment or performance behavior of the person concerned

> data regarding dunning/actions

> account and document data

> performance-specific expenses and revenues

Personal data of employees at one of our suppliers or service providers

> names

> titles

> gender

> related customer, supplier or third party

> additional address data regarding customers, suppliers or third parties

> correspondence languages, other agreements and keys for data exchange

> function of the person concerned in the service recipient or service provider

> extent of power of representation

> business cases handled by the data subject

O. Datenschutzerklärung iZm internen Untersuchungen (deutsche Version)

Datenschutzerklärung zur internen Untersuchung

Diese Datenschutzerklärung beschreibt, wie *[Firmenwortlaut des Verantwortlichen]*, *[Anschrift des Verantwortlichen]* („**wir**") Ihre personenbezogenen Daten als

a. einer unserer Mitarbeiter, Entscheidungsträger, Gesellschafter, Lieferanten oder Kunden;

b. Mitarbeiter oder Entscheidungsträger eines unserer Lieferanten;

c. Mitarbeiter oder Entscheidungsträger eines unserer Kunden; oder

d. eines Dritten, der in den jeweiligen internen Audits oder die jeweilige interne Untersuchung involviert ist (zB Zeugen)

verarbeitet/verarbeiten.

Wir handeln als gemeinsam für die Verarbeitung Verantwortliche nach einem zwischen uns abgeschlossenen Joint Controller Agreement. Dieses Joint Controller Agreement sieht *[Firmenwortlaut des primären Verantwortlichen]*, *[Anschrift des primären Verantwortlichen]* als den primären Verantwortlichen vor, der intern verantwortlich zeichnet für die Einhaltung von Informationspflichten, Betroffenenrechten und allgemeinen Datensicherheitsvorschriften.

1. Zwecke der Datenverarbeitung

Wir werden Ihre im <u>Annex</u> genannten personenbezogenen Daten zu folgenden Zwecken verarbeiten:

> Durchführung von Audits, um eine Kultur der Transparenz und Compliance in unserem Unternehmen zu fördern, um alle relevanten Umstände zur Abstellung im Falle von ad hoc Audits und Untersuchungen zu erkennen; sowie

> Geltendmachung, Ausübung oder Verteidigung von Rechtsansprüchen im Zusammenhang mit dem Ergebnis der durchgeführten Audits und Untersuchungen.

Ihre personenbezogenen Daten

a. werden uns entweder direkt von Ihnen zu Verfügung gestellt, oder

b. im Zuge des jeweiligen Audits bzw der jeweiligen Untersuchung erhoben.

Soweit wir Sie als Mitarbeiter anweisen, uns personenbezogene Daten bereitzustellen, sind Sie hierzu grundsätzlich verpflichtet, wobei eine Verletzung dieser Pflicht arbeitsrechtliche Konsequenzen haben kann.

2. Verarbeitete Datenkategorien und Rechtsgrundlagen der Verarbeitung

Wir verarbeiten die im Annex aufgelisteten Kategorien Ihrer personenbezogenen Daten auf der Grundlage unseres überwiegenden berechtigten Interesses nach Art 6 Abs 1 lit f Datenschutz-Grundverordnung („DSGVO"), welches darin besteht, die oben genannten Zwecke zu erreichen, einschließlich der Förderung einer Kultur der Transparenz und Compliance in unserem Unternehmen und jedem Unternehmen, das an dem Audit oder der Untersuchung beteiligt ist.

Sofern es sich dabei um sensible Daten handelt, verarbeiten wir diese, soweit dies zur Geltendmachung, Ausübung oder Verteidigung von Rechtsansprüchen erforderlich ist (Art 9 Abs 2 lit f DSGVO).

3. Übermittlung Ihrer personenbezogenen Daten

Sofern dies zu den oben genannten Zwecken erforderlich ist, werden wir Ihre personenbezogenen Daten (i) zwischen uns und (ii) an folgende Kategorien von Empfängern übermitteln:

> Dienstleister, die wir im Rahmen des Audits oder der Untersuchung in Anspruch nehmen (zB IT-Dienstleister, Anwaltskanzleien oder Wirtschaftsprüfer);

> Verwaltungsbehörden und Gerichte;

> jedes Unternehmen, das an dem Audit oder der Untersuchung beteiligt ist (hinsichtlich der Ergebnisse des Audits oder der Untersuchung ausschließlich auf „Need-to-know-Basis").

[Wenn zutreffend:] Manche der oben genannten Empfänger befinden sich außerhalb Ihres Landes oder verarbeiten dort Ihre personenbezogenen Daten. Das Datenschutzniveau in anderen Ländern entspricht unter Umständen nicht dem Ihres Landes. Wir übermitteln Ihre personenbezogenen Daten jedoch nur in Länder, für welche die EU-Kommission entschieden hat, dass sie über ein angemessenes Datenschutzniveau verfügen oder wir setzen Maßnahmen, um zu gewährleisten, dass alle Empfänger ein angemessenes Datenschutzniveau haben. Dazu schließen wir beispielsweise Standardvertragsklauseln (2010/87/EC und/oder 2004/915/EC) ab. Diese sind auf Anfrage verfügbar (siehe die Kontaktdaten unter Punkt 6).

4. Speicherdauer

Ihre personenbezogenen Daten werden von uns solange gespeichert, wie der jeweilige Audit oder die jeweilige Untersuchung von uns durchgeführt wird und wir interne Maßnahmen im Zusammenhang mit dem Ergebnis des Audits bzw der Untersuchung implementieren.

Im Anschluss daran werden wir Ihre personenbezogenen Daten speichern solange (i) gesetzliche Speicherpflichten bestehen oder (ii) etwaige rechtliche Ansprüche noch nicht verjährt sind, zu deren Geltendmachung oder deren Abwehr die personenbezogenen Daten benötigt werden.

5. Ihre Rechte im Zusammenhang mit personenbezogenen Daten

Nach geltendem Recht sind Sie dazu berechtigt (wenn die jeweiligen Voraussetzungen des anwendbaren Rechts erfüllt sind),

> Bestätigung darüber zu verlangen, ob und welche Ihrer personenbezogenen Daten wir verarbeiten und Kopien dieser Daten zu erhalten,

> die Berichtigung oder Löschung Ihrer personenbezogenen Daten zu verlangen,

> von uns zu verlangen, die Verarbeitung Ihrer personenbezogenen Daten einzuschränken,

> der Verarbeitung Ihrer personenbezogenen Daten zu widersprechen, und

> bei der Datenschutzbehörde Beschwerde zu erheben.

6. Unsere Kontaktdaten

Sollten Sie zu der Verarbeitung Ihrer personenbezogenen Daten Fragen oder Anliegen haben, wenden Sie sich bitte an uns:

[Firmenwortlaut des Verantwortlichen]
[Anschrift des Verantwortlichen]
[E-Mail-Adresse des Verantwortlichen]

[Wenn ein Datenschutzbeauftragter bestellt wurde:] Alternativ können Sie sich auch gerne an unseren Datenschutzbeauftragten wenden:

[Anschrift des Datenschutzbeauftragten]
[E-Mail-Adresse des Datenschutzbeauftragten]

Zuletzt aktualisiert am *[Datum]*.

Annex

> E-Mails sowie sonstige Korrespondenz und Telefonaufzeichnungen

> Notizen aus Interviews

> Namen

> Titel

> Geschlecht

> Geburtsdatum

> Kontaktdaten (Anschrift, E-Mail-Adresse, Telefonnummer)

> Beziehung zu den in <u>Anhang 1</u> aufgeführten Unternehmen

> Arbeitsplatz und Berufsbeschreibung

> Umfang der Vertretungsmacht

> Von Ihnen bearbeitete Geschäftsfälle

> Bankverbindung

> Ausstehende Einlagen

> Ansprüche zu uns oder Dritten und unterstützende Informationen dazu

> Gehalt

> Gewinn- und Verlustanteile (der Gesellschafter)

> Beschreibung eines bestimmten Vorfalls von (angeblichem) Fehlverhalten

> Ihre Beziehung zu dem angeblichen Fehlverhalten

> Sonstige Daten, die für die Durchführung einer Prüfung nach den International Standards on Auditing (ISA) des International Auditing and Assurance Standards Board der International Federation of Accountants erforderlich sind

P. Datenschutzerklärung iZm internen Untersuchungen (englische Version)

Privacy Notice on internal investigation

This notice provides you with information on how *[company name of the controller]*, *[street address of the controller]* ("**we**") will process your personal data as

a. one of our employees, decision makers, shareholders, suppliers or customers;

b. an employee or decision maker at one of our suppliers;

c. an employee or decision maker at one of our customers; or

d. a third party involved in the respective audit or investigation (e.g., witnesses).

We act as joint controllers pursuant to a joint controller agreement concluded between us. This joint controller agreement provides that *[company name of the primary controller]*, *[street address of the primary controller]* will act as the primary controller and will be internally responsible for compliance with information obligations, the fulfillment of data subject rights, and general data security obligations.

1. Purposes for which we process your data

We will process your personal data set out in <u>Annex</u> for the following purposes:

> conducting audits in order to generally promote a culture of transparency and compliance throughout our company, reveal all of the relevant facts to stop the conduct in the case of ad hoc audits and investigations and to prevent (further) violations and

> establishing, exercising or defending legal claims related to the outcome of conducted audits and investigations.

We collect your personal data either

a. directly from you or

b. in the course of conducting a specific audit or investigation.

If we instruct you as an employee to provide us with personal data, you are generally obliged to do so, whereby a breach of this obligation may have consequences under labor law.

2. Processed data categories and legal bases of the processing

We process the personal data listed in the <u>Annex</u> on the basis of our overriding legitimate interest according to Article 6(1)(f) General Data Protection Regulation ("**GDPR**"), to achieve the purposes set out above, including to promote a culture of transparency and compliance throughout our company as well as any entity that is involved in the audit or investigation.

Insofar as sensitive data is concerned, processing takes place as far as necessary for the establishment, exercise or defense of legal claims (Article 9(2) (f) GDPR).

3. Transfer of your personal data

To achieve the purposes set out above, we will transfer your personal data (i) between us and (ii) to the following categories of recipients:

> service providers that we use in the course of the audit or investigation (e.g., IT service providers, law firms, or certified public accountants);

> public authorities and courts;

> any entity that is involved in the audit or investigation (as regards findings of the audit or investigation strictly on a need-to-know basis).

[If applicable:] Some of the recipients referred to above are located in or process personal data outside of your country. The level of data protection in another country may not be equivalent to that in your country. However, we only transfer your personal data to countries where the EU Commission has decided that they have an adequate level of data protection or we take measures to ensure that all recipients provide an adequate level of data protection. We do this, e.g., by entering into appropriate data transfer agreements based on Standard Contractual Clauses (2010/87/EC and/or 2004/915/EC). These are accessible upon request (see the contact details in point 6).

4. Retention period

We will retain your personal data as long as we are conducting the respective audit or investigation and are evaluating and implementing internal measures with regard to the outcome of the audit or investigation.

Thereafter we will retain your personal data for as long as (i) required under statutory retention obligations or (ii) potential legal claims, where personal data is needed to raise or defend against the claim, are not yet time-barred.

5. Your rights regarding your personal data

Under applicable law, you have the right to (under the conditions set out in applicable law):

> obtain confirmation as to whether and what kind of personal data we store about you and to request copies of such data,

> request rectification or erasure of your personal data,

> request us to restrict the processing of your personal data,

> object to the processing of your personal data, and

> lodge a complaint with the competent supervisory authority.

6. Our contact details

Please address your requests or questions concerning the processing of your personal data to:

[company name of the controller]
[street address of the controller]
[email address of the controller]

[If a data protection officer has been appointed:] Alternatively, you may also contact our data protection officer:

[address of the data protection officer]
[email address of the data protection officer]

Last updated on *[date]*.

Annex

> emails and other correspondence and phone records

> notes from interviews

> names

> titles

> gender

> birth date

> contact data (address, email address, phone numbers)

> relationship to our company or third persons

> workplace and description of occupation

> extent of power of representation

> business cases handled by you

> bank details

> outstanding deposits

> claims by any entity listed in Annex 1 and supporting information

> salary

> shares of profits and losses (of shareholders)

> description of a specific incident of (alleged) misconduct

> your relation to the alleged misconduct

> other data necessary to conduct an audit according to the International Standards on Auditing (ISA) of the International Auditing and Assurance Standards Board of the International Federation of Accountants

Q. Datenschutzerklärung iZm Events (deutsche Version)

Datenschutzerklärung

Diese Datenschutzerklärung beschreibt, wie *[Firmenwortlaut des Verantwortlichen]*, *[Anschrift des Verantwortlichen]* („**wir**") Ihren Namen und Ihre Kontaktdaten sowie Bild- und Tonaufnahmen („Daten") verarbeitet/verarbeiten, die wir im Rahmen der folgenden Veranstaltung von Ihnen herstellen:

[Eventname], *[Zeitraum, in dem das Event stattfindet]*, *[Ort, an dem das Event stattfindet]* („**Event**")

1. Zwecke der Datenverarbeitung

Wir werden die Daten zu folgenden Zwecken verarbeiten:

> Herstellung von Berichten über das Event,

> Information über das Event in unserem Intranet und im Internet, inklusive Zurverfügungstellung einer Galerie, und

> Durchführung von Direktmarketing und Werbung über elektronische und nicht-elektronische Wege.

Es besteht keine Verpflichtung, uns die Daten, um die wir Sie bitten, zur Verfügung zu stellen. Allerdings kann eine Teilnahme am Event unmöglich sein, wenn Sie Ihre Daten nicht bereitstellen. Sollte die Bereitstellung Ihrer Daten in manchen Fällen gesetzlich verpflichtend sein, werden wir Sie gesondert darauf hinweisen.

2. Verarbeitete Datenkategorien und Rechtsgrundlage der Verarbeitung

Wir verarbeiten die Daten auf der Grundlage unseres überwiegenden berechtigten Interesses nach Art 6 Abs 1 lit f Datenschutz-Grundverordnung („**DSGVO**"), welches darin besteht, die im Punkt 1 genannten Zwecke zu erreichen.

3. Übermittlung Ihrer personenbezogenen Daten

Sofern dies zu den oben genannten Zwecken erforderlich ist, werden wir Ihre personenbezogenen Daten an folgende Kategorien von Empfängern übermitteln:

> von uns eingesetzte IT-Dienstleister;

> soziale Netzwerke und Videoplattformen;

> Gesellschaften, die unserem Konzern angehören; und

> unsere Vertriebspartner, damit sie Ihnen Produkte anbieten können, die Ihren Geschäftsanforderungen entsprechen.

[Wenn zutreffend:] Manche der oben genannten Empfänger befinden sich außerhalb Ihres Landes oder verarbeiten dort Ihre personenbezogenen Daten. Das Datenschutzniveau in anderen Ländern entspricht unter Umständen nicht dem Ihres Landes. Wir übermitteln Ihre personenbezogenen Daten jedoch nur in Länder, für welche die EU-Kommission entschieden hat, dass sie über ein angemessenes Datenschutzniveau verfügen oder wir setzen Maßnahmen, um zu gewährleisten, dass alle Empfänger ein angemessenes Datenschutzniveau haben. Dazu schließen wir beispielsweise Standardvertragsklauseln (2010/87/EC und/oder 2004/915/EC) ab. Diese sind auf Anfrage verfügbar (siehe die Kontaktdaten unter Punkt 6).

4. Speicherdauer

Ihre personenbezogenen Daten werden von uns gespeichert solange (i) gesetzliche Aufbewahrungspflichten bestehen oder (ii) etwaige rechtliche Ansprüche noch nicht verjährt sind, zu deren Geltendmachung die personenbezogenen Daten benötigt werden.

5. Ihre Rechte im Zusammenhang mit personenbezogenen Daten

Nach geltendem Recht sind Sie dazu berechtigt (wenn die jeweiligen Voraussetzungen des anwendbaren Rechts erfüllt sind),

> Bestätigung darüber zu verlangen, ob und welche Ihrer personenbezogenen Daten wir verarbeiten und Kopien dieser Daten zu erhalten,

> die Berichtigung oder Löschung Ihrer personenbezogenen Daten zu verlangen,

> von uns zu verlangen, die Verarbeitung Ihrer personenbezogenen Daten einzuschränken,

> der Verarbeitung Ihrer personenbezogenen Daten zu widersprechen, und

> bei der Datenschutzbehörde Beschwerde zu erheben.

6. Unsere Kontaktdaten

Sollten Sie zu der Verarbeitung Ihrer personenbezogenen Daten Fragen oder Anliegen haben, wenden Sie sich bitte an uns:

[Firmenwortlaut des Verantwortlichen]
[Anschrift des Verantwortlichen]
[E-Mail-Adresse des Verantwortlichen]

[Wenn ein Datenschutzbeauftragter bestellt wurde:] Alternativ können Sie sich auch gerne an unseren Datenschutzbeauftragten wenden:

[Anschrift des Datenschutzbeauftragten]
[E-Mail-Adresse des Datenschutzbeauftragten]

R. Datenschutzerklärung iZm Events (englische Version)

Privacy Notice

This notice provides you with information on how *[company name of the controller]*, *[street address of the controller]* ("**we**") will process your name and contact data as well as image and sound recordings ("**data**") which we will produce in the course of the following event:

[name of the event], *[time period of the event]*, *[place of the event]* ("**Event**")

1. Purposes for which we process your data

We will process the data for the following purposes:

> preparation of reports on the Event,

> providing informing about the Event on our intranet and the internet, including the making available of a gallery, and

> performing direct marketing and advertising via electronic and non-electronic means.

You are under no obligation to provide us with the data we ask you for. However, if you do not provide your data, you may not be able to participate in the Event. Should the provision of your personal data be mandatory by law, we will inform you separately thereof.

2. Processed data categories and legal basis of the processing

We process the categories of your personal data as set out in the Annex on the basis of our overriding legitimate interest (according to Article 6(1)(f) General Data Protection Regulation ("**GDPR**")), which lies in achieving the purposes as set out above.

3. Transfer of your personal data

To achieve the purposes set out above, we will transfer some of your personal data to the following categories of recipients:

> IT service providers that we use;

> social networks and video platforms;

> companies of our corporate group;

> our distributors for the purpose of enabling them to provide you with product offerings that meet your business needs.

235

[If applicable:] Some of the recipients referred to above are located in or process personal data outside of your country. The level of data protection in another country may not be equivalent to that in your country. However, we only transfer your personal data to countries where the EU Commission has decided that they have an adequate level of data protection or we take measures to ensure that all recipients provide an adequate level of data protection. We do this, e.g., by entering into appropriate data transfer agreements based on Standard Contractual Clauses (2010/87/EC and/or 2004/915/EC). These are accessible upon request (see the contact details in point 6).

4. Retention period

We will retain your personal data for as long as (i) required under statutory retention obligations or (ii) potential legal claims, where personal data is needed to raise or defend against the claim, are not yet time-barred.

5. Your rights regarding your personal data

Under applicable law, you have the right to (under the conditions set out in applicable law):

> obtain confirmation as to whether and what kind of personal data we store about you and to request copies of such data,

> request rectification or erasure of your personal data,

> request us to restrict the processing of your personal data,

> object to the processing of your personal data,

> request data portability, and

> lodge a complaint with the competent supervisory authority.

6. Our contact details

Please address your requests or questions concerning the processing of your personal data to:

[company name of the controller]
[street address of the controller]
[email address of the controller]

[If a data protection officer has been appointed:] Alternatively, you may also contact our data protection officer:

[address of the data protection officer]
[email address of the data protection officer]

S. Datenschutzerklärung eines Vereins (deutsche Version)

Datenschutzerklärung des *[Bezeichnung des Vereins]*

Diese Datenschutzerklärung beschreibt wie *[Bezeichnung des Vereins]*, *[Anschrift des Vereins]* („**wir**") personenbezogene Daten von

a. bestehenden, ehemaligen und potenziellen Mitgliedern und Funktionären,

b. Interessenten (einschließlich Nutzern unserer Website) und

c. Dienstleistern

verarbeitet/verarbeiten.

1. Zwecke der Datenverarbeitung

Wir werden Ihre personenbezogenen Daten zu folgenden Zwecken verarbeiten:

> Erfüllung des Vereinszwecks gemäß unserer Vereinsstatuten, insbesondere bei der Ausübung der Vereinstätigkeiten;

> Abwicklung von Bestellungen und Aufträgen;

> Organisation von Veranstaltungen und Events;

> Zurverfügungstellung unserer Website einschließlich aller damit verbundenen Dienstleistungen;

> Weitere Verbesserung und Entwicklung unserer Website;

> Erstellung von Nutzungsstatistiken unserer Website;

> Erkennen, Verhindern und Untersuchen von Angriffen auf unsere Website;

> Zusendung von Informationen (zB Newsletter).

2. Verarbeitete Datenkategorien

Es besteht keine Verpflichtung, uns die personenbezogenen Daten, um die wir Sie bitten, zur Verfügung zu stellen. Wenn Sie dies jedoch nicht tun, wird es Ihnen nicht möglich sein,

a. eine Mitgliedschaft bei uns abzuschließen oder eine Funktionärstätigkeit bei uns auszuüben;

b. alle Funktionen der Website zu nutzen (insbesondere können wir Ihre Anfragen nicht bearbeiten).

Darüber hinaus können sich gemeinsame Geschäftsprozesse verzögern oder in manchen Fällen unmöglich sein, wenn Sie Ihre personenbezogenen Daten nicht bereitstellen.

Sollte die Bereitstellung Ihrer personenbezogenen Daten gesetzlich verpflichtend sein, werden wir Sie gesondert darauf hinweisen.

Mitglieder und Funktionäre:

Wir verarbeiten folgende Kategorien Ihrer personenbezogenen Daten:

> Stammdaten (zB Name, Adresse, Kontaktdaten);

> Daten im Zusammenhang mit der Mitgliedschaft (zB Eintrittsdatum, Beiträge, Aktivitäten im Verein) und

> Daten im Zusammenhang mit einer allfälligen Funktionärstätigkeit (zB Funktionsbeschreibung, Aktivität in dieser Funktion, Beginn und Ende der Tätigkeit).

Websitebenutzer:

Im Zuge Ihres Besuches unserer Website werden folgende Kategorien Ihrer personenbezogenen Daten erhoben:

> das Datum und die Uhrzeit des Aufrufs einer Seite auf unserer Website;

> Ihre IP-Adresse;

> Name und Version Ihres Web-Browsers;

> die Webseite (URL), die Sie vor dem Aufruf unserer Website besucht haben;

> bestimmte Cookies (siehe Punkt 6 unten);

> von Ihnen verwendete Nutzerkennung und Passwort; und

> jene Informationen, die Sie selbst, etwa durch Eingabe in Formularen auf unserer Website, zur Verfügung stellen (zB Feedback zur Website).

Dienstleister:

Wir verarbeiten die im Annex aufgeführten Kategorien personenbezogener Daten.

3. Rechtsgrundlagen der Verarbeitung

Wir verarbeiten Ihre personenbezogenen Daten auf der Grundlage

> unseres überwiegenden berechtigten Interesses (Art 6 Abs 1 lit f DSGVO Datenschutz-Grundverordnung („**DSGVO**")), welches darin besteht,

Ihre Mitgliedschaft zu verwalten, unsere Dienstleistungen auf effiziente Art und Weise zur Verfügung zu stellen; oder

> der Erfüllung eines mit Ihnen geschlossenen Vertrages oder der Durchführung vorvertraglicher Maßnahmen, soweit hierfür erforderlich und soweit ein Mitgliedschaftsverhältnis auf Grundlage unserer Vereinsstatuten besteht bzw Sie ein Interessent sind oder eine sonstige Geschäftsbeziehung besteht (Art 6 Abs 1 lit b DSGVO); oder

> der Notwendigkeit der Erfüllung von rechtlichen Pflichten, denen wir unterliegen (Art 6 Abs 1 lit c DSGVO).

4. Übermittlung Ihrer personenbezogenen Daten

Sofern dies zu den oben genannten Zwecken erforderlich ist, werden wir Ihre personenbezogenen Daten an folgende Kategorien von Empfängern übermitteln:

> Verwaltungsbehörden, Gerichte und Körperschaften des öffentlichen Rechtes,

> Veranstalter von Vorträgen zu Themen, die für Mitglieder des Vereins potenziell von Interesse sind (zB Universitäten oder private Veranstaltungsanbieter),

> von uns eingesetzte IT-Dienstleister sowie sonstige Dienstleister,

> Wirtschaftstreuhänder für Zwecke der Buchführung und Bilanzierung bzw Abschluss-/Rechnungsprüfung,

> Mitglieder, soweit es sich um Daten der Gesellschafter, Organe und sonstigen Mitarbeiter des jeweiligen Mitglieds handelt, und

> Kooperationspartner.

[Wenn zutreffend:] Manche der oben genannten Empfänger befinden sich außerhalb Ihres Landes oder verarbeiten dort Ihre personenbezogenen Daten. Das Datenschutzniveau in anderen Ländern entspricht unter Umständen nicht dem Ihres Landes. Wir übermitteln Ihre personenbezogenen Daten jedoch nur in Länder, für welche die EU-Kommission entschieden hat, dass sie über ein angemessenes Datenschutzniveau verfügen oder wir setzen Maßnahmen, um zu gewährleisten, dass alle Empfänger ein angemessenes Datenschutzniveau haben. Dazu schließen wir beispielsweise Standardvertragsklauseln (2010/87/EC und/oder 2004/915/EC) ab. Diese sind auf Anfrage verfügbar (siehe die Kontaktdaten unter Punkt 8).

5. Dauer der Speicherung

Wir speichern Ihre personenbezogenen Daten

a. bis zur Beendigung der Mitgliedschaft oder unserer Geschäftsbeziehung, im Rahmen derer wir ihre Daten erhoben haben, oder

b. im Rahmen der automatisch von der Website des Vereins gesammelten Daten für eine Dauer von drei Monaten oder

c. solange es erforderlich ist, Angriffe auf unsere Website zu untersuchen oder

d. gesetzliche Aufbewahrungspflichten bestehen oder etwaige rechtliche Ansprüche noch nicht verjährt sind, zu deren Geltendmachung oder deren Verteidigung die personenbezogenen Daten benötigt werden.

6. Cookies

Zur Verbesserung des Betriebs unserer Websites greifen wir auf „Cookies" zurück. Cookies sind kleine Textdateien, die auf Ihrem Computer gespeichert werden können, wenn Sie eine Website besuchen. Grundsätzlich werden Cookies verwendet, um Nutzern zusätzliche Funktionen auf einer Website zu bieten. Cookies können auf keine anderen Daten auf Ihrem Computer zugreifen, diese lesen oder verändern.

Wir verwenden Cookies, die

> wieder gelöscht werden, wenn Sie Ihren Browser schließen (Session-Cookies),

> auch nach dem Schließen Ihres Browsers auf Ihrem Endgerät gespeichert bleiben (permanente Cookies),

> von uns (First Party-Cookies) oder von Drittanbietern (Third Party-Cookies) stammen.

Über unsere Cookies verarbeiten wir Daten auf den folgenden rechtlichen Grundlagen und für die folgenden Zwecke:

> Cookies, die unbedingt erforderlich dafür sind, dass unsere Websites funktionieren, setzen wir auf gesetzlicher Grundlage ein.

> Alle weiteren Cookies setzen wir auf Basis Ihrer Einwilligung ein.

Um Ihre Einwilligung zu widerrufen oder auf gewisse Cookies einzuschränken, haben Sie insbesondere folgende Möglichkeiten:

> Verwenden Sie die Einstellungen Ihres Browsers. Details dazu finden Sie in der Hilfe-Funktion Ihres Browsers (zumeist aufrufbar über die F1-Taste Ihrer Tastatur).

> Sie können unter http://www.youronlinechoices.com/uk/your-ad-choices analysieren lassen, welche Cookies bei Ihnen verwendet werden und diese einzeln oder gesamt deaktivieren lassen. Es handelt sich dabei um ein Angebot der European Interactive Digital Advertising Alliance.

Der Widerruf Ihrer Einwilligung hat keinen Einfluss auf die Rechtmäßigkeit der Verarbeitung, die vor ihrem Widerruf aufgrund Ihrer Einwilligung erfolgt ist.

Bitte beachten Sie, dass die Funktionsfähigkeit unserer Websites eingeschränkt sein kann, wenn Sie Ihre Einwilligung widerrufen oder einschränken.

Die von uns verwendeten Cookies im Detail:

Bezeichnung	Anbieter	Zweck	Speicherdauer
[Name des Cookies]	*[eigener Verein/ fremder Anbieter]*	*[zB Identifikation des Nutzers]*	*[zB Dauer der Sitzung, ein Jahr]*

[Alternativ, insbesondere bei Einsatz vieler Cookies:] Zur Verbesserung des Betriebs unserer Websites greifen wir auf „Cookies" zurück. Cookies sind kleine Textdateien, die auf Ihrem Computer gespeichert werden können, wenn Sie eine Website besuchen. Grundsätzlich werden Cookies verwendet, um Nutzern zusätzliche Funktionen auf einer Website zu bieten. Cookies können auf keine anderen Daten auf Ihrem Computer zugreifen, diese lesen oder verändern. Weitere Informationen zu den von uns verwendeten Cookies finden Sie in unserer Cookie Policy. *[Die Worte „Cookie Policy" sollten einen Link zur aktuellen Cookie Policy enthalten.]*

7. Ihre Rechte im Zusammenhang mit personenbezogenen Daten

Nach geltendem Recht sind Sie dazu berechtigt (wenn die jeweiligen Voraussetzungen des anwendbaren Rechts erfüllt sind),

> Bestätigung darüber zu verlangen, ob und welche Ihrer personenbezogenen Daten wir verarbeiten und Kopien dieser Daten zu erhalten,

> die Berichtigung oder Löschung Ihrer personenbezogenen Daten zu verlangen,

> von uns zu verlangen, die Verarbeitung Ihrer personenbezogenen Daten einzuschränken,

> der Verarbeitung Ihrer personenbezogenen Daten zu widersprechen,

> die gegebenenfalls für die Verarbeitung zuvor erteilte Einwilligung zu widerrufen (der Widerruf Ihrer Einwilligung hat keinen Einfluss auf die Rechtmäßigkeit der Verarbeitung, die vor ihrem Widerruf aufgrund Ihrer Einwilligung erfolgt ist),

> Datenübertragbarkeit zu verlangen, und

> bei der Datenschutzbehörde Beschwerde zu erheben.

8. Unsere Kontaktdaten

Sollten Sie zu der Verarbeitung Ihrer personenbezogenen Daten Fragen oder Anliegen haben, wenden Sie sich bitte an uns:

[Name des Vereins]
[Anschrift des Vereins]
[E-Mail-Adresse des Vereins]

[Wenn ein Datenschutzbeauftragter bestellt wurde:] Alternativ können Sie sich auch gerne an unseren Datenschutzbeauftragten wenden:

[Anschrift des Datenschutzbeauftragten]
[E-Mail-Adresse des Datenschutzbeauftragten]

Zuletzt aktualisiert am *[Datum]*.

Annex

Personenbezogene Daten von Dienstleistern

> Namen

> Titel

> Geschlecht

> Geburtsdatum

> Kontaktdaten (Anschrift, E-Mail-Adresse, Telefonnummer)

> Firmenbuchdaten

> Sperrkennzeichen (zB Kontaktsperre, Rechnungssperre, Liefersperre, Buchungssperre, Zahlungssperre)

> Kenn-Nummern für Zwecke amtlicher Statistik wie UID-Nummer und Intrastat-Kenn-Nummer

> Zugehörigkeit zu einem bestimmten Einkaufsverband, Konzern

> Gegenstand der Lieferung oder Leistung

> Kontaktperson beim Betroffenen zur Abwicklung der Lieferung oder Leistung

> Bei der Leistungserbringung mitwirkende Dritte, einschließlich Angaben über die Art der Mitwirkung

> Liefer- und Leistungsbedingungen (einschließlich Angaben über den Ort der Lieferung oder Leistung, Verpackung, usw)

> Daten zur Verzollung (zB Ursprungsland, Zolltarifnummer) und Exportkontrolle

> Daten zur Versicherung der Lieferung oder Leistung und zu ihrer Finanzierung

> Daten zur Steuerpflicht und Steuerberechnung

> Finanzierungs- und Zahlungsbedingungen

> Bankverbindung, Kreditkartendaten

> Daten zum Kreditmanagement (zB Kreditlimit, Wechsellimit)

> Daten zum Zahlungs- oder Leistungsverhalten des Betroffenen

> Mahndaten/Klagsdaten

> Konto- und Belegdaten

> Leistungsspezifische Aufwände und Erträge

Personenbezogene Daten von Mitarbeitern bei Dienstleistern

> Namen

> Titel

> Geschlecht

> Zugehöriger Kunde, Lieferant oder Dritter

> Zusätzliche Daten zur Adressierung beim Lieferanten/Dienstleister oder Dritten

> Korrespondenzsprachen, sonstige Vereinbarungen und Schlüssel zum Datenaustausch

> Funktion des Betroffenen beim Leistungserbringer

> Umfang der Vertretungsbefugnis

> Vom Betroffenen bearbeitete Geschäftsfälle

T. Datenschutzerklärung eines Vereins (englische Version)

Privacy Notice of *[name of the association]*

This notice provides you with information on how *[name of the association]*, *[street address of the association]* ("**we**") will process your personal data as

a. existing and former members and functionaries,

b. interested parties (including users of our website), and

c. service providers.

1. Processed data categories

You are under no obligation to provide us with the data we ask you for. However, if you do not provide such data, you will not be able

a. to enter into a membership with us or to become a functionary with us;

b. to use all functions of the website (in particular, we cannot process your requests).

In addition, joint business processes may be delayed or, in some cases, impossible if you do not provide your personal information.

Should the provision of your personal data be mandatory by law, we will inform you separately thereof.

Members and functionaries:

We will process the following categories of your personal data:

> master data (e.g., name, address, contact data);

> data regarding your membership (e.g., entry date, dues, activities in the club) and

> data regarding a possible activity as functionary (e.g., description of your function, activities you set in this function, start and end of activity).

Website users:

In the course of your visit to our website, the following categories of your personal data will be collected:

> the date and time a page was viewed on our website;

> your IP address;

> name and version of your web browser;

> the web page (URL) that you visited before accessing our website;

> certain cookies (see point 6 below);

> the user ID and password you use; and

> the information that you provide us with yourself, e.g., by entering it in forms on our website (e.g., feedback on the website).

Service providers:

We will process the categories of your personal data set out in the Annex.

2. Purposes for which we process your data

We will process your personal data for the following purposes:

> Fulfilment of the association's purpose according to our association's statutes, in particular in the context of the association's activities;

> Processing of orders and assignments;

> Organization of events and activities;

> Provision of our website including all associated services;

> Further improvement and development of our website;

> Creation of usage statistics for our website;

> Detecting, preventing and investigating attacks on our website;

> Transfer of information (e.g., newsletters).

3. Legal bases of the processing

We process your personal data listed in the Annex on the basis of

> the performance of the contract we have concluded with you or the necessity to take steps at your request prior to entering into such an agreement, insofar as it is necessary (Article 6(1)(b) General Data Protection Regulation ("**GDPR**"))

> our overriding legitimate interest according to Article 6(1)(f) GDPR to achieve the purposes set out above, or

> the necessity to comply with legal obligations to which we are subject (Article 6(1)(c) GDPR).

4. Transfer of your personal data

To achieve the purposes set out above, we will transfer some of your personal data to the following categories of recipients:

> Administrative authorities, courts and public corporations,

> Organizers of lectures on topics of potential interest to members of the association (e.g., universities or private event providers),

> IT service providers and other service providers assigned by us,

> chartered accountants for the purposes of bookkeeping and accounting or auditing,

> members, as far as it concerns data of the partners, organs and other employees of the respective member, and

> cooperation partners.

[If applicable:] Some of the recipients referred to above are located in or process personal data outside of your country. The level of data protection in another country may not be equivalent to that in your country. However, we only transfer your personal data to countries where the EU Commission has decided that they have an adequate level of data protection or we take measures to ensure that all recipients provide an adequate level of data protection. We do this, e.g., by entering into appropriate data transfer agreements based on Standard Contractual Clauses (2010/87/EC and/or 2004/915/EC). These are accessible upon request (see the contact details in point 8).

5. Retention periods

We will retain your personal data

a. until the termination of your membership or our business relationship, within the scope of which we have collected your data, or

b. for a period of three months as part of the data automatically collected by the association's website, or

c. as long as it is necessary to investigate attacks on our website, or

d. for as long as required under statutory retention obligations or potential legal claims, where personal data is needed to raise or defend against the claim, are not yet time-barred.

6. Cookies

We use "cookies" to improve the functionality of our websites. Cookies are small text files that may be installed on your computer when you visit a website. Cookies are generally used to provide site visitors with additional functionality within the site. Cookies cannot access, read or modify any other data on your computer.

We use cookies that

> are going to be deleted again when you close your browser (session cookies),

> remain stored on your end user device even after you close your browser (permanent cookies),

> originate from us (first party cookies) or from third party cookies.

Through our cookies, we process data on the following legal bases and for the following purposes:

> We use cookies, which are absolutely necessary for our websites to function, on a legal basis.

> We use all other cookies on the basis of your consent.

In order to withdraw your consent or to restrict it to certain cookies, you have inter alia the following options:

> Use the settings of your browser. Details can be found in the help function of your browser (usually accessible via the F1 key on your keyboard).

> At http://www.youronlinechoices.com/uk/your-ad-choices you can have the system analyse which cookies are used by you and deactivate them individually or in their entirety. This is an offer from the European Interactive Digital Advertising Alliance.

Withdrawing your consent does not affect the lawfulness of processing based on your consent before your withdrawal.

Please note that the functionality of our websites may be impaired if you withdraw or restrict your consent.

Details about the cookies we use:

Designation	Supplier	Purpose	Retention period
[File name of the cookie]	*[own/external company]*	*[e.g.: user identification]*	*[e.g.: duration of the session, 1 year]*

[Alternatively, especially when many cookies are used:] We use "cookies" to improve the functionality of our websites. Cookies are small text files that

may be installed on your computer when you visit a website. Cookies are generally used to provide site visitors with additional functionality within the site. Cookies cannot access, read or modify any other data on your computer. Further information on the cookies we use can be found in our Cookie Policy. *[The words "Cookie Policy" should contain a link to the current Cookie Policy]*

7. Your rights regarding your personal data

Under applicable law, you have the right to (under the conditions set out in applicable law):

> obtain confirmation as to whether and what kind of personal data we store about you and to request copies of such data,

> request rectification or erasure of your personal data,

> request us to restrict the processing of your personal data,

> object to the processing of your personal data,

> withdraw any consent previously granted for the processing (the withdrawal of your consent does not affect the lawfulness of processing based on your consent before its withdrawal),

> request data portability, and

> lodge a complaint with the competent supervisory authority.

8. Our contact details

Please address your requests or questions concerning the processing of your personal data to:

[company name of the association]
[street address of the association]
[email address of the association]

[If a data protection officer has been appointed:] Alternatively, you may also contact our data protection officer:

[address of the data protection officer]
[email address of the data protection officer]

Last updated on *[date]*.

249

Annex

Personal data of suppliers or service providers

> names

> titles

> gender

> date of birth

> contact data (address, email address, phone numbers)

> company register data

> block indicators (e.g., contact block, invoice block, delivery block, posting block, payment block)

> identification numbers for official statistics purposes such as VAT number and Intrastat identification number

> affiliation to a specific purchasing group or corporate group

> object of the delivery or service

> data on bonuses, commissions, etc.

> contact person for processing the delivery or service

> third parties involved in the provision of the service, including information on the nature of the involvement

> delivery and service conditions (including information on the place of delivery or service, packaging, etc.)

> data on customs clearance (e.g., country of origin, customs tariff number) and export control

> data on the insurance of the supply or service and its financing

> data on tax liability and tax calculation

> financing and payment conditions

> bank details, credit card details

> credit management data (e.g., credit limit, bill of exchange limit)

> data on the payment or performance behavior of the person concerned

> data regarding dunning/actions

> account and document data

> performance-specific expenses and revenues

Personal data of employees at one of our suppliers or service providers

> names

> titles

> gender

> related customer, supplier or third party

> additional address data regarding customers, suppliers or third parties

> correspondence languages, other agreements and keys for data exchange

> function of the person concerned in the service recipient or service provider

> extent of power of representation

> business cases handled by the data subject

VI. Datenschutz-Folgenabschätzung

A. Checkliste: Prüfung, ob eine Pflicht zur Durchführung einer Datenschutz-Folgenabschätzung besteht

1. Weiße Liste

In diesen Fällen ist keine Datenschutz-Folgenabschätzung erforderlich:

☐ Kundenverwaltung, Rechnungswesen, Logistik, Buchführung

☐ Personalverwaltung

(zB Lohn-, Gehalts-, Entgeltsverrechnung und Einhaltung von Aufzeichnungs-, Auskunfts- und Meldepflichten)

☐ Mitgliederverwaltung

(zB Führung von Mitgliederverzeichnissen, Evidenz der Mitglieds- und Förderungsbeiträge, Verkehr mit Mitgliedern oder Förderern)

☐ Kundenbetreuung und Marketing für eigene Zwecke

☐ Sach- und Inventarverwaltung

(zB Führung von Inventaraufzeichnungen sowie von Aufzeichnungen zu Lieferanten, Anschaffungskosten sowie Verwaltung der Zuteilung von Hard- und Software an EDV-Systembenutzer)

☐ Zugriffsverwaltung für EDV-Systeme (Nutzernamen, Passwörter)

☐ Zutrittskontrollsysteme ohne Verarbeitung biometrischer Daten

☐ Stationäre Videoüberwachung privater Liegenschaften

(wenn die Aufnahmen nur zum Zweck des vorbeugenden Schutzes von Personen und Sachen gespeichert werden)

☐ Patienten-/Klienten-/Kundenverwaltung und Honorarabrechnung einzelner Ärzte, Gesundheitsdiensteanbieter und Apotheken

☐ Datenverarbeitung von rechtsberatenden und unternehmensberatenden Berufen

(zB einzelne Rechtsanwälte, Notare, Patentanwälte, Wirtschaftstreuhänder, Steuerberater und Unternehmensberater)

☐ Archivierung zur wissenschaftlichen Forschung und Statistik

☐ Datenverarbeitung für Bürgerinitiativen, Petitionslisten oder Unterschriftensammlungen

☐ Aktenverwaltung (Büroautomation) und Verfahrensführung

(zB Aufbewahrung von Dokumenten zu Geschäftsfällen, Abrechnung von Gebühren, Organisation von Großverfahren)

☐ Organisation von Veranstaltungen

(zB Organisation von Reisen und Aufenthalten, Einladung und Registrierung und Versorgung der Teilnehmer, Kommunikation vor und nach der Veranstaltung, Abrechnung von Geldleistungen, Verarbeitung damit zusammenhängender Bild- und Akustikaufnahmen)

☐ Preise und Ehrungen (einschließlich Vorprüfung)

Für Verantwortliche aus dem öffentlichen Bereich gelten zusätzlich folgende Ausnahmen:

☐ Verarbeitung personenbezogener Daten im Rahmen von durch Unions-, Bundes- oder Landesrecht eingerichteten Registern, Evidenzen oder Büchern

☐ Archivierung im öffentlichen Interesse

☐ Haushaltsführung der Gebietskörperschaften und sonstigen juristischen Personen öffentlichen Rechts

☐ Öffentliche Abgabenverwaltung

☐ Öffentliche Förderverwaltung

☐ Öffentlichkeitsarbeit und Informationstätigkeit durch öffentliche Funktionsträger und deren Geschäftsapparate

2. Schwarze Liste

In diesen Fällen ist jedenfalls eine Datenschutz-Folgenabschätzung erforderlich.

Datenschutz-Folgenabschätzung erforderlich, wenn <u>einer</u> der folgenden Punkte zutrifft:

☐ Systematische und umfassende Bewertung persönlicher Aspekte natürlicher Personen, die

    a. mittels automatisierter Verarbeitung/Profiling erfolgt und

    b. als Grundlage für Entscheidungen dient, die Rechtswirkung gegenüber natürlichen Personen entfalten oder diese in ähnlich erheblicher Weise beeinträchtigen

☐ Umfangreiche Verarbeitung sensibler Daten oder personenbezogener Daten über strafrechtliche Verurteilungen und Straftaten

(zB sensible Daten, persönliche Dokumente (E-Mails, Tagebücher, Notizen))

☐ Systematische (dh vorab festgelegte, organisierte oder methodische) und umfangreiche Überwachung öffentlich zugänglicher Bereiche

☐ Kamerasystem samt Nummernschilderkennung

☐ Profilerstellung mittels Daten aus sozialen Netzwerken

☐ Erstellung/Unterhaltung einer Bonitätsdatenbank oder Betrugsdatenbank

☐ Archivierung personenbezogener vertraulicher Daten über Teilnehmer an Forschungsprojekten oder klinischen Studien

Datenschutz-Folgenabschätzung erforderlich, wenn

a. keine Betriebsvereinbarung oder Zustimmung der Personalvertretung vorliegt und

b. <u>einer</u> der folgenden Punkte zutrifft:

☐ Bewerten oder Einstufen (anhand von Profilen und Prognosen)

☐ Systematische Überwachung

    a. von Einrichtungen, die der Religionsausübung in der Gemeinschaft dienen, oder

    b. von privaten, Wohnzwecken dienenden Liegenschaften, die nicht ausschließlich vom Verantwortlichen und von allen im gemeinsamen Haushalt lebenden Nutzungsberechtigten genutzt werden, oder

    c. unter Einsatz von mobilen Kameras zum Zweck der Vorbeugung oder Abwehr gefährlicher Angriffe oder krimineller Verbindungen im öffentlichen und nichtöffentlichen Raum

☐ Innovative Nutzung oder Anwendung neuer technologischer oder organisatorischer Lösungen

(insbesondere durch den Einsatz von künstlicher Intelligenz und die Verarbeitung biometrischer Daten, sofern die Verarbeitung nicht die bloße Echtzeitwiedergabe von Gesichtsbildern betrifft)

☐ Abgleich und/oder Zusammenführen von Datensätzen, die (kumulativ)

    a. aus zwei oder mehreren Datenverarbeitungsvorgängen stammen,

b. zu unterschiedlichen Zwecken oder von unterschiedlichen Verantwortlichen erhoben wurden,

c. in einer Datenverarbeitung abgeglichen/zusammengeführt werden, die über die von einer betroffenen Person üblichen Erwartungen hinausgeht und

d. durch die Anwendung von Algorithmen Basis erheblich beeinträchtigender Entscheidungen sein können.

☐ Verarbeitungsvorgänge im höchstpersönlichen Bereich von Personen, auch wenn die Verarbeitung auf einer Einwilligung beruht

Datenschutz-Folgenabschätzung erforderlich, wenn <u>zumindest zwei</u> der folgenden Punkte zutreffen:

☐ Erfassung von Standortdaten, die

a. in einem Kommunikationsnetz oder von einem Kommunikationsdienst verarbeitet werden und

b. den geografischen Standort der Telekommunikationsendeinrichtung eines Nutzers eines öffentlichen Kommunikationsdienstes angeben

☐ Verarbeitung von Daten schutzbedürftiger Betroffener

(zB Arbeitnehmer, wenn keine Betriebsvereinbarung oder Zustimmung der Personalvertretung vorliegt)

(zB Kinder, psychisch Kranke, Asylwerber, Senioren, Patienten)

☐ Abgleich und/oder Zusammenführen von Datensätzen, die (kumulativ)

a. aus zwei oder mehreren Datenverarbeitungsvorgängen stammen,

b. zu unterschiedlichen Zwecken oder von unterschiedlichen Verantwortlichen erhoben wurden,

c. in einer Datenverarbeitung abgeglichen/zusammengeführt werden, die über die von einer betroffenen Person üblichen Erwartungen hinausgeht und

d. nicht alle direkt bei der betroffenen Person erhoben wurden

B. Allgemeines Muster einer Datenschutz-Folgenabschätzung (deutsche Version)

Datenschutz-Folgenabschätzung

1. Allgemeine Informationen zum Unternehmen

Name/Firmenwortlaut des Unternehmens:	
Adresse:	
E-Mail-Adresse:	

2. Allgemeine Informationen zum Datenschutzbeauftragten (sofern bestellt)

Name:	
Adresse:	
E-Mail-Adresse:	
Telefonnummer:	

3. Beschreibung der Verarbeitungstätigkeit

Bezeichnung der Verarbeitungstätigkeit:	*[zB Speicherung von Messdaten aus Fitnessarmbändern, Videoüberwachung von Ein- und Ausgängen]*
Datenkategorien:	*[zB Gesundheitsdaten, Zeit und Ort der Aufzeichnung]*
Verarbeitungszwecke:	*[zB Vertragserfüllung, Eigentumsschutz]*
Übermittlungsempfänger:	
Speicherdauer:	

Art, Umfang und Kontext der Verarbeitung:	*[Angaben dazu, mit welchen technischen Mitteln die Daten erhoben werden und wie viele Personen bzw welche Kategorien von Personen betroffen sind]*
Funktionale Beschreibung der Datenverarbeitung:	*[Darstellung des Datenflusses und der Art und Weise der Auswertung der Daten sowie der dabei involvierten Personen]*
Verwendete Ressourcen (Software, Hardware, Personal):	

4. Prüfung der Rechtmäßigkeit

a. Grundsätze der Datenverarbeitung einschließlich Rechtsgrundlage	
Rechtsgrundlage	*[Identifikation einer anwendbaren Rechtsgrundlage]*
Zweckbindung	*[Beschreibung der Maßnahmen, mit denen zweckwidrige Datenverarbeitungen verhindert werden]*
Datenminimierung	*[Prüfung, ob tatsächlich nicht mehr Daten als erforderlich erhoben werden]*
Speicherbegrenzung	*[Prüfung, ob die Daten tatsächlich nicht länger als erforderlich aufbewahrt werden]*
Sicherheit	*[zB Verweise auf eine anbei befindliche Kopie des Eintrags im Verzeichnis der Verarbeitungstätigkeiten]*

b. Eingesetzte Auftragsverarbeiter

[Firmenwortlaut des Auftragsverarbeiters], [Anschrift des Auftragsverarbeiters]

Überprüfung der Zuverlässigkeit	durch	*[Name der prüfenden Person und Funktion beim Verantwortlichen]*
	am	
	mittels	*[zB Fachgespräch]*
Auftragsverarbeitervereinbarung	Abgeschlossen am	
	Anbei als Kopie	☐

c. Internationale Datenübermittlungen

Gibt es Datenübermittlungen in Drittländer oder an internationale Organisationen?	*[Beschreibung allfälliger internationaler Datenübermittlungen]*
Wodurch ist die Rechtmäßigkeit dieser Übermittlungen sichergestellt?	*[zB besondere technische Schutzmaßnahmen, wie Pseudonymisierung, Abschluss von Standardvertragsklauseln]*

d. Datenschutzerklärung

Ist die entworfene Datenschutzerklärung rechtskonform?	*[Beschreibung, wie die Datenschutzmitteilung den Betroffenen zugänglich gemacht wird sowie Bestätigung, dass diese rechtskonform ist]*
Anbei als Kopie	☐

e. Betriebsvereinbarung

Ist eine Betriebsvereinbarung erforderlich?	*[Erklärung weshalb (nicht) unter Skizzierung des Regelungsinhalts und der einschlägigen Rechtsgrundlagen]*
Anbei als Kopie	☐

f. Möglichkeit für die Betroffenen, ihre Rechte geltend zu machen

Wie sieht der Prozess zur Geltendmachung der Betroffenenrechte und ihrer Umsetzung beim Verantwortlichen aus?	*[Beschreibung des Prozesses zur Geltendmachung und Umsetzung der Betroffenenrechte auf Auskunft, Datenportabilität, Berichtigung, Löschung, Widerspruch und Einschränkung der Verarbeitung]*

5. Involvierung des Datenschutzbeauftragten und der Betroffenen

In welcher Form wurde der Datenschutzbeauftragte involviert?	*[Entweder* *(i) Hinweis, dass kein Datenschutzbeauftragter bestellt wurde oder* *(ii) Beschreibung der Involvierung des Datenschutzbeauftragten sowie gegebenenfalls Verweis auf seine anbei befindliche Stellungnahme (falls er die Folgenabschätzung nicht ohnedies selbst durchgeführt hat).* *Sofern der Verantwortliche von der Empfehlung des Datenschutzbeauftragten abweicht, sollte dies gesondert dokumentiert und begründet werden.]*

In welcher Form wurde der Standpunkt der Betroffenen erhoben und berücksichtigt?	*[zB, wenn die Betroffenen die Arbeitnehmer sind, Verweis auf eine anbei befindliche Kopie einer Betriebsvereinbarung; wird der Standpunkt der Betroffenen nicht eingeholt oder wird der Standpunkt im Ergebnis nicht berücksichtigt, ist dies zu begründen]*

6. Risiken für die Betroffenen

a. Identifikation und vorläufige Bewertung der Risiken für die Betroffenen

Beschreibung des Risikos	Vorläufige Bewertung (niedrig/mittel/hoch)	Risikominderungsmaßnahme (allenfalls mit Umsetzungsfrist)

b. Bewertung des Restrisikos

Risikoklassifizierung (niedrig/mittel/hoch)	
Erläuterung der Risikoklassifizierung	*[Beschreibung des Restrisikos]*

C. Allgemeines Muster einer Datenschutz-Folgenabschätzung (englische Version)

Data Protection Impact Assessment

1. General information on the company

Name of the company:	
Address:	
Email address:	

2. General information on the Data Protection Officer (if appointed)

Name:	
Address:	
Email address:	
Telephone number:	

3. Description of the processing activity

Designation of the processing activity:	*[e.g.: Storage of telemetry from fitness wristbands]*
Data categories:	*[e.g.: data concerning health, time and place of the recording]*
Processing purposes:	*[e.g.: contract performance, protection of property]*
Recipients of the personal data:	
Retention period:	

Nature, extent and context of the processing:	*[Information on the technical means by which the data are collected and how many and which categories of data subjects are affected]*
Functional description of the data processing:	*[Explanation of the data flow and the way in which the data is evaluated, as well as the persons involved in the process]*
Resources used (software, hardware, personnel):	

4. Assessment of lawfulness

a. Data protection principles including legal basis of the processing	
Legal basis	*[Identification of an applicable legal basis.]*
Purpose limitation	*[Description of the measures taken in order to prevent any processing which is incompatible with the purposes.]*
Data minimization	*[Assessment of whether only as much data is collected as is necessary for the processing purposes.]*
Storage limitation	*[Assessment of whether the data is only retained for as long as necessary for the processing purposes.]*
Security	*[e.g., reference to an attached copy of the corresponding entry in the register of processing activities.]*

b. Processors used

[Company name of the processor], [address of the processor]

Reliability verified	by	*[Name of the person carrying out the check and position with the person responsible]*
	on	
	via	*[e.g.: expert discussion]*
Data Processing Agreement	concluded on	
	copy attached	☐

c. International data transfers

Is personal data transferred to third countries or international organizations?	*[Description of international data transfers if applicable]*
How is the legality of these transfers ensured?	*[e.g.: special technical protection measures such as pseudonymisation, conclusion of standard contractual clauses]*

d. Privacy notice

Is the drafted privacy notice in compliance with applicable law?	*[Description of how the privacy notice is made available to the data subjects and confirmation that the privacy notice is in compliance with applicable law]*
Copy attached	☐

e. Works council agreement	
Is a works council agreement necessary?	*[Explanation of why a works council agreement is (not) necessary]*
Copy attached	☐

f. Possibility for the data subjects to exercise their rights	
What does the process look like that allows the data subjects to exercise their rights and the controller to implement these rights?	*[Description of the process of exercising and implementing the data subject rights to access, data portability, rectification, erasure, objection and restriction of the processing]*

5. Involvement of the data protection officer and the data subjects

In which form has the data protection officer been involved?	*[Either*
	(i) indication that no data protection officer has been appointed or
	(ii) description of the involvement of the data protection officer as well as reference to his attached statement, if applicable (if he/she did not carry out the impact assessment himself anyway).
	As far as the controller does not follow the recommendation of the data protection officer, this should be documented and justified here.]
In which form has the point of view of the data subjects been obtained and taken into account?	*[e.g., if the data subjects are employees, reference to an attached copy of the works council agreement; if the data subjects' point of view has not been obtained and taken into account, this must be justified here.]*

267

6. Risks for the data subjects

a. Identifikation and preliminary assesment of the risks for the data subjects		
Description of the risks	Preliminary assessment (low/medium/high)	Measures envisaged to address the risks (including implementation period if applicable)

b. Assessment of the residual risk	
Risk classification (low/medium/high)	
Explanation of the risk classification	*[description of the residual risk]*

268

D. Beispiel: Datenschutz-Folgenabschätzung für eine App

Datenschutz-Folgenabschätzung

1. Allgemeine Informationen zum Unternehmen

Name/Firmenwortlaut des Unternehmens:	*[Firmenwortlaut des Unternehmens]* (im Folgenden der „Unternehmer")
Adresse:	*[Adresse des Unternehmens]*
E-Mail-Adresse:	*[E-Mail-Adresse]*

2. Allgemeine Informationen zum Datenschutzbeauftragten (sofern bestellt)

Name:	N/A
Adresse:	N/A
E-Mail-Adresse:	N/A
Telefonnummer:	N/A

3. Beschreibung der Verarbeitungstätigkeit

Bezeichnung der Verarbeitungstätigkeit:	Betrieb einer App
Datenkategorien:	> Kundennummer > Passwort > Name > E-Mail-Adresse > Geburtsdatum > Geschlecht > Einkäufe (Ware, Datum, Ort) > Anschrift

269

	> Mobiltelefonnummer > Produktvorlieben
Verarbeitungszwecke:	> Zurverfügungstellung der App > Auswertung der Produktvorlieben von Kunden, um das Produktangebot zu verbessern
Übermittlungsempfänger:	> IT-Service-Provider
Speicherdauer:	> Die Daten werden so lange gespeichert, wie der Nutzer für die App registriert ist. > Darüber hinaus werden personenbezogene Daten bis zum Ablauf von relevanten Verjährungsfristen oder so lange gesetzliche Aufbewahrungspflichten bestehen aufbewahrt (zB nach BAO oder UGB). > Sollte ein Widerspruch durch einen Kunden bezüglich der Verarbeitung der Daten im Zusammenhang mit Direktmarketingzwecken erfolgen, so wird die Verarbeitung unverzüglich eingestellt (Art 21 Abs 3 DSGVO) und im Falle einer Berufung auf das Recht auf Löschung, werden die Daten unverzüglich gelöscht (Art 17 Abs 1 lit c DSGVO).
Art, Umfang und Kontext der Verarbeitung:	> Es gibt derzeit ca *[Anzahl]* Nutzer/betroffene Personen. > Die Verarbeitung erfolgt über unsere IT-Dienstleister. > Die App wird in *[Länder]* bereitgestellt.

Funktionale Beschreibung der Datenverarbeitung:	Die zum Einsatz kommende Architektur besteht aus:
	> einer App (als User Interface), welche auch manche Aspekte der Applikationslogik implementiert;
	> einer Website (als User Interface);
	> einem Webserver;
	> serverseitig implementierter Applikationslogik;
	> einem Backend, bestehend aus einer relationalen Datenbank, wobei der Zugriff auf die Datenbank ausschließlich über die serverseitig implementierte Applikationslogik möglich ist.
Verwendete Ressourcen (Software, Hardware, Personal):	Zur Software siehe bereits oben zur funktionalen Beschreibung. Das Hosting des Webservers (einschließlich der serverseitig implementierten Applikationslogik) und der Datenbank erfolgt über einen IT-Dienstleister bei *[Firmenwortlaut des Auftragsverarbeiters]*.

4. Prüfung der Rechtmäßigkeit

a. Grundsätze der Datenverarbeitung, einschließlich Rechtsgrundlage	
Rechtsgrundlage	> Die Verarbeitung beruht auf der Rechtsgrundlage der Einwilligung gemäß Art 6 Abs 1 lit a DSGVO.
	> Die Einwilligung wird im Zuge der Registrierung für die App eingeholt, wobei die Einwilligungen (i) zu den AGB,

271

	(ii) zur Verarbeitung zu Zwecken der Ermittlung der Produktvorlieben und (iii) zur Zusendung von Newslettern und personalisierten Gutscheinen jeweils über eine eigene Check-Box abgegeben werden kann.
	> Die Check-Boxen sind standardmäßig nicht angehakt und es erfolgt ein Hinweis darauf, dass (i) ein Widerrufsrecht besteht und (ii) ein Widerruf die Rechtmäßigkeit der bis zum Widerruf auf Basis der Einwilligung erfolgten Verarbeitung nicht berührt.
Zweckbindung	Es wird sichergestellt, dass personenbezogene Daten, welche im Zusammenhang mit der App verarbeitet werden, nur zu Zwecken verarbeitet werden, die mit den zuvor beschriebenen Rechtsgrundlagen kompatibel sind.
Datenminimierung	Die Verarbeitung von personenbezogenen Daten im Kontext der App ist auf das für die oben genannten Zwecke notwendige Maß beschränkt.
Speicherbegrenzung	Personenbezogene Daten werden nur so lange gespeichert, wie dies erforderlich ist, um (i) Nutzern die App zur Verfügung zu stellen bzw (ii) die Auswertung der Produktvorlieben vorzunehmen.

Sicherheit	› Der Unternehmer trifft Maßnahmen, um ein angemessenes Schutzniveau für die Daten im Sinne des Art 32 DSGVO zu gewährleisten. Diese befinden sich als Kopie anbei im Anhang zu dieser Datenschutz-Folgenabschätzung.
	› Zudem schließt der Unternehmer mit seinen IT-Dienstleistern Auftragsverarbeitervereinbarungen gemäß Art 28 DSGVO ab und hat diese Auftragsverarbeiter hinsichtlich deren Implementierung von angemessenen Sicherheitsmaßnahmen nach Art 32 DSGVO überprüft. Es ist somit sichergestellt, dass auch Sub-Auftragsverarbeiter von Auftragsverarbeitern angemessene technische und organisatorische Sicherheitsmaßnahmen ergreifen.

b. Eingesetzte Auftragsverarbeiter		
[Firmenwortlaut und Adresse des Auftragsverarbeiters]		
Überprüfung der Zuverlässigkeit	durch	*[Name des Prüfers]*
	am	01.03.2019
	mittels	Fachgespräch mit den für die Auftragsdatenverarbeitung zuständigen Mitarbeitern des Auftragsverarbeiters mittels Videotelefonie.

| Auftragsverarbeitervereinbarung | Abgeschlossen am | 01.04.2019 |
| | Anbei als Kopie | ☐ |

c. Internationale Datenübermittlungen	
Gibt es Datenübermittlungen in Drittländer oder an internationale Organisationen?	Es erfolgt eine Übermittlung an *[Firmenwortlaut des Empfängers]* mit Sitz in *[Land]*.
Wodurch ist die Rechtmäßigkeit dieser Übermittlungen sichergestellt?	*[Bei Sitz in den USA:]* Die *[Firmenwortlaut des Empfängers]* verfügt über eine aufrechte Privacy Shield-Zertifizierung. *[Bei Sitz in einem Land, für das ein Angemessenheitsbeschluss der EU-Kommission existiert:]* Für Übermittlungen in den Sitzstaat des Empfängers besteht ein Angemessenheitsbeschluss der Kommission. *[Bei Sitz in einem Land, für das kein Angemessenheitsbeschluss der EU-Kommission existiert:]* Mit dem Empfänger wurden Standardvertragsklauseln abgeschlossen.

d. Datenschutzerklärung	
Ist die entworfene Datenschutzerklärung rechtskonform?	> Die Datenschutzerklärung wird den Betroffenen im Zuge des Registrierungsprozesses über einen Link zugänglich gemacht.

	> Die Datenschutzmitteilung entspricht sämtlichen Vorgaben der DSGVO.
Anbei als Kopie	☐

e. Betriebsvereinbarung

Ist eine Betriebsvereinbarung erforderlich?	Eine Betriebsvereinbarung ist nicht erforderlich, da keine personenbezogenen Daten von Arbeitnehmern des Verantwortlichen verarbeitet werden.
Anbei als Kopie	☐

f. Möglichkeit für die Betroffenen, ihre Rechte geltend zu machen

Wie sieht der Prozess zur Geltendmachung der Betroffenenrechte und ihrer Umsetzung beim Verantwortlichen aus?	> Der Unternehmer implementiert Prozesse, um sicherzustellen, dass relevante Dienstnehmer über Zuständigkeiten bei Anfragen von Betroffenen hinsichtlich der Geltendmachung ihrer Rechte Bescheid wissen und solche Anfragen unverzüglich bzw längstens innerhalb von einem Monat beantwortet werden (Art 12 Abs 3 DSGVO). > Dienstnehmer werden entsprechend unterrichtet und geschult.

5. Involvierung des Datenschutzbeauftragten und der Betroffenen

In welcher Form wurde der Datenschutzbeauftragte involviert?	N/A
In welcher Form wurde der Standpunkt der Betroffenen erhoben und berücksichtigt?	> Betroffene werden ausreichend über die Verarbeitung ihrer personenbezogenen Daten informiert. > Es ist sichergestellt, dass die Verarbeitung ausschließlich auf Basis der freiwilligen Einwilligung der Betroffenen erfolgt.

6. Risiken für die Betroffenen

a. Identifikation und vorläufige Bewertung der Risiken für die Betroffenen		
Beschreibung des Risikos	**Vorläufige Bewertung (niedrig/mittel/ hoch)**	**Risikominderungsmaßnahme (allenfalls mit Umsetzungsfrist)**
Hacking der Datenbank (Backend) durch Dritte	mittel	Der Zugriff auf die Datenbank ist nur über die serverseitige Applikationslogik (oder über einen administrativen Zugang) möglich.
Hacking des Webservers	niedrig	> Die Wartung des Servers wird – da das Hosting über *[Firmenwortlaut des Auftragsverarbeiters]* erfolgt – großteils von dieser übernommen. > Insbesondere Sicherheitsupdates

		des Betriebssystems, der Webserver-Software oder der Laufzeitumgebung werden von *[Firmenwortlaut des Auftragsverarbeiters]* durchgeführt.
Hacking eines einzelnen Benutzer-Accounts	niedrig	Durch die Wahl eines entsprechend sicheren Passworts kann das Hacking eines Benutzer-Accounts durch Password-Guessing- oder Brute-Force-Attacks praktisch unmöglich gemacht werden.
Datenverlust durch Ransomware oder Hardwarefehler	niedrig	> Aufgrund des Hostings durch *[Firmenwortlaut des Auftragsverarbeiters]* ist das Auftreten von Ransomware oder Hardwarefehlern nahezu auszuschließen. > Darüber hinaus verfügen der Verantwortliche bzw seine Auftragsverarbeiter über regelmäßig erstellte Datensicherungen.
Unverhältnismäßiger Eingriff in Rechte der Betroffenen durch Profiling	mittel	Das Profiling erfolgt lediglich auf Grundlage eines sehr beschränkten Data Sets

		– insbesondere werden weder sensible noch strafrechtlich relevante Daten herangezogen.
Verletzung des Datengeheimnisses durch Auftragsverarbeiter	mittel bis hoch	Es wurden (Sub-)Auftragsverarbeitervereinbarungen mit allen Auftragsverarbeitern bzw Sub-Auftragsverarbeitern geschlossen.

b. Bewertung des Restrisikos	
Risikoklassifizierung (niedrig/mittel/hoch)	mittel
Erläuterung der Risikoklassifizierung	Aufgrund der bereits implementierten Sicherheitsmaßnahmen ist das verbleibende Restrisiko maximal als mittel aber keinesfalls als hoch zu beurteilen.

VII. Einwilligungserklärungen

A. Einwilligungserklärung zum Erhalt eines Newsletters (deutsche Version)

☐ E-Mail-Newsletter abonnieren.

Ihre Einwilligung in den Erhalt dieses Newsletters können Sie jederzeit widerrufen. Durch den Widerruf der Einwilligung wird die Rechtmäßigkeit der aufgrund der Einwilligung bis zum Widerruf erfolgten Datenverarbeitung nicht berührt.

(Zusätzliche Informationen zu dieser Datenverarbeitung finden Sie unter *[Link zur Datenschutzerklärung]*.)

[Zur Erfüllung der Rechenschaftspflicht sollte ein Double-Opt-In-Verfahren verwendet werden, dh Eintrag in den Verteiler erst nach Betätigung eines Links durch den Betroffenen in einer Bestätigungsmail.]

B. Einwilligungserklärung zum Erhalt eines Newsletters (englische Version)

☐ <u>Subscribe to our email newsletter.</u>

You can withdraw your consent to receive this newsletter at any time. The withdrawal of your consent does not affect the legality of the data processing carried out on the basis of your consent until you withdraw your consent.

(Additional information on this data processing can be found under *[link to privacy notice]*)

[A double opt-in procedure should be used to fulfil the accountability obligation, i.e. making the entry in the distribution list only after the data subject clicked on a link in a confirmation email.]

C. Einwilligungserklärung zum Erhalt von Werbung (deutsche Version)

☐ Werbung erhalten:

Hiermit willige ich in die Verarbeitung meiner Kontaktdaten und der Kaufhistorie durch *[Unternehmen]* ein, um mir Informationen über die Produkte per E-Mail, Telefon und SMS zukommen zu lassen. Diese Einwilligung kann jederzeit widerrufen werden, wobei der Widerruf die Rechtmäßigkeit der Verarbeitung bis zum Widerruf nicht berührt.

(Zusätzliche Informationen zu dieser Datenverarbeitung finden Sie unter *[Link zur Datenschutzerklärung]*).

[Zur Erfüllung der Rechenschaftspflicht sollte ein Double-Opt-In-Verfahren verwendet werden, dh Eintrag in den Verteiler erst nach Betätigung eines Links durch den Betroffenen in einer Bestätigungsmail.]

D. Einwilligungserklärung zum Erhalt von Werbung (englische Version)

☐ Receive advertisements:

I hereby consent to the processing of my contact details and purchase history by *[company name]* for the purpose of providing me with information on its products via email, telephone and text messages. This consent can be withdrawn any time, whereby such withdrawal does not affect the lawfulness of the processing until the withdrawal.

(Additional information on this data processing can be found under *[link to privacy notice]*)

[A double opt-in procedure should be used to fulfil the accountability obligation, i.e. making the entry in the distribution list only after the data subject clicked on a link in a confirmation email.]

E. Einwilligungserklärung zur Evidenzhaltung von Bewerberdaten (deutsche Version)

☐ In Evidenz halten:

Ich erteile meine Einwilligung, dass *[Unternehmensbezeichnung]* sämtliche von mir im Rahmen meiner Bewerbung zur Verfügung gestellten Informationen sowie allfällige Notizen zu einem mit mir geführten Interview bis zum Widerruf meiner Einwilligung speichert, um

> mich über in Zukunft frei werdende Stellen informieren zu können und

> im Falle einer neuerlichen Bewerbung die im Rahmen des ersten Bewerbungsverfahrens erhobenen Informationen berücksichtigen zu können.

(Zusätzliche Informationen zu dieser Datenverarbeitung finden Sie unter *[Link zur Datenschutzerklärung]*.)

F. Einwilligungserklärung zur Evidenzhaltung von Bewerber-daten (englische Version)

☐ Keep on record:

I give my consent that *[company name]* stores all information provided by me in the context of my application as well as any notes to an interview conducted with me until the withdrawal of my consent in order to

> inform me about vacancies in the future and

> be able to take into account the information collected during the first application procedure in the event of a new application.

(Additional information on this data processing can be found under *[link to privacy notice]*)

G. Zustimmung zur werblichen Verwendung von Video- und Fotoaufnahmen (deutsche Version)

Vereinbarung zur Verwertung von Aufnahmen

[Diese Erklärung kann gegenüber Fotografen oder Models verwendet werden. Zur Information betroffener Personen ist zudem eine Datenschutzerklärung erforderlich.]

1. Vorliegende Vereinbarung dient der Rechteeinräumung an Video- und Fotoaufnahmen, die von *[Name des Models oder des Fotografen]* für *[Name des Empfängers der Rechte; ggf zusätzlich: und allen verbundenen Unternehmen]* am *[Datum]* in *[Ort]* anlässlich *[Beschreibung des Events]* hergestellt wurden (die „**Aufnahmen**").

2. Ich erteile hiermit *[Name des Empfängers der Rechte; ggf zusätzlich: und allen verbundenen Unternehmen]* ein inhaltlich und zeitlich unbeschränktes, weltweites, übertragbares, lizenzierbares und exklusives Recht, sämtliche Aufnahmen zu vervielfältigen, zu verbreiten, zu vermieten und zu verleihen, zu senden, vorzutragen, auf- oder vorzuführen, öffentlich zur Verfügung zu stellen und zu bearbeiten sowie auf sonstige derzeit bekannte oder unbekannte Art zu nutzen.

3. Diese Rechtseinräumung erfolgt

   ☐ unentgeltlich

   ☐ gegen ein Entgelt iHv EUR *[Betrag]* (zzgl USt)

4. Soweit die Aufnahmen personenbezogene Daten darstellen, gelten die Ausführungen in der Datenschutzerklärung unter *[Link zur Datenschutzerklärung des Empfängers der Rechte].*

Ort und Datum: Unterschrift:

....

H. Zustimmung zur werblichen Verwendung von Video- und Fotoaufnahmen (englische Version)

Agreement on the use of Recordings

[This declaration may be used in relation to photographers or models. To inform data subjects, a privacy notice is necessary as well.]

1. This agreement is for the purpose of granting rights to video and photographic recordings made by *[name of model or photographer]* for *[name of recipient of rights; additionally, if applicable: and all associated companies]* on *[date]* in *[location]* on *[description of event]* (the "**Recordings**").

2. I hereby grant *[the name of the recipient of the rights; and additionally, if applicable: and all affiliated companies]* a worldwide, transferable, licensable and exclusive right, unlimited in content and time, to reproduce, distribute, rent and lend, send, perform, perform, publicly make available and edit all Recordings and to use them in any other known or unknown way.

3. This granting of rights is made

   ☐ gratuitously

   ☐ against a consideration of EUR *[amount]* (excl. VAT)

4. Insofar as the Recordings are personal data, the explanations in the data protection declaration under *[link to the data protection declaration of the recipient of the rights]* apply.

Place and date: Signature:

....

VIII. Individualvereinbarungen

A. Zustimmung zum Einsatz von Videoüberwachungs-systemen (deutsche Version)

Zustimmung zum Einsatz von Videokameras

[Firmenwortlaut des Unternehmens], [Anschrift des Unternehmens] („**wir**")
beabsichtigt/beabsichtigen, in *[Anschrift des Ladenlokals]* zum Zweck des
vorbeugenden Schutzes von Personen und Sachen Videokameras anzubrin-
gen und einzusetzen, deren Blickfeld den Großteil der Verkaufsflächen abdeckt.

Ausdrücklich festgehalten wird, dass die Videokameras nicht dazu dienen,
die Leistungen und das Verhalten der Arbeitnehmer zu kontrollieren.

Da die Videokameras allerdings abstrakt dazu geeignet wären, Arbeitnehmer bei der Ausübung ihrer arbeitsvertraglichen Tätigkeit zu kontrollieren,
ist der Einsatz der Videokameras nur mit Zustimmung der Arbeitnehmer
zulässig.

Festgehalten wird, dass die Aufzeichnungen der Videoüberwachung nach
72 Stunden gelöscht werden. Fällt das Ende dieser 72-stündigen Frist auf
einen Samstag, Sonntag, gesetzlichen Feiertag oder 24. Dezember, so ist der
nächste Tag, der nicht einer der vorgenannten Tage ist, als letzter Tag der
Frist anzusehen. Eine über diese Zeit hinaus dauernde Aufbewahrung findet
nur dann statt, soweit dies zu Beweissicherungszwecken im Falle strafbarer
Handlungen erforderlich ist.

Durch Ihre Unterschrift erteilen Sie uns Ihre Zustimmung zur Videoüberwachung in der oben beschriebenen Weise. Diese Zustimmungserklärung ist
für eine Dauer von zehn Jahren unwiderruflich.

Ort und Datum: Unterschrift:

....

                                        Name in Blockbuchstaben:

                                        ....

291

B. Zustimmung zum Einsatz von Videoüberwachungssystemen (englische Version)

Consent to the use of CCTV cameras

[Company name], *[company's street address]* intends to install and use CCTV cameras at the store located at *[address of the store]* for the purpose of protecting its property and to prevent criminal acts. The field of vision of the CCTV cameras will cover most parts of the sales area.

The CCTV cameras will not be used for the purpose of monitoring the performance or behavior of the employees.

However, the CCTV cameras are objectively suited to monitor employees in the performance of their duties under an employment contract, they may be used only with the consent of the workers.

The CCTV recordings will be deleted after 72 hours. If the end of this 72-hour time limit falls on a Saturday, Sunday, public holiday, or December 24th, the next day which is not one of the above will be regarded as the last day of the time limit. A longer retention will only occur to the extent necessary to preserve evidence in case of a criminal offence.

By signing this form, you give us your consent to video surveillance in the manner described above. This consent declaration cannot be withdrawn for 10 years.

Place and date: Signature:

....

                                                   Name in block letters:

                                                   ....

C. Verpflichtung zur Wahrung des Datengeheimnisses (deutsche Version)

> Der Dienstnehmer hat personenbezogene Daten nur aufgrund einer ausdrücklichen Anordnung des Dienstgebers an Dritte zu übermitteln und hat das Datengeheimnis (§ 6 Abs 1 DSG, Art 29 DSGVO) sowohl während als auch nach Beendigung des Dienstverhältnisses zu wahren.

> Jede Verletzung der vorgenannten Pflichten kann nachstehende Folgen haben:

a. Zivilrechtliche Ansprüche des Dienstgebers auf Ersatz und/oder Beseitigung entstandener Schäden sowie Unterlassung.

b. Strafverfolgung und Verhängung von Geldstrafen (bis zu EUR 50.000) durch Behörden.

Ort und Datum: Unterschrift:

....

Name in Blockbuchstaben:

....

D. Verpflichtung zur Wahrung des Datengeheimnisses (englische Version)

> The Employee shall transfer personal data to a third party only pursuant to an express instruction from the Employer and shall maintain data secrecy (§ 6(1) Data Protection Act, Article 29 GDPR) during as well as after the termination of the employment relationship.

> Any violation of the aforementioned obligations may have the following consequences:

   a. Claims of the employer under civil law for compensation and/or rectification of damages incurred as well as injunctive relief.

   b. Prosecution and imposition of fines (up to EUR 50,000) by public authorities.

Place and date: Signature:

....

                                         Name in block letters:

                                         ....

IX. Interne Richtlinien

A. Checkliste für interne Datenschutz-Überprüfungen (deutsche Version)

Interne Datenschutz-Überprüfung

1. Für Datenschutz zuständige Person im Unternehmen

1.1. Allgemeine Information über die zuständige Person

Name:	
Datenschutzbeauftragter (ja/nein):	
Position im Unternehmen:	

1.2. Fragen an die für Datenschutz verantwortliche Person

Welche Art von Training haben Sie, als für Datenschutz zuständige Person, erhalten?	☐ Datenschutz-Schulung durch die *[Firmenwortlaut des Unternehmens]* (bitte ausführen): .... ☐ Andere (bitte ausführen): .... ☐ Keine

2. Relevante Mitarbeiter

Haben relevante Mitarbeiter eine Datenschutz-Schulung erhalten?	☐ Ja ☐ Nein

297

Wenn im Zuge der Schulungen Tests gemacht werden:	
Wie viele der Mitarbeiter haben den Test im Zuge der Datenschutz-Schulung erfolgreich absolviert?	☐ Mehr als 75% ☐ Zwischen 75% und 50% ☐ Zwischen 50% und 25% ☐ Weniger als 10%

3. Datenverarbeitungstätigkeiten vs. Dokumentation im Verzeichnis der Verarbeitungstätigkeiten („VdVt") / Datenschutzerklärungen

Wie viele Datenverarbeitungstätigkeiten sind im VdVt erfasst?	☐ Mindestens eine (bitte angeben, wie viele): ☐ Keine			
Liegt eine der folgenden Verarbeitungstätigkeiten bei der *[Firmenwortlaut des Unternehmens]* vor?		*Datenverarbeitungstätigkeit liegt in der Praxis vor*	*Wenn Verarbeitungstätigkeit vorliegt, ist sie im VdVt festgehalten?*	*Wenn Verarbeitungstätigkeit vorliegt, gibt es dazu eine Datenschutzerklärung?*
	Aufzeichnungen von Telefongesprächen	☐ Ja ☐ Nein	☐ N/A ☐ Ja ☐ Nein	☐ N/A ☐ Ja ☐ Nein
	Elektronische Zugangskontrollsysteme	☐ Ja ☐ Nein	☐ N/A ☐ Ja ☐ Nein	☐ N/A ☐ Ja ☐ Nein
	Betriebliches Fuhrpark-Management	☐ Ja ☐ Nein	☐ N/A ☐ Ja ☐ Nein	☐ N/A ☐ Ja ☐ Nein

	Videoüber-wachungsan-lage	☐ Ja ☐ Nein	☐ N/A ☐ Ja ☐ Nein	☐ N/A ☐ Ja ☐ Nein
	Customer-Relationship-Management (CRM)-System	☐ Ja ☐ Nein	☐ N/A ☐ Ja ☐ Nein	☐ N/A ☐ Ja ☐ Nein
	Direkt-Marketing-Maßnahmen (zB Newsletter)	☐ Ja ☐ Nein	☐ N/A ☐ Ja ☐ Nein	☐ N/A ☐ Ja ☐ Nein
Hat einer der Einträge im VdVt einen der folgenden Mängel? (wenn ja, bitte betroffene Datenverarbeitungstätigkeit namentlich angeben)	☐ Kein erläuternder Name für die Datenverarbeitungstätigkeit: .... ☐ Keine Verarbeitungszwecke aufgelistet: .... ☐ Keine Kategorien betroffener Personen aufgelistet: .... ☐ Keine Datenkategorien aufgelistet: .... ☐ Keine Beschreibung von technischen und organisatorischen Maßnahmen: .... ☐ Keine der oben genannten Punkte trifft auf Einträge im VdVt zu.			

4. Verletzungen des Schutzes personenbezogener Daten („Data Breach")

Gab es in den letzten drei Jahren einen Data Breach?	☐ Zumindest einen (bitte angeben, wie viele): ☐ Keine

Folgendes gilt nur, wenn es einen Data Breach gegeben hat:

Wurde die Datenschutz-behörde von dem Data Breach verständigt?	☐ Ja ☐ Nein
Wie viele Personen waren vom Data Breach betroffen?	☐ Mitarbeiter (wenn ja, wie viele?): ☐ Kundenkontakte (wenn ja, wie viele?): ☐ Lieferantenkontakte (wenn ja, wie viele?):
Hat der Data Breach zu einem Risiko für die betroffenen Personen geführt?	☐ Nein ☐ Ja

Wenn der Data Breach zu einem Risiko für die betroffenen Personen geführt hat:

Wie hat die *[Firmenwortlaut des Unternehmens]* reagiert?	☐ Reaktive Maßnahmen wurden getroffen, um das Risiko für die betroffenen Personen zu minimieren ☐ Die betroffenen Personen wurden informiert ☐ Die Datenschutzbehörde wurde informiert ☐ Die *[Firmenwortlaut des Unternehmens]* hat nicht auf den Data Breach reagiert

Datum der Durchführung der Überprüfung: ....

Name des Prüfers: Datum und Unterschrift:

....

B. Checkliste für interne Datenschutz-Überprüfungen (englische Version)

Internal Investigation of Data Protection Compliance

1. Person responsible for data protection in the company

1.1. General information about the responsible person

Name:	
Data Protection Officer (yes/no):	
Position in the company:	

1.2. Questions to the person responsible for data protection

What type of training have you received as person responsible for data protection?	☐ Privacy training by the *[company name]* (please complete): .... ☐ Other (please complete): .... ☐ None

2. Relevant employees

Have relevant employees received data protection training?	☐ Yes ☐ No

If tests are made in the course of the training:	
How many of the employees successfully passed the test during the data protection training?	☐ More than 75% ☐ Between 75% and 50% ☐ Between 50% and 25% ☐ Less than 10%

3. Data Processing Activities vs. Documentation in the Records of Processing Activities ("RoPA") / Privacy Policies

How many data processing activities are included in the list of processing activities?	☐ At least one (please specify how many): ☐ None			
Does [company name] have any of the following processing activities?		Data processing activity exists in practice	If there is such a data processing activity, is it recorded in the RoPA?	If there is such a data processing activity, is there a privacy notice for it?
	Records of telephone conversations	☐ Yes ☐ No	☐ N/A ☐ Yes ☐ No	☐ N/A ☐ Yes ☐ No
	Electronic access control systems	☐ Yes ☐ No	☐ N/A ☐ Yes ☐ No	☐ N/A ☐ Yes ☐ No
	Company fleet management	☐ Yes ☐ No	☐ N/A ☐ Yes ☐ No	☐ N/A ☐ Yes ☐ No

Video surveillance system	☐ Yes ☐ No	☐ N/A ☐ Yes ☐ No	☐ N/A ☐ Yes ☐ No
Customer-Relationship-Management (CRM)-System	☐ Yes ☐ No	☐ N/A ☐ Yes ☐ No	☐ N/A ☐ Yes ☐ No
Direct marketing measures (e.g., newsletter)	☐ Yes ☐ No	☐ N/A ☐ Yes ☐ No	☐ N/A ☐ Yes ☐ No
Does one of the entries in the RoPA have any of the following defects? (if yes, please specify the data processing activity concerned by name)	☐ no descriptive name for the data processing activity: .... ☐ no processing purposes are listed: .... ☐ no categories of affected persons listed: .... ☐ no data categories listed: .... ☐ no description of technical and organisational measures: .... ☐ None of the above points applies to entries in the RoPA.		

4. Personal Data Breaches

Has there been a data breach in the last three years?	☐ At least one (please specify how many): ☐ None
The following only applies if there has been a data breach:	
Has the supervisory authority been notified?	☐ Yes ☐ No
How many people were affected by the data breach?	☐ Employees (if yes, how many?): ☐ Customers (if yes, how many?): ☐ Suppliers (if yes, how many?):
Did the data breach result in a risk for the data subjects?	☐ No ☐ Yes
If the data breach resulted in a risk for the data subjects:	
How did the *[company name]* react?	☐ Reactive measures were taken to minimise the risk for the data subjects ☐ The data subjects have been informed ☐ The supervisory authority has been informed ☐ The *[company name]* has not reacted to the data breach

Date on which the investigation was conducted: ....

Name of the auditor: Date and signature:

....

C. Datenschutzrichtlinie (deutsche Version)

Interne Datenschutzrichtlinie

1. Einleitung

[Firmenwortlaut des Unternehmens], *[Anschrift des Unternehmens]* („**wir**"), bekennen uns zur Einhaltung des anwendbaren Datenschutzrechts und insbesondere zur Einhaltung der Datenschutz-Grundverordnung („**DSGVO**"). Wir unternehmen daher alle angemessenen Anstrengungen, um sicherzustellen, dass personenbezogene Daten in Übereinstimmung mit anwendbarem Datenschutzrecht erhoben, verarbeitet, verwendet, offengelegt, übermittelt und gelöscht werden.

Wir anerkennen die Verantwortung, die wir gegenüber unseren Mitarbeitern, Kunden und Lieferanten haben, deren personenbezogene Daten angemessen zu schützen und deren Rechte nach anwendbarem Datenschutzrecht zu respektieren und zu gewährleisten. Dies trägt zur Erhaltung des Vertrauens in unser Unternehmen und zur rechtlichen Absicherung unserer Geschäftsprozesse bei und bildet damit eine wesentliche Grundlage für unsere erfolgreiche Geschäftstätigkeit.

Diese Datenschutzrichtlinie ist sowohl auf elektronische Daten als auch auf Daten in Papierform anzuwenden. Sie gilt innerhalb des gesamten Konzerns der *[Firmenwortlaut des Unternehmens]*.

2. Datenschutzgrundsätze

Wir bekennen uns dazu, personenbezogene Daten nur in Übereinstimmung mit den folgenden Datenschutzgrundsätzen zu verarbeiten:

2.1 Rechtmäßigkeit der Verarbeitung

> Jede Verarbeitung von personenbezogenen Daten hat auf einer Rechtsgrundlage nach der DSGVO zu basieren und muss auch sonst mit anwendbarem Recht übereinstimmen.

> Als Rechtsgrundlagen kommen unter anderem die Einwilligung der betroffenen Person, die Notwendigkeit zur Erfüllung unserer rechtlichen Verpflichtungen sowie von Verträgen oder unser überwiegendes berechtigtes Interesse in Betracht.

> Für die Verarbeitung von sensiblen Daten hat eine besondere Rechtsgrundlage zu bestehen. In vielen Fällen stellt die ausdrückliche Einwilligung der betroffenen Person oder eine Notwendigkeit

der Verarbeitung zur Erfüllung unserer Verpflichtungen nach Arbeits- oder Sozialrecht eine Grundlage dar.

2.2 Verarbeitung nach Treu und Glauben

> Die Verarbeitung von personenbezogenen Daten hat nach Treu und Glauben zu erfolgen, was insbesondere bei der Durchführung von Interessenabwägungen zu berücksichtigen ist.

> Es ist zu gewährleisten, dass betroffene Personen wissen, dass ihre personenbezogenen Daten verarbeitet werden und zu welchem Zweck dies geschieht und dass ihre personenbezogenen Daten nur insoweit verarbeitet werden, als das ihrer Erwartungshaltung entspricht.

2.3 Transparenz

> Personenbezogene Daten sind in einer für die betroffene Person nachvollziehbaren Weise zu verarbeiten.

2.4 Zweckbindung

> Spätestens zum Zeitpunkt der Erhebung von personenbezogenen Daten ist ein eindeutiger und legitimer Zweck der Verarbeitung festzulegen.

> Personenbezogene Daten sind in weiterer Folge nur für jene Zwecke zu verarbeiten, zu denen sie erhoben wurden.

> Sollen Daten für andere Zwecke verarbeitet werden, so ist dies der betroffenen Person zuerst mitzuteilen.

2.5 Datenminimierung

> Art und Umfang der verarbeiteten Daten haben den Verarbeitungszwecken angemessen und auf das für die Zwecke notwendige Maß beschränkt zu sein.

2.6 Richtigkeit von personenbezogenen Daten

> Gespeicherte Daten haben sachlich richtig und aktuell zu sein.

> Daten, die nicht richtig oder aktuell sind, sind zu löschen oder zu ändern.

2.7 Speicherbegrenzung

> Personenbezogene Daten sind nur solange zu speichern, wie dies für die festgelegten Zwecke erforderlich ist.

> Es sind Verfahren zu implementieren, um sicherzustellen, dass nicht mehr benötigte Daten gelöscht werden.

2.8 Sicherheit

> Es sind technische und organisatorische Maßnahmen zu ergreifen, um ein dem Risiko angemessenes Schutzniveau für personenbezogene Daten zu gewährleisten. Insbesondere sind Maßnahmen zur Sicherung von IT-Systemen, mit denen personenbezogene Daten verarbeitet werden, zu implementieren.

> Es dürfen nur befugte Personen Zugang zu personenbezogenen Daten haben.

2.9 Verarbeitung in Übereinstimmung mit Rechten von Betroffenen

Betroffene Personen sind im Zusammenhang mit der Verarbeitung ihrer personenbezogenen Daten unter anderem berechtigt:

> zu überprüfen, ob und welche personenbezogenen Daten wir über sie gespeichert haben und Kopien dieser Daten zu erhalten;

> die Berichtigung oder Löschung ihrer personenbezogenen Daten, die falsch sind oder nicht rechtskonform verarbeitet werden, zu verlangen;

> von uns zu verlangen, die Verarbeitung ihrer personenbezogenen Daten einzuschränken;

> unter bestimmten Umständen der Verarbeitung ihrer personenbezogenen Daten zu widersprechen oder die für das Verarbeiten zuvor gegebene Einwilligung zu widerrufen und

> Datenübertragbarkeit zu verlangen.

2.10 Rechtskonformer Umgang mit Betroffenenanfragen

> Jeder Mitarbeiter muss sich mit den vorgenannten Rechten vertraut machen und die nachfolgenden Verfahrensweisen befolgen.

> Wenn ein Mitarbeiter eine Anfrage von einer betroffenen Person (einschließlich Kunden oder Dritten) zur Ausübung einer dieser Rechte erhält, ist diese umgehend an die folgende E-Mail Adresse weiterzuleiten: *[E-Mail-Adresse]*

> Außer in besonderen Ausnahmefällen ist den betroffenen Personen innerhalb eines Monats nachdem wir eine solche Anfrage erhalten haben zu antworten. Die Anfragen werden dann unter Einhaltung des anwendbaren Rechts bearbeitet.

2.11 Internationale Übermittlung nur bei angemessenem Schutz

> Personenbezogene Daten dürfen nur dann in einen außerhalb des Europäischen Wirtschaftsraumes gelegenen Staat übermittelt werden, wenn in diesem Staat ein angemessenes Datenschutzniveau herrscht oder der Schutz der Daten durch geeignete Garantien sichergestellt wurde.

2.12 Einhaltung der Rechenschaftspflicht

> Wir sind für die Einhaltung der Datenschutzgrundsätze verantwortlich und müssen deren Einhaltung nachweisen können.

3. Definitionen

Alle in dieser Datenschutzrichtlinie verwendeten Begriffe haben dieselbe Bedeutung, die Ihnen von der DSGVO verliehen wird.

4. Anfragen

Etwaige Anfragen zu dieser Datenschutzrichtlinie können an folgenden Kontakt gerichtet werden: *[Name, Telefonnummer und/oder E-Mail-Adresse von Kontaktperson(en)]*

D. Datenschutzrichtlinie (englische Version)

Data Protection Policy

1. Introduction

We, *[company name]*, *[company's street address]* ("**we**") are committed to compliance with applicable data protection laws and, in particular, the EU General Data Protection Regulation ("**GDPR**"). We will make all reasonable endeavors to ensure that all personal data are collected, processed, used, disclosed, and erased in accordance with applicable data protection laws.

We recognize the responsibility we have towards all our employees, customers, and suppliers, to adequately protect their personal data and to respect and safeguard their rights under applicable data protection laws. This contributes to the confidentiality in our company and to the legal protection of our business processes and, thus, constitutes an essential basis for our successful business operations.

This Data Protection Policy applies to personal data processed electronically or on paper. It shall apply within the entire group of [**company name**].

2. Data Protection Principles

We process personal data only in compliance with the following data protection principles:

2.1 Lawfulness

> Any processing of personal data shall be based on a legal basis of the GDPR and has to comply with other applicable laws.

> Legal bases may be the data subject's consent, the necessity to comply with our legal obligations and to fulfil our contracts, or our overriding legitimate interests.

> The processing of sensitive data requires a special legal basis. In many cases, explicit consent of the data subject or the necessity of the processing to comply with our legal obligations under employment or social law constitutes such a basis.

2.2 Fairness

> Personal data shall be processed fairly, in particular when balancing various interests.

> Data subjects shall be aware of the processing of their personal data and the respective processing purposes. The processing shall correspond with the data subjects' expectations.

2.3 Transparency

> Personal data shall be processed in a transparent manner.

2.4 Purpose-related Processing

> A specific purpose of the data processing shall be determined at the moment of the collection of the data at the latest.

> Data must only be processed for the purposes for which it has been collected.

> The data subject must be notified prior to the processing of their data for any other purpose.

2.5 Data Minimization

> Nature and scope of data processing shall be adequate and limited to what is necessary in relation to the purposes for which the data is processed.

2.6 Accuracy

> Data stored shall be accurate and, where necessary, kept up to date.

> Data that is inaccurate or out of date shall be erased or rectified.

2.7 Storage Limitation

> Data shall only be kept for as long as it is necessary for the determined purposes.

> Appropriate technical and organizational measures shall be implemented in order to safeguard that data which is no longer required is erased.

2.8 Security

> Appropriate technical and organizational measures shall be implemented. In particular, measures to protect IT systems that are used for processing personal data shall be implemented.

> Only authorized persons shall be able to access personal data.

2.9 Processing in accordance with data subject's rights

Regarding the processing of their personal data, data subjects have the right to:

> Request information about whether and what kind of personal data we store about them and receive copies of that data.

> Request rectification or erasure of their personal data that is incorrect or processed unlawfully.

> Request us to restrict the processing of their personal data.

> In certain circumstances, to object to the processing of their personal data or to withdraw consent previously granted.

> Request data portability.

2.10 Compliant handling of data subjects' request

> Every employee must become familiar to the aforementioned rights and follow the procedures specified below.

> If an employee receives a request from a data subject (including customers or third parties) to exercise any of these rights, it must be promptly forwarded to the following email address: *[email address]*.

> Except in exceptional circumstances, the data subject shall be replied to within one month of us receiving such a request. Requests will be processed in accordance with applicable law.

2.11 International transfer only under adequate protection

> Personal data may only be transferred to a country outside the EEA where that country provides an adequate level of data protection or other appropriate safeguards are in place that sufficiently protect data.

2.12 Accountability

> We are responsible for compliance with the data protection principles and have to be able to demonstrate such compliance.

3 Definitions

All terms used in this Data Protection Policy have the same meaning as given to them by the GDPR.

4. Requests

Any queries regarding this Data Protection Policy may be directed to the following contact: *[Name, address, telephone number and/or email address of contact person(s)]*

E. IT-Nutzungsrichtlinie (deutsche Version)

IT-Nutzungsrichtlinie

1. Einleitung

1.1 In dieser Richtlinie benachrichtigen wir, die *[Firmenwortlaut des Unternehmens]* („**wir**"), Sie über Regeln im Zusammenhang mit der Nutzung unserer IT-Systeme, die zu beachten sind, um die Vertraulichkeit, Integrität und Verfügbarkeit unserer ITSysteme und der darin gespeicherten Daten zu schützen.

1.2 Die Richtlinie betrifft in erster Linie Ihre dienstlichen Tätigkeiten, kann aber auch Kommunikation über E-Mail für private Zwecke betreffen. **Eine private Nutzung unserer IT-Systeme ist grundsätzlich untersagt, außer für die Nutzung Ihres E-Mail-Accounts, solange E-Mails als „Privat" gekennzeichnet werden.**

1.3 Der Begriff „IT-Systeme" bedeutet von uns zur Verfügung gestellte oder betriebene Computer, Software, Kommunikationsgeräte und andere ähnliche Systeme, einschließlich insbesondere Desktop-Computer, Laptops, Tablets, tragbare Speichergeräte, E-Mail-Accounts, Telefone, Faxgeräte, Smartphones, Drucker, Netzwerkgeräte und -ausstattung.

1.4 Der Begriff „E-Mail-Account" bedeutet der von uns zur Verfügung gestellte E-Mail-Account für berufliche Zwecke.

1.5 Zu Zwecken der Sicherheit und der Wartung unserer IT-Systeme, sowie der Erfüllung rechtlicher Pflichten, wird autorisiertes Personal die IT-Systeme überwachen und überprüfen, soweit dies nach anwendbarem Recht zulässig ist. Dies gilt für die betriebliche Nutzung der IT-Systeme.

2. Nutzungsregeln

2.1 Unsere IT-Systeme dürfen nur in Übereinstimmung mit den folgenden Vorschriften verwendet werden. Dies gilt für die betriebliche Nutzung der IT-Systeme und, sofern Sie unsere IT-Systeme privat nutzen, auch für die private Nutzung.

2.2 Die Verwendung von IT-Systemen zu rechtswidrigen Zwecken oder zu Zwecken, welche im Widerspruch zu dieser oder einer anderen anwendbaren internen Richtlinie stehen, ist verboten.

2.3 Unsere IT-Systeme dürfen nicht auf eine Art und Weise verwendet werden, welche andere Mitarbeiter belästigt.

2.4 Dritten darf kein unautorisierter Zugriff zu unseren IT-Systemen gewährt werden.

2.5 Ihnen zugewiesene Passwörter oder sonstige Authentifizierungs-Informationen sind vor Kenntnisnahme durch Dritte zu schützen.

2.6 Auf Daten und IT-Systeme, für die Sie keine Autorisierung besitzen, darf nicht zugegriffen werden.

2.7 Die Implementierung von IT-Sicherheits-Verfahren, -Maßnahmen und -Richtlinien darf nicht beeinträchtigt oder verhindert werden.

2.8 Private Kommunikationskanäle (zB private E-Mail-Accounts) sind nicht zur Übermittlung von betrieblichen Informationen zu verwenden.

2.9 Die Nutzung von Software unter Verletzung der anwendbaren Lizenzbestimmungen ist unzulässig.

3. Private Nutzung der IT-Systeme

3.1 Angesichts der zunehmenden Bedeutung von IT-Systemen möchten wir Ihnen die Möglichkeit der begrenzten privaten Nutzung Ihres E-Mail-Account anbieten. **Private Nutzung Ihres E-Mail Accounts wird nur gestattet, wenn Sie diesbezügliche E-Mails als „Privat" kennzeichnen.**

3.2 Die private Nutzung des E-Mail-Accounts wird nicht überwacht, solange Sie die E-Mails als „Privat" gekennzeichnet haben. Allerdings wird Ihre arbeitsbezogene, dienstliche Nutzung des E-Mail-Accounts und der IT-Systeme dennoch gemäß dem anwendbaren Datenschutzrecht überwacht. Die Rechtsgrundlage hierfür ist unser überwiegendes berechtigtes Interesse gemäß Artikel 6 Abs 1 lit f Datenschutz-Grundverordnung („**DSGVO**"). Wir behalten uns das Recht vor, zu Zwecken der Geltendmachung, Ausübung oder Verteidigung von Rechtsansprüchen auf Ihre private Kommunikation zuzugreifen oder sonstige im Zusammenhang mit der Nutzung von IT-Systemen generierte Daten zu verarbeiten (Artikel 6 Abs 1 lit f und Artikel 9 Abs 2 lit f DSGVO).

3.3 Ihre private Nutzung des E-Mail-Accounts darf nicht exzessiv sein und darf Sie oder andere Mitarbeiter in keiner Weise von der angemessenen Erfüllung beruflicher Obliegenheiten abhalten.

4. Ausnahmen

4.1 Jegliche von dieser Richtlinie abweichende Nutzung von IT-Systemen bedarf unserer vorherigen schriftlichen Zustimmung.

5. Kontakt

5.1 Fragen zu dieser Richtlinie können Sie an *[E-Mail-Adresse]* richten.

[Datum]

F. IT-Nutzungsrichtlinie (englische Version)

IT Usage Policy

1. Introduction

1.1 In this policy, we, *[company name]* ("**we**"), inform you of the applicable rules and conditions with regard to the usage of our IT systems to protect the confidentiality, integrity, and availability of our IT systems and the data stored therein.

1.2 This policy primarily applies to your work-related activities; however, it may also apply to communications via email for private purposes. **Private use of our IT systems is generally not permitted except for the use of your email account as far as emails are labeled as "private".**

1.3 The term "IT Systems" refers to computers, software, communication devices, and other similar systems, particularly including desktop computers, laptops, tablets, portable storage devices, email accounts, telephones, fax machines, smartphones, printers, network devices, and equipment.

1.4 The term "email account" refers to the email account that is provided by us for the use for professional purposes.

1.5 For the purpose of safety and maintenance of our IT systems, as well as compliance with legal obligations, authorized personnel will monitor and verify the IT systems to the extend permitted under applicable law. This applies to work-related use of the IT systems.

2. Terms of Use

2.1 Our IT systems may only be used in compliance with the following rules and conditions. This applies to work-related use of our IT systems and, in case that email accounts are used for private purposes, also to private use.

2.2 Our IT systems may not be used for unlawful purposes or for purposes that conflict with this policy or other applicable internal policies.

2.3 Our IT systems may not be used in a way that harasses other employees.

2.4 Third parties may not be granted unauthorized access to our IT systems.

2.5 Passwords assigned to you or other authentication data have to be protected against disclosure to third parties.

2.6 Data and IT systems may not be accessed without authorization.

2.7 The implementation of IT security procedures, measures, and policies may not be impaired or prevented.

2.8 Private communication channels (e.g., private email accounts) may not be used for the transmission of work-related information.

2.9 When using software, the violation of applicable license terms is prohibited.

3. Private Use of Emails

3.1 In view of the increasing importance of IT systems, we would like to offer the possibility of limited private use of your email account. **Private use of your email account is only permitted if you label the respective emails as "private".**

3.2 Your private use of your email account will not be monitored, as far as you have labeled your email as private. However, your work-related use of your email account and the IT systems in general will nevertheless be monitored in compliance with applicable data privacy law. The legal basis for these monitoring activities is our legitimate interest according to Article 6 para. 1(f) General Data Protection Regulation ("**GDPR**"). We reserve the right to access your personal data generated in connection with the private use of your email account or other data generated by the usage of IT systems to exercise or defend our rights (Article 6 para. 1(f) and Article 9 para. 2(f) GDPR).

3.3 Your private use of your email account may not be excessive and may not prevent you or other employees from adequately fulfilling your or their professional duties in any way.

4. Exceptions

4.1 Any use of IT systems that deviates from this policy requires our previous written consent.

5. Contact

5.1 Should you have any questions with regard to this policy please contact *[email address]*.

[Date]

G. IT-Security Richtlinie (deutsche Version)

IT-Security Richtlinie

Zur Gewährleistung der Sicherheit personenbezogener Daten werden von uns, *[Firmenwortlaut des Unternehmens]*, *[Anschrift des Unternehmens]*, folgende Sicherheitsmaßnahmen in Entsprechung des Artikel 32 der DSGVO implementiert:

Präventive Sicherheitsmaßnahmen – Maßnahmen zur Verhinderung eines erfolgreichen Angriffs

> Technische Maßnahmen

> > **Logische Zugriffskontrolle**: Die Vergabe von Zugriffsberechtigungen erfolgt nach dem „Need-to-Know"-Prinzip.

> · **Authentifizierung**: Jeglicher Zugriff auf personenbezogene Daten erfolgt ausschließlich nach einer erfolgreichen Authentifizierung.

> · **Passwortsicherheit**: Soweit Passwörter zur Authentifizierung eingesetzt werden, sollten diese mindestens acht Zeichen lang sein und aus Klein- und Großbuchstaben, Zahlen und Sonderzeichen bestehen. Passwörter werden ausschließlich verschlüsselt gespeichert.

> · **Verschlüsselung auf dem Übertragungsweg**: Personenbezogene Daten werden auf dem Übertragungsweg über das Internet verschlüsselt, zumindest soweit es sich um Daten der Lohnverrechnung oder sensible Daten handelt.

> · **Verschlüsselung mobiler Geräte**: Mobile Endgeräte und mobile Datenträger werden verschlüsselt, zumindest soweit auf diesen Geräten Daten der Lohnverrechnung oder sensible Daten gespeichert werden.

> · **Netzwerksicherheit**: Es wird eine Firewall eingesetzt, welche das interne Netzwerk vom Internet trennt und – soweit möglich – eingehenden Netzwerkverkehr blockiert.

> · **Maßnahmen gegen Schadsoftware**: Es wird nach Möglichkeit auf allen Systemen Anti-Viren Software eingesetzt. Alle eingehenden E-Mails werden automatisch auf Schadsoftware gescannt.

> · **Management von Sicherheitslücken**: Soweit möglich, wird auf allen Geräten die automatische Installation von Sicherheitsupdates aktiviert. Ansonsten erfolgt die Installation kritischer Sicherheitsupdates binnen drei Arbeitstagen, die Installation von Sicherheitsupdates mittlerer Kritikalität binnen 25 Arbeitstagen und die Installation von Sicherheitsupdates geringer Kritikalität binnen 40 Arbeitstagen.

> Organisatorische Maßnahmen

· **Klare Zuständigkeiten**: Interne Zuständigkeiten für Fragen der Datensicherheit werden definiert.

· **Verschwiegenheitspflicht der Dienstnehmer**: Die Dienstnehmer werden über die Dauer ihres Dienstverhältnisses hinaus zur Verschwiegenheit verpflichtet. Insbesondere werden sie dazu verpflichtet, personenbezogene Daten nur auf ausdrückliche Anweisung eines Vorgesetzten an Dritte zu übermitteln.

· **Schulungen und Informationsmaßnahmen**: Die Dienstnehmer werden zu Fragen der Datensicherheit (intern oder extern) geschult und angemessen über Fragen der Datensicherheit informiert (zB Passwortsicherheit).

· **Geordnete Beendigung des Dienstverhältnisses**: Bei Beendigung des Dienstverhältnisses erfolgt eine unverzügliche Sperrung aller Konten des ausscheidenden Dienstnehmers sowie eine Abnahme aller Schlüssel des ausscheidenden Dienstnehmers.

· **Verwaltung von Computer-Hardware**: Es werden Aufzeichnungen darüber geführt, welchem Mitarbeiter welche Endgeräte (zB PC, Laptop, Mobiltelefon) zugewiesen wurden.

· **Eingabekontrolle**: Es bestehen Verfahren zur Kontrolle der Richtigkeit der eingegebenen personenbezogenen Daten.

· **Keine Doppelverwendung von Benutzer-Accounts**: Jede Person sollte ihren eigenen Benutzer-Account haben – das Teilen von Benutzer-Accounts ist untersagt.

· **Keine unnötige Verwendung administrativer Accounts**: Benutzer-Accounts mit administrativen Rechten werden nur in Ausnahmefällen verwendet – die reguläre Nutzung von IT-Systemen erfolgt ohne administrative Rechte.

· **Auswahl der Dienstleister**: Bei der Auswahl von Dienstleistern wird das vom Dienstleister gebotene Datensicherheitsniveau berücksichtigt. Der Einsatz eines Dienstleisters, der als Auftragsverarbeiter einzustufen ist, erfolgt nur nach Abschluss einer Auftragsverarbeitervereinbarung.

· **Sichere Datenentsorgung**: Papier, welches personenbezogene Daten enthält, wird grundsätzlich geschreddert bzw einem externen Dienstleister zur sicheren Vernichtung übergeben. Datenträger werden vor ihrer Entsorgung vollständig überschrieben oder physisch zerstört, sodass die darauf gespeicherten Daten nicht wiederhergestellt werden können.

> Physische Maßnahmen

- **Physische Zugangskontrolle**: Das Betreten der Betriebsräumlichkeiten ist für betriebsfremde Personen nur in Begleitung einer betriebsangehörigen Person zulässig.

- **Einbruchssicherheit**: Die Zugänge zu den Betriebsräumlichkeiten verfügen über einen angemessenen Einbruchsschutz (zB eine Sicherheitstüre höherer Widerstandsklasse).

- **Besonderer Schutz von Computer-Hardware**: Der Zugang zu Räumlichkeiten, in denen sich Computer-Server befinden ist durch besondere Maßnahmen gesichert (zB zusätzliches Schloss).

- **Schlüsselverwaltung**: Schlüssel, welchen den Zugang zu den Betriebsräumlichkeiten oder Teilen derselben ermöglichen, werden nur an besonders vertrauenswürdige Personen ausgehändigt und dies auch nur soweit und solange diese Personen tatsächlich einen eigenen Schlüssel benötigen.

Detektive Sicherheitsmaßnahmen – Maßnahmen zur Erkennung eines Angriffs

> Technische Maßnahmen

- **Scans nach Schadsoftware**: Es werden regelmäßig Scans nach Schadsoftware (Anti-Viren-Scans) durchgeführt, um Schadsoftware zu identifizieren, welche ein IT-System bereits kompromittiert hat.

- **Automatische Prüfung von Logfiles**: Soweit die Sicherheits-Logfiles mehrerer Systeme auf einem System zentralisiert gesammelt werden, erfolgt eine automatisierte Auswertung der Logfiles, um mögliche Sicherheitsverletzungen zu erkennen.

- **Sicherheits-Mailing-Listen**: Es wird sichergestellt, dass ein Mitarbeiter des Unternehmens oder ein externer Dienstleister einschlägige Mailing-Listen für die Bekanntgabe neuer IT-Sicherheits-Bedrohungen abonniert (zB Mailing-Listen der Hersteller der verwendeten Software), um über die aktuelle Bedrohungslage Kenntnis zu haben.

> Organisatorische Maßnahmen

- **Erkennung von Sicherheitsverletzungen durch Dienstnehmer**: Alle Dienstnehmer werden instruiert, wie sie Sicherheitsverletzungen erkennen können (zB nicht mehr auffindbare Computer-Hardware, Meldungen von Anti-Viren-Software).

- **Betriebsfremde Personen:** Alle Dienstnehmer werden instruiert, betriebsfremde Personen anzusprechen, sollten sie in den Betriebsräumlichkeiten angetroffen werden.

- **Audits:** Es werden regelmäßige Audits durchgeführt (zB Prüfung, ob alle kritischen Sicherheits-Updates installiert wurden). Insbesondere erfolgt eine regelmäßige Prüfung der erteilten Zugriffs- und Zutrittsberechtigungen (welchem Mitarbeiter ist welcher Benutzer-Account mit welchen Zugriffsrechten zugewiesen; welche Personen verfügen über welche Schlüssel).

- **Manuelle Prüfung von Logfiles:** Soweit Logfiles geführt werden (zB über erfolglose Authentifizierungsversuche), werden diese in regelmäßigen Abständen geprüft.

> Physische Maßnahmen

- **Brandmelder:** Sofern dies aufgrund der Größe und Beschaffenheit der Betriebsräumlichkeiten angemessen ist, wird ein Brandmelder installiert, der durch Rauch automatisch ausgelöst wird.

Reaktive Sicherheitsmaßnahmen – Maßnahmen zur Reaktion auf einen Angriff

> Technische Maßnahmen

- **Datensicherung:** Es werden regelmäßig Datensicherungen erstellt und sicher aufbewahrt.

- **Datenwiederherstellungskonzept:** Es wird ein Konzept zur raschen Wiederherstellung von Datensicherungen entwickelt, um nach einer Sicherheitsverletzung zeitnah den regulären Betrieb wiederherstellen zu können.

- **Automatische Entfernung von Schadsoftware:** Die eingesetzte Anti-Viren-Software verfügt über die Funktion, Schadsoftware automatisch zu entfernen.

> Organisatorische Maßnahmen

- **Meldepflicht für Dienstnehmer:** Alle Dienstnehmer werden angewiesen, Sicherheitsverletzungen unverzüglich an eine zuvor definierte interne Stelle bzw Person zu melden.

- **Meldepflicht für externe Dienstleister:** Allen Dienstleistern werden Kontaktdaten für die Meldung von Sicherheitsverletzungen mitgeteilt.

- **Prozess für die Reaktion auf Sicherheitsverletzungen:** Es wird durch einen geeigneten Prozess sichergestellt, dass Sicherheitsverletzungen innerhalb von 72 Stunden ab Kenntnis von der Sicherheitsverletzung an die Datenschutzbehörde gemeldet werden können. Insbesondere sind allen Dienstnehmern die Notfall-Telefonnummern der zu involvierenden Personen bekannt zu geben (zB Notfall-Telefonnummer für den IT-Support).

> Physische Maßnahmen

- **Feuerlöscher:** In den Betriebsräumlichkeiten gibt es eine geeignete Anzahl an Feuerlöschern. Allen Dienstnehmern ist bekannt, wo sich die Feuerlöscher befinden.

- **Feueralarm:** Soweit es keinen Brandmelder gibt, der über eine automatische Verbindung zur Feuerwehr verfügt, wird durch einen angemessenen Prozess sichergestellt, dass die Feuerwehr manuell verständigt werden kann.

Abschreckende Sicherheitsmaßnahmen – Maßnahmen zur Minderung der Angreifermotivation

> Technische Maßnahmen

- **Automatische Warnmeldungen:** Nutzer erhalten automatische Warnmeldungen bei risikoträchtiger IT-Nutzung (zB durch den Webbrowser, wenn eine verschlüsselte Website kein korrektes SSL/TLS-Zertifikat verwendet).

> Organisatorische Maßnahmen

- **Sanktionen bei Angriffen durch eigene Dienstnehmer:** Alle Dienstnehmer werden darüber informiert, dass Angriffe auf betriebseigene IT-Systeme nicht toleriert werden und schwerwiegende arbeitsrechtliche Konsequenzen, wie insbesondere eine Entlassung, nach sich ziehen können.

H. IT-Security Richtlinie (englische Version)

IT Security Policy

To guarantee the security of personal data we, *[company name]*, *[company's street address]*, implement the following security measures pursuant to Article 32 of the General Data Protection Regulation:

Preventive Security Measures — Measures to Prevent a Successful Attack

> Technical measures

- **Logical access control:** Access rights are granted according to the "need-to-know" principle.

- **Authentication:** Personal data is accessible only after successful authentication.

- **Password security:** Passwords used for authentication consist of at least 8 characters, lower and upper case letters, numbers, and special characters. Passwords are stored encrypted only.

- **Encryption on the transmission path:** Personal data is encrypted if transmitted over the Internet, at least to the extent payroll data and sensitive data are concerned.

- **Encryption of mobile devices:** Mobile devices and mobile data carriers are encrypted, at least in case that payroll data or sensitive data are stored on these devices.

- **Network security:** A firewall is used that separates the internal network from the Internet and — as far as possible — blocks incoming network traffic.

- **Measures against malicious software:** Anti-virus software is used on all systems as far as possible. All incoming emails are automatically scanned for malicious software.

- **Management of security vulnerabilities:** To the extent feasible, the automatic installation of security updates is activated on all devices. Otherwise, critical security updates will be installed within 3 business days, medium-critical security updates will be installed within 25 business days, and non-critical security updates will be installed within 40 business days.

> Organizational measures

- **Clear responsibilities:** Internal responsibilities for data security issues are defined.

323

- **Confidentiality requirements of employees:** Employees are obliged to maintain secrecy beyond the duration of their employment. In particular, employees may only transfer personal data to third parties upon the express instruction of a supervisor.

- **Training and information activities:** Employees are trained on data security issues (internally or externally) and adequately informed about data security issues (such as password security).

- **Orderly termination of employment relationships:** Upon termination of an employment relationship, all accounts of the leaving employee are immediately blocked for that employee and all keys of the leaving employee are collected.

- **Management of computer hardware:** Records are kept on the distribution of end devices to specific employees (e.g., PC, laptop, mobile phone).

- **Input control:** Control procedures are implemented to control the accuracy of personal data.

- **No duplicates of user accounts:** Each person should have their own user account — the sharing of user accounts is prohibited.

- **Limited use of administrative accounts:** User accounts with administrative rights are only used in exceptional cases — IT systems are normally used without administrative rights.

- **Selection of service providers:** When selecting service providers, the data security level offered by the service provider is taken into account. Service providers that are considered a processor are only used after execution of a processor agreement.

- **Secure data disposal:** Paper containing personal data is generally shredded or handed over to an external service provider for secure destruction. Media are completely overwritten or physically destroyed before being disposed of in order to prevent restoration of stored data.

> Physical measures

- **Physical access control:** Access to business premises is only permitted for non-employees if accompanied by a company member.

- **Measures against burglary:** Access to business premises is equipped with adequate burglary protection (e.g., with security doors of higher safety classes).

- **Special protection of computer hardware:** Access to premises where computer servers are located is protected by special security measures (e.g., by additional locks).

- **Key management:** Keys that grant access to premises or parts of thereof are only provided to particularly trustworthy persons, and only to the extent and as long as these persons require a separate key.

Detective security measures — measures to detect an attack

> Technical Measures

- **Scans for malware:** Scans for malware (anti-virus scans) are regularly performed to identify malicious software that has already compromised an IT system.

- **Automatic checks of log files:** To the extent that safety log files of several systems are collected on a centralized system, log files are automatically evaluated in order to detect possible security breaches.

- **Security mailing lists:** An employee of the company or an external service provider is required to subscribe to relevant mailing lists for the announcement of new IT security threats (e.g., mailing lists of the manufacturers of the software used) to recognize current threat situations.

> Organizational measures

- **Employee security incident detection:** All employees are trained on the detection of security breaches (e.g., undetectable computer hardware, anti-virus software messages).

- **External persons:** All employees are instructed to address non-employees should they be met on the premises.

- **Audits:** Audits are performed regularly (e.g., by verifying if all critical security updates have been installed). In particular, there is a regular check of access grants and access authorizations (which employee is assigned to which user account with which access rights, which persons have which keys).

- **Manual checking of log files:** Log files, if kept, are checked at regular intervals (e.g., with regard to unsuccessful authentication attempts).

> Physical measures

- **Fire alarms:** To the extent appropriate with regard to the size and nature of the business facilities, fire alarms that are automatically triggered by smoke will be installed.

Reactive security measures — response to an attack

> Technical Measures

- **Data backup:** Data backups are created regularly and stored securely.

- **Data recovery concept:** A concept for the rapid restoration of data backups will be developed in order to allow for the timely restoration of regular operation after a security breach.

- **Automatic removal of malware:** The anti-virus software used automatically removes malware.

> Organizational measures

- **Reporting obligation for employees:** All employees are instructed to immediately report security violations to a previously defined internal body or person.

- **Obligation to register external service providers:** All service providers are provided with contact details to report security breaches.

- **Incident response process:** Security breaches can be reported to the supervisory authority within 72 hours of knowledge of the breach via an appropriate reporting process. In particular, all employees will be provided with emergency telephone numbers of the persons that will have to get involved (e.g., emergency telephone number of the IT support).

> Physical measures

- **Fire extinguishers:** There is a suitable number of fire extinguishers in the premises. All employees are aware of the location of these fire extinguishers.

- **Fire alarm:** In case that there is a fire detector that does not have an automatic connection to the fire department, an appropriate process ensures that the fire department can be contacted manually.

Deterrent security measures — measures to reduce attack motivation

> Technical Measures

- **Automatic alerts:** Users receive automatic alerts on risk-entailing IT use (such as through the web browser if an encrypted web site does not use correct SSL / TLS certificates).

> Organizational measures

- **Sanctions in the case of attacks by own employees:** All employees are informed that attacks on company-owned IT systems are not tolerated and that such attacks may result in serious consequences under employment law, particularly including dismissal.

I. Löschregeln für ein Löschkonzept (deutsche Version)

[Nachfolgende Tabelle ist als Teil eines Löschkonzepts zu implementieren und zu ergänzen.]

1. *[Verarbeitungstätigkeit]*				
Datenart	Löschfrist	Beginn der Löschfrist	Rechtsgrundlage	Eintrag in Verarbeitungsverzeichnis
[Datenart]	*[Aufbewahrungs- oder Verjährungsfrist]*	*[Beginn, je nach gesetzlicher Anweisung abhängig von Datenerhebung, Ende eines Vorganges oder Ende einer Beziehung zum Betroffenen]*	*[§, ggf iVm Rechtsgrundlage nach DSGVO]*	*[Gliederungspunkt]*

2. Personalverwaltung				
Datenart	Löschfrist	Beginn der Löschfrist	Rechtsgrundlage	Eintrag in Verarbeitungsverzeichnis
Daten zu abgelehnten Bewerbern	6 Monate	Ablehnung der Bewerbung bzw Beförderung	§ 29 Abs 1 GlBG	*[Gliederungspunkt]*
Daten betreffend Lohnsteuer- und Abgabenpflicht	7 Jahre	Entstehung der Lohnsteuer- oder Abgabenpflicht	§ 132 BAO	*[Gliederungspunkt]*

Aufzeichnungen und Berichte über Arbeitsunfälle	5 Jahre	Zeitpunkt des Unfalls	§ 16 Abs 2 ASchG	*[Gliederungspunkt]*
Daten zur Ausstellung eines Dienstzeugnisses	30 Jahre	Beendigung des Dienstverhältnisses	Art 6 Abs 1 lit f und Art 17 Abs 3 lit e DSGVO iVm § 1163 ABGB	*[Gliederungspunkt]*
Aufzeichnung über Überlassung von Arbeitskräften	5 Jahre	Letzte Eintragung	§ 13 Abs 3 AÜG	*[Gliederungspunkt]*
[weitere Datenart]	*[Aufbewahrungs- oder Verjährungsfrist]*	*[Beginn, je nach gesetzlicher Anweisung abhängig von Datenerhebung, Ende eines Vorganges oder Ende einer Beziehung zum Betroffenen]*	*[§, ggf iVm Rechtsgrundlage nach DSGVO]*	*[Gliederungspunkt]*

3. Rechnungs- und Beschaffungswesen

Datenart	Löschfrist	Beginn der Löschfrist	Rechtsgrundlage	Eintrag in Verarbeitungsverzeichnis
Bücher, Inventare, Eröffnungsbilanzen,	7 Jahre	Abschluss des Kalenderjahres, auf den sich der Abschluss bzw	§ 212 Abs 1 UGB	*[Gliederungspunkt]*

Jahresab-schlüsse, Lageberich-te, Kon-zernab-schlüsse, Konzernla-geberichte		Lagebericht bezieht		
Empfange-ne Ge-schäftsbrie-fe, Ab-schriften versendeter Geschäfts-briefe	7 Jahre	Ablauf des Ka-lenderjahrs des Empfangs oder der Versendung; bei Bezug zu Buchung, Gleichlauf mit dieser	§ 212 Abs 1 UGB	*[Gliederungs-punkt]*
Buchungs-belege	7 Jahre	Abschluss des Kalenderjahres, auf den sich die Buchung be-zieht	§ 212 Abs 1 UGB	*[Gliederungs-punkt]*
Umsatz-steuerdaten	7 Jahre	Entstehung der Lohnsteuer- oder Abgaben-pflicht	§ 18 UStG, § 132 BAO	*[Gliederungs-punkt]*
Umsatz-steuerdaten betreffend Grund-stücke	22 Jahre	Entstehung der Lohnsteuer- oder Abgaben-pflicht	§ 18 Abs 10 UStG	*[Gliederungs-punkt]*
[weitere Datenart]	*[Aufbe-wahrungs- oder Ver-jährungs-frist]*	*[Beginn, je nach gesetzlicher An-weisung abhän-gig von Daten-erhebung, Ende eines Vorganges oder Ende einer Beziehung zum Betroffenen]*	*[§, ggf iVm Rechtsgrund-lage nach DSGVO]*	*[Gliederungs-punkt]*

330

J. Löschregeln für ein Löschkonzept (englische Version)

[The following table is to be implemented and supplemented as part of a concept for the erasure of personal data within a company.]

1. *[Processing activity]*				
Type of data	Retention period	Start of retention period	Legal basis	Entry in record of processing activities
[type of data]	*[retention or limitation period]*	*[start, as provided by the legal basis depending on the time the data was collected, the end of a process or the end of a relationship with the data subject]*	*[relevant section of applicable law, if appropriate in conjunction with relevant GDPR-Article]*	*[relevant section]*

2. Personnel administration				
Type of data	Retention period	Start of retention period	Legal basis	Entry in record of processing activities
Data on rejected applicants	6 months	Rejection of application or promotion	Sec. 29 para. 1 Equal Treatment Act	*[relevant section]*
Data concerning wage tax and duty liability	7 years	Incurrence of income tax or tax liability	Sec. 132 Federal Fiscal Code	*[relevant section]*

Records and reports of accidents at work	5 years	Time of the accident	Sec. 16 para. 2 Employee Safety Act	*[relevant section]*
Data for issuing a service certificate	30 years	Termination of employment	Art. 6(1)(f) and Art. 17(3) (e) GDPR, § 1163 Austrian Civil Code	*[relevant section]*
Recording of the secondment of workers	5 years	Last entry	Sec 13 para. 3 Temporary Work Act	*[relevant section]*
[additional type of datat]	*[retention or limitation period]*	*[start, as provided by the legal basis depending on the time the data was collected, the end of a process or the end of a relationship with the data subject]*	*[relevant section of applicable law, if appropriate in conjunction with relevant GDPR-Article]*	*[relevant section]*

3. Accounting and procurement

Type of data	Retention period	Start of retention period	Legal basis	Entry in record of processing activities
Books, inventories, opening balance sheets, annual financial statements, management re-	7 years	Financial statements of the calendar year to which the financial statements or management report relate	Sec. 212 para. 1 Commcercial Code	*[relevant section]*

ports, consolidated financial statements, consolidated management reports				
Received business letters, copies of sent business letters	7 years	The end of the calendar year of receipt or dispatch; If reference is made to a booking, synchronisation with this booking.	Sec. 212 para. 1 Commcercial Code	*[relevant section]*
Accounting vouchers	7 years	Closing date of the calendar year to which the booking relates	Sec. 212 para. 1 Commcercial Code	*[relevant section]*
Value added tax data	7 years	Incurrence of the income tax liability or tax liability	Sec. 18 Value Added Tax Act, Sec. 132 Federal Fiscal Code	*[relevant section]*
Value added tax data relating to real estate	22 years	Incurrence of the income tax liability or tax liability	Sec. 18 Abs. 10 Value Added Tax Act	*[relevant section]*
[additional type of datat]	*[retention or limitation period]*	*[start, as provided by the legal basis depending on the time the data was collected, the end of a process or the end of a relationship with the data subject]*	*[relevant section of applicable law, if appropriate in conjunction with relevant GDPR-Article]*	*[relevant section]*

X. Joint Controller Agreements

A. Joint Controller Agreement zwischen Verantwortlichen innerhalb der EU/des EWR (deutsche Version)

[Zu beachten: Das „Wesentliche der Vereinbarung" muss den betroffenen Personen zur Verfügung gestellt werden. Dies kann etwa gemeinsam mit der Datenschutzerklärung erfolgen.]

Joint Controller Agreement
(nachfolgend „**Vereinbarung**")

zwischen

[Firmenwortlaut des Primären Verantwortlichen]
[Anschrift des Primären Verantwortlichen]
(nachfolgend „**Primärer Verantwortlicher**")

und

[Firmenwortlaut des Sekundären Verantwortlichen]
[Anschrift des Sekundären Verantwortlichen]
(nachfolgend „**Sekundärer Verantwortlicher**")

(einzeln „**Partei**", gemeinsam „**Parteien**")

1. **Präambel**

1.1 Die Parteien sind Verantwortliche im Sinne der Datenschutz-Grundverordnung („**DSGVO**") hinsichtlich der Verarbeitung personenbezogener Daten betroffener Personen.

1.2 Die Parteien kommen darin überein, die in der jeweiligen Beilage 1 aufgeführten Verarbeitungen gemeinsam durchzuführen. Dies schließt die gemeinsame Verarbeitung (insbesondere Offenlegung und gemeinsame Verwendung) personenbezogener Daten jener betroffener Personen ein, die in der jeweiligen Beilage 1 aufgeführt werden („**Betroffene**"), wobei die Verarbeitung durch alle Parteien erfolgt („**Gemeinsame Verarbeitung**"). Die Einzelheiten der Gemeinsamen Verarbeitungen und die Kategorien von personenbezogenen Daten („**Gemeinsame Daten**"), die im Rahmen der Gemeinsamen Verarbeitung verwendet werden, sind in der jeweiligen Beilage 1 aufgeführt.

1.3 Alle Parteien bestimmen gemeinsam die Zwecke und Mittel der Gemeinsamen Verarbeitung der Gemeinsamen Daten und sind daher gemeinsam für die Verarbeitung Verantwortliche im Sinne der DSGVO.

1.4 Die Vereinbarung enthält die allgemeinen Bedingungen, die auf die Gemeinsame Verarbeitung der Gemeinsamen Daten durch die Verantwortlichen als gemeinsam für die Verarbeitung Verantwortliche anwendbar sind. Sie zielt darauf ab, sicherzustellen, dass die Parteien das geltende Datenschutzrecht einhalten.

2. Wahrnehmung der datenschutzrechtlichen Verpflichtungen

2.1 Informationspflichten

Der Primäre Verantwortliche hat die Einhaltung der Informationspflichten nach Artikel 13 und 14 DSGVO gegenüber den Betroffenen sicherzustellen und diese über die Gemeinsame Verarbeitung zu informieren.

2.2 Betroffenenrechte

Der Primäre Verantwortliche hat sicherzustellen, dass rechtmäßige Anfragen von Betroffenen erfüllt werden; so etwa hinsichtlich ihrer Rechte auf Auskunft, Berichtigung, Löschung, Einschränkung der Verarbeitung, Datenportabilität und Widerspruch (Artikel 15–22 DSGVO).

Der Primäre Verantwortliche ist von den anderen Parteien über Anfragen von Betroffenen zu benachrichtigen, die an andere Parteien gerichtet werden.

2.3 Datenschutz-Folgenabschätzung

Alle Datenschutz-Folgenabschätzungen werden von *[dem Primären Verantwortlichen/der Partei, welche die Aufnahme der Verarbeitung anregt]* durchgeführt. Soweit erforderlich, werden die anderen Parteien hierbei mitwirken.

2.4 Meldung von Verletzungen des Schutzes personenbezogener Daten

Alle Meldungen von Verletzungen des Schutzes personenbezogener Daten werden von *[dem Primären Verantwortlichen/der Partei, welche zuerst Kenntnis von der Verletzung des Schutzes personenbezogener Daten erlangt]* erstattet. Soweit erforderlich, werden die anderen Parteien hierbei mitwirken.

2.5 Sonstige datenschutzrechtliche Verpflichtungen

Unbeschadet der vorgenannten Punkte hat jede Partei sicherzustellen, dass bei jedem Verarbeitungsschritt, den sie im Rahmen der Gemeinsamen Verarbeitung setzt, sämtliche datenschutzrechtlichen Verpflich-

338

tungen nach DSGVO (insbesondere Datensicherheitsvorschriften nach Artikel 32 DSGVO) und nationalem Recht eingehalten werden.

3. Haftung

3.1 Für Verbindlichkeiten, die aus der Gemeinsamen Verarbeitung entstehen, haftet jede Partei gegenüber den anderen Parteien im Ausmaß ihres Verschuldens.

4. Dauer und Beendigung

4.1 Diese Vereinbarung kann von jeder Partei zu jedem Monatsende unter Einhaltung einer zweimonatigen Frist gekündigt werden. Eine solche Kündigung ist nur wirksam hinsichtlich jener Partei, welche die Kündigung erklärt.

4.2 Nach der Beendigung dieser Vereinbarung wird die kündigende Partei alle Gemeinsamen Daten nach ihrer Wahl entweder

a. löschen oder

b. einer der verbleibenden Parteien zurückgeben und existierende Kopien löschen,

sofern die kündigende Partei nicht nach dem Unionsrecht oder dem Recht der Mitgliedstaaten zur weiteren Speicherung der Gemeinsamen Daten verpflichtet ist.

4.3 Die Vereinbarung bleibt zwischen allen anderen Parteien aufrecht und wirksam.

4.4 Für den Fall einer Kündigung durch den Primären Verantwortlichen übernehmen alle anderen Parteien gemeinsam dessen Verpflichtungen nach dieser Vereinbarung.

5. Sonstiges

5.1 Bei Fragen zu dieser Vereinbarung können Betroffene den Primären Verantwortlichen kontaktieren.

5.2 Eine ungültige oder nicht durchsetzbare Bestimmung dieser Vereinbarung berührt nicht die übrigen Bestimmungen dieser Vereinbarung. In einem solchen Fall wird die ungültige oder nicht durchsetzbare Bestimmung automatisch durch eine gültige und durchsetzbare Bestimmung ersetzt, die dem Zweck der ursprünglichen Bestimmung am nächsten kommt. Dasselbe gilt, wenn diese Vereinbarung eine ungewollte Lücke enthält.

5.3 Auf diese Vereinbarung findet österreichisches Recht, mit Ausnahme der internationalen Verweisungsnormen und des UN-Kaufrechts, Anwendung. Als Gerichtsstand wird das Handelsgericht Wien vereinbart.

Im Namen des Primären   Im Namen des Sekundären
Verantwortlichen: Verantwortlichen:

....

Ort und Datum: Ort und Datum:

....

Beilage 1: Einzelheiten der Gemeinsamen Verarbeitungen

1. *[Bezeichnung der Gemeinsamen Verarbeitung]*

[Dieser Teil ist für jede gemeinsame Verarbeitungstätigkeit zu replizieren und entsprechend zu nummerieren.]

Zweck der Gemeinsamen Verarbeitung	*[zB Betrieb einer Kundendatenbank]*
Mittel der Gemeinsamen Verarbeitung	*[zB Datenbanksoftware]*
Kategorien von Betroffenen	*[zB Lieferanten, Kooperationspartner, Mitarbeiter]*
Kategorien Gemeinsamer Daten	*[zB Namen und Geburtsdatum, Kontaktdaten (Telefonnummer, Faxnummer, physische Adresse, E-Mail-Adresse), Branche, Bankkontoinformationen]*
Kategorien sensibler Gemeinsamer Daten	*[zB N/A, Gewerkschaftszugehörigkeit von Mitarbeitern, biometrische Daten zur Identifizierung]*
Rechtsgrundlage für die Gemeinsame Verarbeitung	*[zB Die Erforderlichkeit zur Vertragserfüllung (Art 6 Abs 1 lit b DSGVO), die Erforderlichkeit zur Wahrung überwiegender berechtigter Interessen der Parteien (Art 6 Abs 1 lit b DSGVO)]*
Empfänger der Gemeinsamen Daten	*[zB Mitarbeiter und Entscheidungsträger der Parteien auf „Need-to-know"-Basis]*

B. Joint Controller Agreement zwischen Verantwortlichen innerhalb der EU/des EWR (englische Version)

[Note: The „essence of the arrangement" must be made available to the persons concerned. This can be done together with the Data Protection Notice.]

Joint Controller Agreement

(hereafter „**Agreement**")

between

[company name of the Primary Controller]
[address of the Primary Controller]
(hereafter „**Primary Controller**")

and

[company name of the Secondary Controller]
[address of the Secondary Controller]
(hereafter „**Secondary Controller**")

(each „**Party**", together „**Parties**")

1.   Preamble

1.1   The Parties are Controllers in the meaning of the General Data Protection Regulation ("**GDPR**") with regard to the processing of personal data of data subjects.

1.2   The Parties hereby agree to work together in performing the processing described in <u>Appendix 1</u>. This includes the joint processing (in particular the disclosure and joint use) of personal data of data subjects as listed in the respective <u>Appendix 1</u> ("**Data Subjects**") by each Party ("**Joint Processing**"). The details of the Joint Processing as well as the categories of personal data of Data Subjects ("**Joint Data**") used for the Joint Processing are set out in the respective <u>Appendix 1</u>.

1.3   Because the Parties jointly determine the purposes and means of the Joint Processing of Joint Data, they qualify as joint controllers within the meaning of the GDPR.

1.4   The Agreement contains the terms and conditions applicable to the Joint Processing of Joint Data by the Controllers as joint controllers with the aim to ensure that the Parties comply with applicable data protection law.

2. Compliance with obligations under data protection law

2.1 Information requirements

The Primary Controller shall be responsible for the compliance with the information requirements set out in Articles 13 and 14 GDPR regarding the Data Subject and shall inform the Data Subject about the Joint Processing by the Parties.

2.2 Data Subject Rights

The Primary Controller shall be responsible for the fulfillment of Data Subject's legitimate requests, such as the right of access, right to rectification, right to erasure, right to restriction of the processing, right to data portability and right to object (Articles 15 to 22 GDPR).

The Primary Controller shall be notified by the other Parties of Data Subject requests addressed at the other Parties.

2.3 Data protection impact assessment

Any data protection impact assessment will be carried out by *[the Primary Controller/the Party which proposes the commencement of the processing]*. Insofar as necessary, the other Parties will contribute.

2.4 Notification of a personal data breach

Any notification of a personal data breach will be carried out by *[the Primary Controller/the Party who first becomes aware of the personal data breach]*. Insofar as necessary, the other Parties will contribute.

2.5 Further obligations under data protection law

Notwithstanding the abovementioned, Primary Controller shall be responsible to fulfill any obligations arising from the GDPR (especially regarding data security obligations under Article 32 GDPR) and national data protection law with regard to the Joint Data it is processing in the course of the Joint Processing.

3. Liability

3.1 For liabilities arising out of the Joint Processing each Party shall be liable to the other Parties to the extent of its own fault.

4. Duration and termination

4.1 This Agreement may be terminated by any Party at the end of every month, subject to two months' prior notice. Such termination will only be effective with respect to the Party which declares the termination.

4.2 Upon termination of this Agreement, the terminating Party shall, at its option, either

a. delete or

b. return any of the remaining parties and delete any existing copies,

unless the terminating Party is obliged under EU law or the law of the Member States to retain the Joint Data.

4.3 The Agreement will remain in full force and effect with respect to all other Controllers.

4.4 In the event of termination by the Primary Controller, all other Parties shall jointly assume the obligations of the Primary Controller under this Agreement.

5. Miscellaneous

5.1 In case of questions regarding this Agreement, Data Subjects may contact the Primary Controller.

5.2 If any provision of this Agreement is invalid or unenforceable the other provisions of this Agreement shall not be affected. In such case the invalid or unenforceable provision shall automatically be replaced by a valid and enforceable provision that comes closest to the purpose of the original provision. The same shall apply if this Agreement contains an unintentional gap.

5.3 To this Agreement, Austrian law shall apply with the exception of the international conflict of laws rules and the UN Convention on Contracts for the International Sale of Goods. The place of jurisdiction shall be the Commercial Court of Vienna.

On behalf of the Primary
Controller:

On behalf of the Secondary
Controller:

....

....

Place and date:

Place and date:

....

....

Appendix 1: Details of a Joint Processings

1. [Designation of the Joint Processing]

[This part shall be replicated for each joint processing activity and numbered accordingly.]

Purpose of Joint Processing	*[e.g.: Operation of a customer database]*
Means of Joint Processing	*[e.g.: database software]*
Categories of Data Subjects	*[e.g.: suppliers, cooperation partners, employees]*
Categories of Joint Data	*[e.g.: Name and date of birth, contact details (telephone number, fax number, physical address, email address), industry, bank account information]*
Special categories of Joint Data	*[e.g.: N/A, trade union membership of employees, biometric data for identification]*
Legal basis for Joint Processing	*[e.g.: The necessity to perform a contract (Article 6(1)(b) GDPR), the necessity to pursue the overriding legitimate interests of the Parties (Article 6(1)(f) GDPR)]*
Recipients of the Joint Data	*[e.g.: Employees and decision-makers of the parties on a need-to-know basis]*

C. Joint Controller Agreement zwischen Verantwortlichen innerhalb und außerhalb der EU/des EWR (deutsche Version)

[Zu beachten: Das „Wesentliche der Vereinbarung" muss den betroffenen Personen zur Verfügung gestellt werden. Dies kann etwa gemeinsam mit der Datenschutzerklärung erfolgen.]

[Dieses Muster enthält, im Vergleich zum Muster oben unter X. A., zusätzlich Regelungen zur internationalen Datenübermittlung und EU-Standardvertragsklauseln.]

Joint Controller Agreement
(nachfolgend „**Vereinbarung**")

zwischen

[Firmenwortlaut des Primären Verantwortlichen]
[Anschrift des Primären Verantwortlichen]
(nachfolgend „**Primärer Verantwortlicher**")

und

[Firmenwortlaut des Sekundären Verantwortlichen]
[Anschrift des Sekundären Verantwortlichen]
(nachfolgend „**Sekundärer Verantwortlicher**")

(einzeln „**Partei**", gemeinsam „**Parteien**")

1. Präambel

1.1 Die Parteien sind Verantwortliche im Sinne der Datenschutz-Grundverordnung („**DSGVO**") hinsichtlich der Verarbeitung personenbezogener Daten betroffener Personen.

1.2 Die Parteien kommen darin überein, die in der jeweiligen <u>Beilage 1</u> aufgeführten Verarbeitungen gemeinsam durchzuführen. Dies schließt die gemeinsame Verarbeitung (insbesondere Offenlegung und gemeinsame Verwendung) personenbezogener Daten jener betroffener Personen ein, die in der jeweiligen <u>Beilage 1</u> aufgeführt werden („**Betroffene**"), wobei die Verarbeitung durch alle Parteien erfolgt („**Gemeinsame Verarbeitung**"). Die Einzelheiten der Gemeinsamen Verarbeitungen und die Kategorien von personenbezogenen Daten („**Gemeinsame**

Daten"), die im Rahmen der Gemeinsamen Verarbeitung verwendet werden, sind in der jeweiligen <u>Beilage 1</u> aufgeführt.

1.3 Alle Parteien bestimmen gemeinsam die Zwecke und Mittel der Gemeinsamen Verarbeitung der Gemeinsamen Daten und sind daher gemeinsam für die Verarbeitung Verantwortliche im Sinne der DSGVO.

1.4 Die Vereinbarung enthält die allgemeinen Bedingungen, die auf die Gemeinsame Verarbeitung der Gemeinsamen Daten durch die Verantwortlichen als gemeinsam für die Verarbeitung Verantwortliche anwendbar sind. Sie zielt darauf ab, sicherzustellen, dass die Parteien das geltende Datenschutzrecht einhalten.

2. Wahrnehmung der datenschutzrechtlichen Verpflichtungen

2.1 <u>Informationspflichten</u>

Der Primäre Verantwortliche hat die Einhaltung der Informationspflichten nach Artikel 13 und 14 DSGVO gegenüber den Betroffenen sicherzustellen und diese über die Gemeinsame Verarbeitung zu informieren.

2.2 <u>Betroffenenrechte</u>

Der Primäre Verantwortliche hat sicherzustellen, dass rechtmäßige Anfragen von Betroffenen erfüllt werden; so etwa hinsichtlich ihrer Rechte auf Auskunft, Berichtigung, Löschung, Einschränkung der Verarbeitung, Datenportabilität und Widerspruch (Artikel 15–22 DSGVO).

Der Primäre Verantwortliche ist von den anderen Parteien über Anfragen von Betroffenen zu benachrichtigen, die an andere Parteien gerichtet werden.

2.3 <u>Datenschutz-Folgenabschätzung</u>

Alle Datenschutz-Folgenabschätzungen werden von *[dem Primären Verantwortlichen/der Partei, welche die Aufnahme der Verarbeitung anregt]* durchgeführt. Soweit erforderlich, werden die anderen Parteien hierbei mitwirken.

2.4 <u>Meldung von Verletzungen des Schutzes personenbezogener Daten</u>

Alle Meldungen von Verletzungen des Schutzes personenbezogener Daten werden von *[dem Primären Verantwortlichen/der Partei, welche zuerst Kenntnis von der Verletzung des Schutzes personenbezogener Daten erlangt]* erstattet. Soweit erforderlich, werden die anderen Parteien hierbei mitwirken.

2.5 Sonstige datenschutzrechtliche Verpflichtungen

Unbeschadet der vorgenannten Punkte hat jede Partei sicherzustellen, dass bei jedem Verarbeitungsschritt, den sie im Rahmen der Gemeinsamen Verarbeitung setzt, sämtliche datenschutzrechtlichen Verpflichtungen nach DSGVO (insbesondere Datensicherheitsvorschriften nach Artikel 32 DSGVO) und nationalem Recht eingehalten werden.

3. Internationale Datenübermittlungen

3.1 Manche der Parteien können sich außerhalb der EU/des EWR und in einem Land befinden bzw in Einzelfällen aufhalten, für das keine Anerkennung eines angemessenen Datenschutzniveaus existiert („**Verantwortliche in Drittländern**"). Für diese Fälle schließen die Verantwortlichen in Drittländern mit den anderen Parteien einen Mustervertrag entsprechend Beilage 2 dieser Vereinbarung ab.

4. Haftung

4.1 Für Verbindlichkeiten, die aus der Gemeinsamen Verarbeitung entstehen, haftet jede Partei gegenüber den anderen Parteien im Ausmaß ihres Verschuldens.

5. Dauer und Beendigung

5.1 Diese Vereinbarung kann von jeder Partei zu jedem Monatsende unter Einhaltung einer zweimonatigen Frist gekündigt werden. Eine solche Kündigung ist nur wirksam hinsichtlich jener Partei, welche die Kündigung erklärt.

5.2 Nach der Beendigung dieser Vereinbarung, wird die kündigende Partei alle Gemeinsamen Daten nach ihrer Wahl entweder

a. löschen oder

b. einer der verbleibenden Parteien zurückgeben und existierende Kopien löschen,

sofern die kündigende Partei nicht nach dem Unionsrecht oder dem Recht der Mitgliedstaaten zur weiteren Speicherung der Gemeinsamen Daten verpflichtet ist.

5.3 Die Vereinbarung bleibt zwischen allen anderen Parteien aufrecht und wirksam.

5.4 Für den Fall einer Kündigung durch den Primären Verantwortlichen übernehmen alle anderen Parteien gemeinsam dessen Verpflichtungen nach dieser Vereinbarung.

6. Sonstiges

6.1 Bei Fragen zu dieser Vereinbarung können Betroffene den Primären Verantwortlichen kontaktieren.

6.2 Eine ungültige oder nicht durchsetzbare Bestimmung dieser Vereinbarung berührt nicht die übrigen Bestimmungen dieser Vereinbarung. In einem solchen Fall wird die ungültige oder nicht durchsetzbare Bestimmung automatisch durch eine gültige und durchsetzbare Bestimmung ersetzt, die dem Zweck der ursprünglichen Bestimmung am nächsten kommt. Dasselbe gilt, wenn diese Vereinbarung eine ungewollte Lücke enthält.

6.3 Auf diese Vereinbarung findet österreichisches Recht, mit Ausnahme der internationalen Verweisungsnormen und des UN-Kaufrechts, Anwendung. Als Gerichtsstand wird das Handelsgericht Wien vereinbart.

Im Namen des Primären   Im Namen des Sekundären
Verantwortlichen: Verantwortlichen:

....

Ort und Datum: Ort und Datum:

....

Beilage 1: Einzelheiten der Gemeinsamen Verarbeitungen

1. *[Bezeichnung der Gemeinsamen Verarbeitung]*

[Dieser Teil ist für jede gemeinsame Verarbeitungstätigkeit zu replizieren und entsprechend zu nummerieren.]

Zweck der Gemeinsamen Verarbeitung	*[zB Betrieb einer Kundendatenbank]*
Mittel der Gemeinsamen Verarbeitung	*[zB Datenbanksoftware]*
Kategorien von Betroffenen	*[zB Lieferanten, Kooperationspartner, Mitarbeiter]*
Kategorien Gemeinsamer Daten	*[zB Namen und Geburtsdatum, Kontaktdaten (Telefonnummer, Faxnummer, physische Adresse, E-Mail-Adresse), Branche, Bankkontoinformationen]*
Kategorien sensibler Gemeinsamer Daten	*[zB N/A, Gewerkschaftszugehörigkeit von Mitarbeitern, biometrische Daten zur Identifizierung]*
Rechtsgrundlage für die Gemeinsame Verarbeitung	*[zB Die Erforderlichkeit zur Vertragserfüllung (Art 6 Abs 1 lit b DSGVO), die Erforderlichkeit zur Wahrung überwiegender berechtigter Interessen der Parteien (Art 6 Abs 1 lit b DSGVO)]*
Empfänger der Gemeinsamen Daten	*[zB Mitarbeiter und Entscheidungsträger der Parteien auf „Need-to-know"-Basis]*

Beilage 2: Standardvertragsklauseln für die Übermittlung personenbezogener Daten aus der Gemeinschaft in Drittländer (Übermittlung zwischen für die Datenverarbeitung Verantwortlichen)

Vereinbarung über die Datenübermittlung

zwischen

.... (Name)

.... (Adresse und Sitzland)

(nachstehend als „**Datenexporteur**" bezeichnet)

und

allen anderen Parteien der Vereinbarung

(nachstehend als „**Datenimporteur**" bezeichnet)

(beide nachstehend als „**Partei**", zusammen als „**Parteien**" bezeichnet)

Begriffsbestimmungen

Im Rahmen der Vertragsklauseln gelten folgende Begriffsbestimmungen:

a) Die Begriffe „personenbezogene Daten", „besondere Kategorien personenbezogener Daten/sensible Daten", „verarbeiten/Verarbeitung", „für die Verarbeitung Verantwortlicher", „Auftragsverarbeiter", „betroffene Person" und „Kontrollstelle" werden entsprechend den Begriffsbestimmungen der Richtlinie 95/46/EG vom 24. Oktober 1995 verwendet (wobei mit „Kontrollstelle" die Datenschutzkontrollstelle gemeint ist, die für das Sitzland des Datenexporteurs zuständig ist).

b) „Datenexporteur" bezeichnet den für die Verarbeitung Verantwortlichen, der die personenbezogenen Daten übermittelt.

c) „Datenimporteur" bezeichnet den für die Verarbeitung Verantwortlichen, der sich bereit erklärt, vom Datenexporteur personenbezogene Daten für die Verarbeitung gemäß den Bestimmungen dieser Vertragsklauseln entgegenzunehmen, und der nicht an ein System eines Drittlandes gebunden ist, das angemessenen Schutz gewährleistet.

d) „Klauseln" bezeichnet diese Standardvertragsklauseln als eigenständiges Dokument, das keine Geschäftsbedingungen beinhaltet, die von den

351

Parteien im Rahmen getrennter geschäftlicher Vereinbarungen getroffen wurden.

Die Einzelheiten der Übermittlung (sowie die abgedeckten personenbezogenen Daten) sind in <u>Anhang B</u> aufgeführt, der integraler Bestandteil dieser Klauseln ist.

I. **Pflichten des Datenexporteurs**

Der Datenexporteur gibt folgende Zusicherungen:

a) Die personenbezogenen Daten wurden nach den für den Datenexporteur geltenden Gesetzen gesammelt, verarbeitet und übermittelt.

b) Er hat sich im Rahmen des Zumutbaren davon überzeugt, dass der Datenimporteur seine Rechtspflichten aus diesen Klauseln zu erfüllen in der Lage ist.

c) Er stellt dem Datenimporteur auf Antrag Exemplare der einschlägigen Datenschutzgesetze oder entsprechende Fundstellennachweise seines Sitzlandes zur Verfügung, erteilt aber keine Rechtsberatung.

d) Er beantwortet Anfragen der betroffenen Personen und der Kontrollstelle bezüglich der Verarbeitung der personenbezogenen Daten durch den Datenimporteur, es sei denn, die Parteien haben vereinbart, dass der Datenimporteur die Beantwortung übernimmt; der Datenexporteur übernimmt die Beantwortung im Rahmen der Zumutbarkeit und aufgrund der ihm zugänglichen Informationen auch dann, wenn der Datenimporteur nicht antworten will oder kann. Sie erfolgt innerhalb einer angemessenen Frist.

e) Er stellt betroffenen Personen, die Drittbegünstigte im Sinne von Klausel III sind, auf Verlangen ein Exemplar der Klauseln zur Verfügung, es sei denn, die Klauseln enthalten vertrauliche Angaben; in diesem Fall hat er das Recht, diese Angaben zu entfernen. Werden Angaben entfernt, teilt der Datenexporteur den betroffenen Personen schriftlich die Gründe für die Entfernung mit und belehrt sie über ihr Recht, die Kontrollstelle auf die Entfernung aufmerksam zu machen. Der Datenexporteur leistet indessen der Entscheidung der Kontrollstelle Folge, den betroffenen Personen Zugang zum Volltext der Klauseln zu gewähren, wenn diese sich zur Geheimhaltung der entfernten vertraulichen Informationen verpflichten. Der Datenexporteur stellt ferner auch der Kontrollstelle auf Antrag ein Exemplar der Klauseln zur Verfügung.

II. Pflichten des Datenimporteurs

Der Datenimporteur gibt folgende Zusicherungen:

a) Er verfügt über die technischen und organisatorischen Voraussetzungen zum Schutz der personenbezogenen Daten gegen die unbeabsichtigte oder rechtswidrige Zerstörung oder gegen den unbeabsichtigten Verlust oder die unbeabsichtigte Änderung, die unberechtigte Offenlegung oder den unberechtigten Zugriff; damit ist ein Sicherheitsniveau gewährleistet, das den von der Verarbeitung ausgehenden Risiken und der Art der zu schützenden Daten gerecht wird.

b) Seine Verfahrensregeln gewährleisten, dass von ihm zum Zugriff auf die personenbezogenen Daten befugte Dritte, einschließlich des Auftragsverarbeiters, die Geheimhaltung und Sicherheit der personenbezogenen Daten beachten und wahren. Die unter der Verantwortung des Datenimporteurs tätigen Personen, darunter auch Auftragsverarbeiter, dürfen die personenbezogenen Daten nur auf seine Anweisung verarbeiten. Diese Bestimmung gilt nicht für Personen, die von Rechts wegen zum Zugriff auf die personenbezogenen Daten befugt oder verpflichtet sind.

c) Zum Zeitpunkt des Vertragsabschlusses bestehen seines Wissens in seinem Land keine entgegenstehenden Rechtsvorschriften, die die Garantien aus diesen Klauseln in gravierender Weise beeinträchtigen; er benachrichtigt den Datenexporteur (der die Benachrichtigung erforderlichenfalls an die Kontrollstelle weiterleitet), wenn er Kenntnis von derartigen Rechtsvorschriften erlangt.

d) Er verarbeitet die personenbezogenen Daten zu den in <u>Anhang B</u> dargelegten Zwecken und ist ermächtigt, die Zusicherungen zu geben und die Verpflichtungen zu erfüllen, die sich aus diesem Vertrag ergeben.

e) Er nennt dem Datenexporteur eine Anlaufstelle innerhalb seiner Organisation, die befugt ist, Anfragen bezüglich der Verarbeitung der personenbezogenen Daten zu behandeln, und arbeitet redlich mit dem Datenexporteur, der betroffenen Person und der Kontrollstelle zusammen, damit derartige Anfragen innerhalb einer angemessenen Frist beantwortet werden. Wenn der Datenexporteur nicht mehr besteht oder wenn die Parteien Entsprechendes vereinbaren, verpflichtet sich der Datenimporteur zur Einhaltung der Bestimmungen von Klausel I Buchstabe e).

f) Auf Antrag des Datenexporteurs weist er nach, dass er über ausreichende Finanzmittel verfügt, um die Verpflichtungen aus Klausel III zu erfüllen (wozu auch Versicherungsschutz zählen kann).

g) Auf Antrag des Datenexporteurs und sofern dies nicht willkürlich ist, überlässt er seine zur Verarbeitung benötigten Datenverarbeitungseinrichtungen, Dateien und Unterlagen der Überprüfung, dem Audit und/oder der Zertifizierung durch den Datenexporteur (oder von ihm ausgewählte unabhängige oder unparteiische Prüfer oder Auditoren, gegen die der Datenimporteur keine begründeten Einwände erhebt), um zu gewährleisten, dass die Zusicherungen in diesen Klauseln eingehalten werden, wobei die Überprüfung rechtzeitig anzukündigen und während der üblichen Geschäftszeiten durchzuführen ist. Sofern die Zustimmung oder Genehmigung durch eine Regulierungs- oder Kontrollstelle im Land des Datenimporteurs erforderlich ist, bemüht sich dieser, die Zustimmung oder Genehmigung zügig zu erhalten.

h) Er verarbeitet die personenbezogenen Daten gemäß

i) den Datenschutzbestimmungen des Landes, in dem der Datenexporteur ansässig ist, oder

ii) den einschlägigen Bestimmungen etwaiger Kommissionsentscheidungen nach Artikel 25 Absatz 6 der Richtlinie 95/46/EG, sofern der Datenimporteur die einschlägigen Bestimmungen derartiger Genehmigungen bzw Entscheidungen einhält und in einem Land ansässig ist, für das diese Genehmigungen oder Entscheidungen gelten, obwohl diese hinsichtlich der Übermittlung personenbezogener Daten auf ihn keine Anwendung finden, oder

iii) den Grundsätzen für die Datenverarbeitung in <u>Anhang A</u>.

Der Datenimporteur wählt die Möglichkeit: ....

Paraphe des Datenimporteurs: ....

i) Er verzichtet auf die Offenlegung oder Übermittlung personenbezogener Daten an für die Verarbeitung Verantwortliche Dritte, die außerhalb des Europäischen Wirtschaftsraums (EWR) ansässig sind, es sei denn, er setzt den Datenexporteur von der Übermittlung in Kenntnis und

i) der für die Verarbeitung Verantwortliche Dritte verarbeitet die personenbezogenen Daten im Einklang mit einer Kommissionsentscheidung, in der die Kommission einem Drittland ein angemessenes Datenschutzniveau zuerkennt, oder

ii) der für die Verarbeitung Verantwortliche Dritte unterzeichnet diese Klauseln oder eine andere, von einer zuständigen Stelle in der EU genehmigte Datenübermittlungsvereinbarung oder

iii) die betroffenen Personen haben das Recht zum Widerspruch, nachdem sie über den Zweck der Übermittlung informiert wurden, ferner über die Empfängerkategorien und darüber, dass das Empfängerland der Daten möglicherweise andere Datenschutzstandards aufweist, oder

iv) die betroffenen Personen haben im Hinblick auf die Weiterübermittlung sensibler Daten zweifelsfrei ihre Zustimmung zu der Weiterübermittlung erteilt.

III. Haftung und Rechte Dritter

a) Jede Partei haftet gegenüber der anderen Partei für Schäden, die sie durch einen Verstoß gegen diese Klauseln verursacht. Die gegenseitige Haftung der Parteien ist auf den tatsächlich erlittenen Schaden begrenzt. Strafschadenersatzansprüche (dh die Zahlung von Strafen für grobes Fehlverhalten einer Partei) sind ausdrücklich ausgeschlossen. Jede Partei haftet gegenüber der betroffenen Person für Schäden, die sie durch die Verletzung von Rechten Dritter im Rahmen dieser Klauseln verursacht. Die Haftung des Datenexporteurs gemäß den für ihn maßgeblichen Datenschutzvorschriften bleibt davon unberührt.

b) Die Parteien räumen den betroffenen Personen das Recht ein, diese Klausel sowie Klausel I Buchstaben b), d) und e), Klausel II Buchstaben a), c), d), e), h), i), Klausel III Buchstabe a) sowie die Klauseln V, VI Buchstabe d) und VII als Drittbegünstigte gegenüber dem Datenimporteur oder dem Datenexporteur durchzusetzen, wenn diese im Hinblick auf die Daten der betroffenen Personen ihre Vertragspflichten verletzen; zu diesem Zweck erkennen sie die Zuständigkeit der Gerichte im Sitzland des Datenexporteurs an. Wirft die betroffene Person dem Datenimporteur Vertragsverletzung vor, muss sie den Datenexporteur zunächst auffordern, ihre Rechte gegenüber dem Datenimporteur durchzusetzen; wird der Datenexporteur nicht innerhalb einer angemessenen Frist tätig (im Regelfall innerhalb eines Monats), kann die betroffene Person ihre Rechte direkt gegenüber dem Datenimporteur durchsetzen. Eine betroffene Person kann direkt gegen einen Datenexporteur vorgehen, wenn dieser sich im Rahmen des Zumutbaren nicht davon überzeugt hat, dass der Datenimporteur seine rechtlichen Verpflichtungen aus diesen Klauseln zu erfüllen in der Lage ist (der Datenexporteur muss beweisen, dass er alle zumutbaren Anstrengungen unternommen hat).

IV. Anwendbares Recht

Diese Klauseln unterliegen dem Recht des Landes, in dem der Datenexporteur ansässig ist; davon ausgenommen sind die Rechtsvorschriften über die Verarbeitung der personenbezogenen Daten durch den Datenimporteur gemäß Klausel II Buchstabe h), die nur gelten, wenn sich der Datenimporteur nach dieser Klausel dafür entschieden hat.

V. Beilegung von Streitigkeiten mit betroffenen Personen oder der Kontrollstelle

a) Bei einer Streitigkeit oder einer Klage der betroffenen Person oder der Kontrollstelle gegen eine Partei oder beide Parteien bezüglich der Verarbeitung personenbezogener Daten setzen die Parteien einander davon in Kenntnis und bemühen sich gemeinsam um eine zügige, gütliche Beilegung.

b) Die Parteien erklären sich bereit, sich jedem allgemein zugänglichen, nicht bindenden Schlichtungsverfahren zu unterwerfen, das von einer betroffenen Person oder der Kontrollstelle angestrengt wird. Beteiligen sie sich an dem Verfahren, können sie dies auf dem Weg der Telekommunikation tun (zB per Telefon oder anderer elektronischer Mittel). Die Parteien erklären sich ferner bereit, eine Beteiligung an anderen Vermittlungsverfahren, Schiedsverfahren oder sonstigen Verfahren der Streitbeilegung zu erwägen, die für die Zwecke des Datenschutzes entwickelt werden.

c) Die Parteien unterwerfen sich den rechtskräftigen Endentscheidungen des zuständigen Gerichts im Sitzland des Datenexporteurs oder der Kontrollstelle.

VI. Beendigung des Vertrags

a) Verstößt der Datenimporteur gegen seine Verpflichtungen aus diesen Klauseln, kann der Datenexporteur die Übermittlung personenbezogener Daten an den Datenimporteur vorläufig aussetzen, bis der Verstoß beseitigt oder der Vertrag beendet ist.

b) Tritt einer der folgenden Fälle ein:

i) Die Übermittlung personenbezogener Daten an den Datenimporteur wird vom Datenexporteur gemäß Buchstabe a) länger als einen Monat ausgesetzt;

ii) die Einhaltung dieser Klauseln durch den Datenimporteur verstößt gegen Rechtsvorschriften des Importlandes;

iii) der Datenimporteur missachtet Zusicherungen, die er im Rahmen dieser Klauseln gegeben hat, in erheblichem Umfang oder fortdauernd;

iv) das zuständige Gericht im Sitzland des Datenexporteurs oder der Kontrollstelle stellt rechtskräftig fest, dass der Datenimporteur oder der Datenexporteur gegen die Klauseln verstoßen hat, oder

v) es wird ein Antrag auf Insolvenzverwaltung oder Abwicklung des Datenimporteurs in dessen privater oder geschäftlicher Eigenschaft gestellt, der nicht innerhalb der nach geltendem Recht vorgesehenen Frist abgewiesen wird; die Abwicklung wird gerichtlich angeordnet; für einen beliebigen Teil seines Vermögens wird ein Zwangsverwalter bestellt; ein Treuhänder wird bestellt, falls es sich bei dem Datenimporteur um eine Privatperson handelt; dieser leitet einen außergerichtlichen Vergleich ein, oder es kommt zu einem je nach Rechtsordnung gleichwertigen Verfahren,

so ist der Datenexporteur berechtigt, unbeschadet etwaiger sonstiger Ansprüche gegen den Datenimporteur, diesen Vertrag zu kündigen, wovon er gegebenenfalls die Kontrollstelle in Kenntnis setzt. Tritt einer der in Ziffer i), ii) oder iv) genannten Fälle ein, kann der Datenimporteur seinerseits den Vertrag kündigen.

c) Jede Partei kann den Vertrag kündigen, wenn i) die Kommission eine positive Angemessenheitsfeststellung gemäß Artikel 25 Absatz 6 der Richtlinie 95/46/EG (oder einer Vorschrift, die diese Vorschrift ersetzt) in Bezug auf das Land (oder einen Bereich davon) trifft, in das die Daten übermittelt und in dem sie vom Datenimporteur verarbeitet werden, oder ii) die Richtlinie 95/46/EG (oder eine Vorschrift, die diese Vorschrift ersetzt) in dem betreffenden Land unmittelbar zur Anwendung gelangt.

d) Die Parteien vereinbaren, dass sie auch nach der Beendigung dieses Vertrags, ungeachtet des Zeitpunkts, der Umstände oder der Gründe (ausgenommen die Kündigung gemäß Klausel VI Buchstabe c), weiterhin an die Verpflichtungen und/oder Bestimmungen dieser Klauseln in Bezug auf die Verarbeitung der übermittelten Daten gebunden sind.

VII. Änderung der Klauseln

Die Parteien dürfen diese Klauseln nur zum Zwecke der Aktualisierung von Anhang B ändern; gegebenenfalls müssen sie die Kontrollstelle davon in Kenntnis setzen. Es steht den Parteien allerdings frei, erforderlichenfalls weitere Geschäftsklauseln hinzuzufügen.

VIII. Beschreibung der Übermittlung

Die Einzelheiten zur Übermittlung und zu den personenbezogenen Daten sind in <u>Anhang B</u> aufgeführt. Die Parteien vereinbaren, dass sie gegebenenfalls in <u>Anhang B</u> enthaltene vertrauliche Informationen nicht gegenüber Dritten offenlegen, es sei denn, sie sind gesetzlich dazu verpflichtet oder handeln auf Aufforderung einer zuständigen Regulierungsstelle oder staatlichen Einrichtung oder gemäß Klausel I Buchstabe e). Die Parteien können weitere Anhänge vereinbaren, die zusätzliche Übermittlungen betreffen; diese sind gegebenenfalls der Kontrollstelle zu unterbreiten. Ersatzweise kann <u>Anhang B</u> so formuliert werden, dass er eine Vielzahl von Übermittlungen abdeckt.

Datum: ....

Für den Datenimporteur   Für den Datenexporteur

....

....

....

ANHANG A

GRUNDSÄTZE FÜR DIE DATENVERARBEITUNG

1. Zweckbindung: Personenbezogene Daten dürfen nur für die in <u>Anhang B</u> festgelegten oder anschließend von der betroffenen Person genehmigten Zwecke verarbeitet und danach verwendet oder weiter übermittelt werden.

2. Datenqualität und Verhältnismäßigkeit: Personenbezogene Daten müssen sachlich richtig sein und nötigenfalls auf dem neuesten Stand gehalten werden. Sie müssen den Übermittlungs- und Verarbeitungszwecken angemessen und dafür erheblich sein und dürfen nicht über das erforderliche Maß hinausgehen.

3. Transparenz: Die betroffenen Personen müssen Informationen erhalten, die eine Verarbeitung nach Treu und Glauben gewährleisten (beispielsweise Angaben zum Verarbeitungszweck und zur Übermittlung), sofern diese Informationen nicht bereits vom Datenexporteur erteilt wurden.

4. Sicherheit und Geheimhaltung: Der für die Verarbeitung Verantwortliche muss geeignete technische und organisatorische Sicherheitsvorkehrungen gegen die Risiken der Verarbeitung treffen, beispielsweise gegen die unbeabsichtigte oder rechtswidrige Zerstörung oder gegen den unbeabsichtigten Verlust oder die unbeabsichtigte Änderung, die unberechtigte Offenlegung oder den unberechtigten Zugriff. Alle unter der Verantwortung des für die Verarbeitung Verantwortlichen tätigen Personen, darunter auch Auftragsverarbeiter, dürfen die Daten nur auf Anweisung des für die Verarbeitung Verantwortlichen verarbeiten.

5. Recht auf Auskunft, Berichtigung, Löschung und Widerspruch: Nach Artikel 12 der Richtlinie 95/46/EG hat die betroffene Person das Recht, entweder direkt oder durch Dritte, Auskunft über alle ihre personenbezogenen Daten zu erhalten, die von einer Organisation vorgehalten werden; dies gilt nicht für Auskunftsersuchen, die aufgrund ihrer unzumutbaren Periodizität oder ihrer Zahl, Wiederholung oder Systematik offensichtlich übertrieben sind, oder für Daten, über die nach dem für den Datenexporteur geltenden Recht keine Auskunft erteilt werden muss. Vorbehaltlich der vorherigen Genehmigung durch die Kontrollstelle muss auch dann keine Auskunft erteilt werden, wenn die Interessen des Datenimporteurs oder anderer Organisationen, die mit dem Datenimporteur in Geschäftsverkehr stehen, dadurch ernsthaft geschädigt würden und die Grundrechte und Grundfreiheiten der betroffenen Personen hierdurch nicht beeinträchtigt werden. Die Quellen der personenbezogenen Daten müssen nicht angegeben werden, wenn dazu unzumutbare Anstrengungen erforderlich wären oder die Rechte Dritter dadurch ver-

letzt würden. Die betroffene Person muss das Recht haben, ihre personenbezogenen Daten berichtigen, ändern oder löschen zu lassen, wenn diese unzutreffend sind oder entgegen den vorliegenden Grundsätzen verarbeitet wurden. Bei begründeten Zweifeln an der Rechtmäßigkeit des Ersuchens kann die Organisation weitere Belege verlangen, bevor die Berichtigung, Änderung oder Löschung erfolgt. Dritte, gegenüber denen die Daten offengelegt wurden, müssen von der Berichtigung, Änderung oder Löschung nicht in Kenntnis gesetzt werden, wenn dies mit einem unverhältnismäßigen Aufwand verbunden wäre. Die betroffene Person muss auch aus zwingenden legitimen Gründen, die mit ihrer persönlichen Situation zusammenhängen, Widerspruch gegen die Verarbeitung ihrer personenbezogenen Daten einlegen können. Die Beweislast liegt im Fall einer Ablehnung beim Datenimporteur; die betroffene Person kann eine Ablehnung jederzeit vor der Kontrollstelle anfechten.

6. Sensible Daten: Der Datenimporteur trifft zusätzliche Vorkehrungen (beispielsweise sicherheitsbezogener Art), die entsprechend seinen Verpflichtungen nach Klausel II zum Schutz sensibler Daten erforderlich sind.

7. Direktmarketing: Werden Daten zum Zwecke des Direktmarketings verarbeitet, sind wirksame Verfahren vorzusehen, damit die betroffene Person sich jederzeit gegen die Verwendung ihrer Daten für derartige Zwecke entscheiden kann („Opt-out").

8. Automatisierte Entscheidungen: „Automatisierte Entscheidungen" im Sinne dieser Klauseln sind mit Rechtsfolgen behaftete Entscheidungen des Datenexporteurs oder des Datenimporteurs bezüglich einer betroffenen Person, die allein auf der automatisierten Verarbeitung personenbezogener Daten zum Zwecke der Bewertung einzelner Aspekte ihrer Person beruhen, beispielsweise ihrer beruflichen Leistungsfähigkeit, ihrer Kreditwürdigkeit, ihrer Zuverlässigkeit oder ihres Verhaltens. Der Datenimporteur darf keine automatisierten Entscheidungen über eine betroffene Person fällen, es sei denn:

    a. i) Der Datenimporteur fällt die Entscheidungen im Rahmen eines Vertragsabschlusses oder der Ausführung eines Vertrags mit der betroffenen Person, und

    ii) die betroffene Person erhält die Möglichkeit, die Ergebnisse einer einschlägigen automatisierten Entscheidung mit einem Vertreter der entscheidungstreffenden Partei zu erörtern, oder aber Erklärungen gegenüber dieser Partei abzugeben,

    oder

    b. die für den Datenexporteur geltenden Rechtsvorschriften sehen etwas anderes vor.

ANHANG B

BESCHREIBUNG DER ÜBERMITTLUNG

Betroffene Personen

Die übermittelten personenbezogenen Daten betreffen folgende Kategorien betroffener Personen:

Siehe Beilage 1.

Übermittlungszwecke

Die Übermittlung ist zu folgenden Zwecken erforderlich:

Siehe Beilage 1.

Kategorien übermittelter Daten

Die übermittelten personenbezogenen Daten betreffen folgende Datenkategorien:

Siehe Beilage 1.

Empfänger

Die übermittelten personenbezogenen Daten dürfen nur gegenüber folgenden Empfängern oder Kategorien von Empfängern offengelegt werden:

Siehe Beilage 1.

Sensible Daten (falls zutreffend)

Die übermittelten personenbezogenen Daten betreffen folgende Kategorien sensibler Daten:

Siehe Beilage 1.

Datenschutzmelderegister-Angaben des Datenexporteurs (falls zutreffend)

....

....

Sonstige nützliche Informationen (Aufbewahrungszeitraum und sonstige einschlägige Angaben)

Die Aufbewahrung erfolgt nur solange, wie dies für die Erreichung der jeweiligen Verarbeitungszwecke erforderlich ist.

Anlaufstelle für Datenschutzauskünfte

Siehe Punkt 6.1 der Vereinbarung.

D. Joint Controller Agreement zwischen Verantwortlichen innerhalb und außerhalb der EU/des EWR (englische Version)

[Note: The „essence of the arrangement" must be made available to the persons concerned. This can be done together with the Data Protection Notice.]

[In comparison to the template in X. B above, this template additionally contains provisions on international data transfer and EU standard contractual clauses]

Joint Controller Agreement
(hereafter „**Agreement**")

between

[company name of the Primary Controller]
[address of the Primary Controller]
(hereafter „**Primary Controller**")

and

[company name of the Secondary Controller]
[address of the Secondary Controller]
(hereafter „**Secondary Controller**")

(each „**Party**", together „**Parties**")

1.   Preamble

1.1   The Parties are Controllers in the meaning of the General Data Protection Regulation ("**GDPR**") with regard to the processing of personal data of data subjects.

1.2   The Parties hereby agree to work together in performing the processing described in Appendix 1. This includes the joint processing (in particular the disclosure and joint use) of personal data of data subjects as listed in the respective Appendix 1 ("**Data Subjects**") by each Party ("**Joint Processing**"). The details of the Joint Processing as well as the categories of personal data of Data Subjects ("**Joint Data**") used for the Joint Processing are set out in the respective Appendix 1.

1.3 Because the Parties jointly determine the purposes and means of the Joint Processing of Joint Data they qualify as joint controllers within the meaning of the GDPR.

1.4 The Agreement contains the terms and conditions applicable to the Joint Processing of Joint Data by the Controllers as joint controllers with the aim to ensure that the Parties comply with applicable data protection law.

2. Compliance with obligations under data protection law

2.1 Information requirements

The Primary Controller shall be responsible for the compliance with the information requirements set out in Articles 13 and 14 GDPR regarding the Data Subject and shall inform the Data Subject about the Joint Processing by the Parties.

2.2 Data Subject Rights

The Primary Controller shall be responsible for the fulfillment of Data Subject's legitimate requests, such as the right of access, right to rectification, right to erasure, right to restriction of the processing, right to data portability and right to object (Articles 15 to 22 GDPR).

The Primary Controller shall be notified by the other Parties of Data Subject requests addressed at the other Parties.

2.3 Data protection impact assessment

Any data protection impact assessment will be carried out by *[the Primary Controller/the Party which proposes the commencement of the processing]*. Insofar as necessary, the other Parties will contribute.

2.4 Notification of a personal data breach

Any notification of a personal data breach will be carried out by *[the Primary Controller/the Party who first becomes aware of the personal data breach]*. Insofar as necessary, the other Parties will contribute.

2.5 Further obligations under data protection law

Notwithstanding the abovementioned, Primary Controller shall be responsible to fulfill any obligations arising from the GDPR (especially regarding data security obligations under Article 32 GDPR) and national data protection law with regard to the Joint Data it is processing in the course of the Joint Processing.

363

3. International data transfer

3.1 Some of the Parties may be located or, in individual cases, temporarily stay outside the EU/EEA in a country that is not recognized as providing an adequate level of data protection (**"Third-Country Controllers"**). For these cases, the Third-Country Controllers hereby enter into a Model Contract set out in <u>Appendix 2</u> with the other Parties.

4. Liability

4.1 For liabilities arising out of the Joint Processing each Party shall be liable to the other Parties to the extent of its own fault.

5. Duration and termination

5.1 This Agreement may be terminated by any Party at the end of every month, subject to two months' prior notice. Such termination will only be effective with respect to the Party which declares the termination.

5.2 Upon termination of this Agreement, the terminating Party shall, at its option, either

a   delete or

b. return any of the remaining parties and delete any existing copies,

unless the terminating Party is obliged under EU law or the law of the Member States to retain the Joint Data.

5.3 The Agreement will remain in full force and effect with respect to all other Controllers.

5.4 In the event of termination by the Primary Controller, all other Parties shall jointly assume the obligations of the Primary Controller under this Agreement.

6. Miscellaneous

6.1 In case of questions regarding this Agreement, Data Subjects may contact the Primary Controller.

6.2 If any provision of this Agreement is invalid or unenforceable the other provisions of this Agreement shall not be affected. In such case the invalid or unenforceable provision shall automatically be replaced by a valid and enforceable provision that comes closest to the purpose of the original provision. The same shall apply if this Agreement contains an unintentional gap.

6.3 To this Agreement, Austrian law shall apply with the exception of the international conflict of laws rules and the UN Convention on Contracts for the International Sale of Goods. The place of jurisdiction shall be the Commercial Court of Vienna.

On behalf of the Primary
Controller:

On behalf of the Secondary
Controller:

....

....

Place and date:

Place and date:

....

....

Appendix 1: Details of Joint Processings

1. *[Designation of the Joint Processing]*

[This part shall be replicated for each joint processing activity and numbered accordingly]

Purpose of Joint Processing	*[e.g.: Operation of a customer database]*
Means of Joint Processing	*[e.g.: database software]*
Categories of Data Subjects	*[e.g.: suppliers, cooperation partners, employees]*
Categories of Joint Data	*[e.g.: name and date of birth, contact details (telephone number, fax number, physical address, email address), industry, bank account information]*
Special categories of Joint Data	*[e.g.: N/A, trade union membership of employees, biometric data for identification]*
Legal basis for Joint Processing	*[e.g.: the necessity to perform a contract (Article 6(1)(b) GDPR), the necessity to pursue the overriding legitimate interests of the Parties (Article 6(1)(f) GDPR)]*
Recipients of the Joint Data	*[e.g.: employees and decision-makers of the parties on a need-to-know basis]*

Appendix 2: Standard contractual clauses for the transfer of personal data from the Community to third countries (controller to controller transfers)

Data transfer agreement

between

.... (name)

.... (address and country of establishment)

(hereinafter "**data exporter**")

and

all other Parties of the Agreement

(hereinafter "**data importer**")

(each a "**party**", together "**the parties**")

Definitions

For the purposes of the clauses:

a) "personal data", "special categories of data/sensitive data", "process/ processing", "controller", "processor", "data subject" and "supervisory authority/authority" shall have the same meaning as in Directive 95/46/ EC of 24 October 1995 (whereby "the authority" shall mean the competent supervisory authority in the territory in which the data exporter is established);

b) "the data exporter" shall mean the controller who transfers the personal data;

c) "the data importer" shall mean the controller who agrees to receive from the data exporter personal data for further processing in accordance with the terms of these clauses and who is not subject to a third country's system ensuring adequate protection;

d) "clauses" shall mean these contractual clauses, which are a free-standing document that does not incorporate commercial business terms established by the parties under separate commercial arrangements.

The details of the transfer (as well as the personal data covered) are specified in Annex B, which forms an integral part of the clauses.

367

I. Obligations of the data exporter

The data exporter warrants and undertakes that:

a) The personal data have been collected, processed and transferred in accordance with the laws applicable to the data exporter.

b) It has used reasonable efforts to determine that the data importer is able to satisfy its legal obligations under these clauses.

c) It will provide the data importer, when so requested, with copies of relevant data protection laws or references to them (where relevant, and not including legal advice) of the country in which the data exporter is established.

d) It will respond to enquiries from data subjects and the authority concerning processing of the personal data by the data importer, unless the parties have agreed that the data importer will so respond, in which case the data exporter will still respond to the extent reasonably possible and with the information reasonably available to it if the data importer is unwilling or unable to respond. Responses will be made within a reasonable time.

e) It will make available, upon request, a copy of the clauses to data subjects who are third party beneficiaries under clause III, unless the clauses contain confidential information, in which case it may remove such information. Where information is removed, the data exporter shall inform data subjects in writing of the reason for removal and of their right to draw the removal to the attention of the authority. However, the data exporter shall abide by a decision of the authority regarding access to the full text of the clauses by data subjects, as long as data subjects have agreed to respect the confidentiality of the confidential information removed. The data exporter shall also provide a copy of the clauses to the authority where required.

II. Obligations of the data importer

The data importer warrants and undertakes that:

a) It will have in place appropriate technical and organisational measures to protect the personal data against accidental or unlawful destruction or accidental loss, alteration, unauthorised disclosure or access, and which provide a level of security appropriate to the risk represented by the processing and the nature of the data to be protected.

b) It will have in place procedures so that any third party it authorises to have access to the personal data, including processors, will respect and maintain the confidentiality and security of the personal data. Any person acting under the authority of the data importer, including a data processor, shall be obligated to process the personal data only on instructions from the data importer. This provision does not apply to persons authorised or required by law or regulation to have access to the personal data.

c) It has no reason to believe, at the time of entering into these clauses, in the existence of any local laws that would have a substantial adverse effect on the guarantees provided for under these clauses, and it will inform the data exporter (which will pass such notification on to the authority where required) if it becomes aware of any such laws.

d) It will process the personal data for purposes described in Annex B, and has the legal authority to give the warranties and fulfil the undertakings set out in these clauses.

e) It will identify to the data exporter a contact point within its organisation authorised to respond to enquiries concerning processing of the personal data, and will cooperate in good faith with the data exporter, the data subject and the authority concerning all such enquiries within a reasonable time. In case of legal dissolution of the data exporter, or if the parties have so agreed, the data importer will assume responsibility for compliance with the provisions of clause I(e).

f) At the request of the data exporter, it will provide the data exporter with evidence of financial resources sufficient to fulfil its responsibilities under clause III (which may include insurance coverage).

g) Upon reasonable request of the data exporter, it will submit its data processing facilities, data files and documentation needed for processing to reviewing, auditing and/or certifying by the data exporter (or any independent or impartial inspection agents or auditors, selected by the data exporter and not reasonably objected to by the data importer) to ascertain compliance with the warranties and undertakings in these clauses, with reasonable notice and during regular business hours. The request will be subject to any necessary consent or approval from a regulatory or supervisory authority within the country of the data importer, which consent or approval the data importer will attempt to obtain in a timely fashion.

h) It will process the personal data, at its option, in accordance with:

i) the data protection laws of the country in which the data exporter is established, or

ii) the relevant provisions of any Commission decision pursuant to Article 25(6) of Directive 95/46/EC, where the data importer complies with the relevant provisions of such an authorisation or decision and is based in a country to which such an authorisation or decision pertains, but is not covered by such authorisation or decision for the purposes of the transfer(s) of the personal data, or

iii) the data processing principles set forth in Annex A.

Data importer to indicate which option it selects: ....

Initials of data importer: ....

i) It will not disclose or transfer the personal data to a third party data controller located outside the European Economic Area (EEA) unless it notifies the data exporter about the transfer and

i) the third party data controller processes the personal data in accordance with a Commission decision finding that a third country provides adequate protection, or

ii) the third party data controller becomes a signatory to these clauses or another data transfer agreement approved by a competent authority in the EU, or

iii) data subjects have been given the opportunity to object, after having been informed of the purposes of the transfer, the categories of recipients and the fact that the countries to which data is exported may have different data protection standards, or

iv) with regard to onward transfers of sensitive data, data subjects have given their unambiguous consent to the onward transfer.

III. Liability and third party rights

a) Each party shall be liable to the other parties for damages it causes by any breach of these clauses. Liability as between the parties is limited to actual damage suffered. Punitive damages (i.e. damages intended to punish a party for its outrageous conduct) are specifically excluded. Each party shall be liable to data subjects for damages it causes by any breach of third party rights under these clauses. This does not affect the liability of the data exporter under its data protection law.

b) The parties agree that a data subject shall have the right to enforce as a third party beneficiary this clause and clauses I(b), I(d), I(e), II(a), II(c), II(d), II(e), II(h), II(i), III(a), V, VI(d) and VII against the data importer or the data exporter, for their respective breach of their contractual obligations, with regard to his personal data, and accept jurisdiction for this purpose in the data exporter's country of establishment. In cases involving allegations of breach by the data importer, the data subject must first request the data exporter to take appropriate action to enforce his rights against the data importer; if the data exporter does not take such action within a reasonable period (which under normal circumstances would be one month), the data subject may then enforce his rights against the data importer directly. A data subject is entitled to proceed directly against a data exporter that has failed to use reasonable efforts to determine that the data importer is able to satisfy its legal obligations under these clauses (the data exporter shall have the burden to prove that it took reasonable efforts).

IV. Law applicable to the clauses

These clauses shall be governed by the law of the country in which the data exporter is established, with the exception of the laws and regulations relating to processing of the personal data by the data importer under clause II(h), which shall apply only if so selected by the data importer under that clause.

V. Resolution of disputes with data subjects or the authority

a) In the event of a dispute or claim brought by a data subject or the authority concerning the processing of the personal data against either or both of the parties, the parties will inform each other about any such disputes or claims, and will cooperate with a view to settling them amicably in a timely fashion.

b) The parties agree to respond to any generally available non-binding mediation procedure initiated by a data subject or by the authority. If they do participate in the proceedings, the parties may elect to do so remotely (such as by telephone or other electronic means). The parties also agree to consider participating in any other arbitration, mediation or other dispute resolution proceedings developed for data protection disputes.

c) Each party shall abide by a decision of a competent court of the data exporter's country of establishment or of the authority which is final and against which no further appeal is possible.

VI. Termination

a) In the event that the data importer is in breach of its obligations under these clauses, then the data exporter may temporarily suspend the transfer of personal data to the data importer until the breach is repaired or the contract is terminated.

b) In the event that:

i) the transfer of personal data to the data importer has been temporarily suspended by the data exporter for longer than one month pursuant to paragraph (a);

ii) compliance by the data importer with these clauses would put it in breach of its legal or regulatory obligations in the country of import;

iii) the data importer is in substantial or persistent breach of any warranties or undertakings given by it under these clauses;

iv) a final decision against which no further appeal is possible of a competent court of the data exporter's country of establishment or of the authority rules that there has been a breach of the clauses by the data importer or the data exporter; or

v) a petition is presented for the administration or winding up of the data importer, whether in its personal or business capacity, which petition is not dismissed within the applicable period for such dismissal under applicable law; a winding up order is made; a receiver is appointed over any of its assets; a trustee in bankruptcy is appointed, if the data importer is an individual; a company voluntary arrangement is commenced by it; or any equivalent event in any jurisdiction occurs

then the data exporter, without prejudice to any other rights which it may have against the data importer, shall be entitled to terminate these clauses, in which case the authority shall be informed where required. In cases covered by (i), (ii), or (iv) above the data importer may also terminate these clauses.

c) Either party may terminate these clauses if (i) any Commission positive adequacy decision under Article 25(6) of Directive 95/46/EC (or any superseding text) is issued in relation to the country (or a sector thereof) to which the data is transferred and processed by the data importer, or (ii) Directive 95/46/EC (or any superseding text) becomes directly applicable in such country.

d) The parties agree that the termination of these clauses at any time, in any circumstances and for whatever reason (except for termination under clause VI(c)) does not exempt them from the obligations and/or conditions under the clauses as regards the processing of the personal data transferred.

VII. Variation of these clauses

The parties may not modify these clauses except to update any information in Annex B, in which case they will inform the authority where required. This does not preclude the parties from adding additional commercial clauses where required.

VIII. Description of the Transfer

The details of the transfer and of the personal data are specified in Annex B. The parties agree that Annex B may contain confidential business information which they will not disclose to third parties, except as required by law or in response to a competent regulatory or government agency, or as required under clause I(e). The parties may execute additional annexes to cover additional transfers, which will be submitted to the authority where required. Annex B may, in the alternative, be drafted to cover multiple transfers.

Dated: ....

For Data Importer   For Data Exporter

....

....

....

ANNEX A

DATA PROCESSING PRINCIPLES

1. Purpose limitation: Personal data may be processed and subsequently used or further communicated only for purposes described in Annex B or subsequently authorised by the data subject.

2. Data quality and proportionality: Personal data must be accurate and, where necessary, kept up to date. The personal data must be adequate, relevant and not excessive in relation to the purposes for which they are transferred and further processed.

3. Transparency: Data subjects must be provided with information necessary to ensure fair processing (such as information about the purposes of processing and about the transfer), unless such information has already been given by the data exporter.

4. Security and confidentiality: Technical and organisational security measures must be taken by the data controller that are appropriate to the risks, such as against accidental or unlawful destruction or accidental loss, alteration, unauthorised disclosure or access, presented by the processing. Any person acting under the authority of the data controller, including a processor, must not process the data except on instructions from the data controller.

5. Rights of access, rectification, deletion and objection: As provided in Article 12 of Directive 95/46/EC, data subjects must, whether directly or via a third party, be provided with the personal information about them that an organisation holds, except for requests which are manifestly abusive, based on unreasonable intervals or their number or repetitive or systematic nature, or for which access need not be granted under the law of the country of the data exporter. Provided that the authority has given its prior approval, access needs also not be granted when doing so would be likely to seriously harm the interests of the data importer or other organisations dealing with the data importer and such interests are not overridden by the interests for fundamental rights and freedoms of the data subject. The sources of the personal data need not be identified when this is not possible by reasonable efforts, or where the rights of persons other than the individual would be violated. Data subjects must be able to have the personal information about them rectified, amended, or deleted where it is inaccurate or processed against these principles. If there are compelling grounds to doubt the legitimacy of the request, the organisation may require further justifications before proceeding to rectification, amendment or deletion. Notification of any rectification,

amendment or deletion to third parties to whom the data have been disclosed needs not be made when this involves a disproportionate effort. A data subject must also be able to object to the processing of the personal data relating to him if there are compelling legitimate grounds relating to his particular situation. The burden of proof for any refusal rests on the data importer, and the data subject may always challenge a refusal before the authority.

6. Sensitive data: The data importer shall take such additional measures (e.g., relating to security) as are necessary to protect such sensitive data in accordance with its obligations under clause II.

7. Data used for marketing purposes: Where data are processed for the purposes of direct marketing, effective procedures should exist allowing the data subject at any time to "opt-out" from having his data used for such purposes.

8. Automated decisions: For purposes hereof "automated decision" shall mean a decision by the data exporter or the data importer which produces legal effects concerning a data subject or significantly affects a data subject and which is based solely on automated processing of personal data intended to evaluate certain personal aspects relating to him, such as his performance at work, creditworthiness, reliability, conduct, etc. The data importer shall not make any automated decisions concerning data subjects, except when:

a. i) such decisions are made by the data importer in entering into or performing a contract with the data subject, and

ii) the data subject is given an opportunity to discuss the results of a relevant automated decision with a representative of the parties making such decision or otherwise to make representations to that parties.

or

b. where otherwise provided by the law of the data exporter.

ANNEX B

DESCRIPTION OF THE TRANSFER

Data subjects

The personal data transferred concern the following categories of data subjects:

See Appendix 1.

Purposes of the transfer(s)

The transfer is made for the following purposes:

See Appendix 1.

Categories of data

The personal data transferred concern the following categories of data:

See Appendix 1.

Recipients

The personal data transferred may be disclosed only to the following recipients or categories of recipients:

See Appendix 1.

Sensitive data (if appropriate)

The personal data transferred concern the following categories of sensitive data:

See Appendix 1.

Data protection registration information of data exporter (where applicable)

....

....

Additional useful information (storage limits and other relevant information)

The data will be stored for only as long as is necessary for the achievement of the respective processing purposes.

Contact points for data protection enquiries

See section 6.1 of the Agreement.

XI. Sicherheitsverletzungen

A. Erstbeurteilungs-Checkliste bei Sicherheitsverletzungen (deutsche Version)

☐ **Was ist über die Art des Datenschutzvorfalles bekannt** (Hacking, Verlust eines Gerätes, interner Diebstahl oder desgleichen)? Wie hat die Sicherheitskontaktperson von dem Sicherheitsvorfall erfahren?

☐ **Was ist über die Art der betroffenen Daten bekannt?** Umfassen die betroffenen Datenbereiche solche Daten, die eine Pflicht zur Benachrichtigung oder andere rechtliche oder vertragliche Pflichten auslösen.

☐ **Falls Kreditkartennummern betroffen sind: Hat das Unternehmen eine Kopie der Vereinbarung mit seiner Bank eingeholt?**

☐ **Welche Kategorien von Personen könnten betroffen sein** (zB Mitarbeiter, Kunden)?

☐ **Wo befinden sich die potenziell betroffenen Personen** (zB ausschließlich in der EU, und falls dies zutrifft, welche Mitgliedstaaten, und welche Orte außerhalb der EU)?

☐ **Wie groß ist die ungefähre Anzahl der betroffenen Personen** (i) pro EU-Mitgliedstaat und Region und (ii) pro Standort außerhalb der EU?

☐ **Was sind die Kategorien und ungefähre Anzahl der betroffenen Datensätze?**

☐ **Was ist über den Umfang des Sicherheitsvorfalles bekannt?** Falls der Datenschutzvorfall mit einem unautorisierten Eindringen in Informationssysteme verbunden war, auf welche Hosts wurde möglicherweise zugegriffen, welche Daten befinden sich auf diesen, und wie haben sich die Angreifer Zugriff verschafft?

☐ **Wer weiß von der Situation Bescheid, sowohl intern, als auch extern?** Ist der Sicherheitsvorfall bereits den Medien bekannt?

☐ **Welche Schritte werden ergriffen, um die Sicherheit des Systems zu gewährleisten, gleichzeitig aber die Löschung wichtiger elektronischer Beweise zu vermeiden** (zB: wurden Server, die personenbezogene Daten enthalten, vom Internet getrennt, oder wurden betroffene Geräte gespiegelt)?

☐ **Wurde ein seriöses forensisches Unternehmen mit den oben beschriebenen Aufgaben beauftragt?** Wer regelt die technischen und Sicherheits-Aspekte des Sicherheitsvorfalles?

☐ **Wurden die Strafverfolgungsbehörden kontaktiert?** Falls dies der Fall ist, welche Behörde und von wem?

B. Erstbeurteilungs-Checkliste bei Sicherheitsverletzungen (englische Version)

☐ **What is known about the nature of the Data Security Incident** (hacking, loss of device, insider theft, or the like)? How did the Data Security Incident come to the attention of the incident response contact person?

☐ **What is known about the nature of the data affected?** Do the affected data fields include any data that could trigger breach notification or other mandatory legal or contractual duties?

☐ **If credit card numbers are involved, has the company obtained a copy of its merchant bank agreement?**

☐ **What types of individuals may be affected** (e.g., employees, consumers, other)?

☐ **Where are such potentially affected individuals located** (e.g., EU only, and if so, what member states, and any non-EU locations)?

☐ **What is the approximate number of affected individuals:** (i) per EU member state and territory; and (ii) per non-EU jurisdiction?

☐ **What is the type and approximate number of affected personal data records?**

☐ **What is known about the scope of the Data Security Incident?** If the Data Security Incident may have involved an unauthorized intrusion to information systems, what host machines may have been accessed, what data resides on those machines, and how did the intruders gain access?

☐ **Who is aware of the situation, both internally and externally?** Is the Data Security Incident already known in the media?

☐ **What steps are being taken to protect the security of the system while avoiding destruction of critical electronic evidence** (e.g., disconnected servers containing personal information from the internet, or the like, have potentially affected devices been imaged)?

☐ **Has counsel engaged a reputable forensics firm to perform the tasks described above?** Who is managing the technical and security aspects of the Data Security Incident?

☐ **Has law enforcement been contacted?** If so, what agency and by whom?

C. Muster für eine Meldung an die Datenschutzbehörde

Meldung einer Verletzung des Schutzes personenbezogener Daten gemäß Artikel 33 Datenschutz-Grundverordnung

1. Anlaufstelle für weitere Informationen

[Name]

[Funktion]

[Anschrift]

[Kontaktdaten]

2. Verantwortlicher

[Name]

[Anschrift]

[Firmenbuchnummer und Registergericht]

3. Beschreibung der Verletzung

[Sachverhaltsbeschreibung: Ort und Zeit der Verletzung, Zeitpunkt des Bekanntwerdens der Verletzung, Ursache (Versehen, Angriff,…)]

[Ggf Begründung für Verzögerung, wenn die Meldung nicht binnen 72 Stunden nach Bekanntwerden der Verletzung erfolgt ist.]

Kategorien und Anzahl der betroffenen Personen:

> *[zB Kunden, Mitarbeiter, Patienten, Kinder]*

[Wenn zutreffend] Es ist uns nicht möglich, diese Informationen derzeit bereitzustellen. Der Verantwortliche ist jedoch intensiv mit der Informationsbeschaffung beschäftigt. Die notwendigen Angaben werden daher schrittweise und ohne unangemessene Verzögerung übermittelt werden.

Kategorien und Anzahl der betroffenen personenbezogenen Datensätze:

> *[zB erworbene Produkte, Gesundheitsdaten, Bankdaten, politische Meinungen, Transaktionsdaten, Kartennummern]*

[Wenn zutreffend] Es ist uns nicht möglich, diese Informationen derzeit bereitzustellen. Der Verantwortliche ist jedoch intensiv mit der Informationsbeschaffung beschäftigt. Die notwendigen Angaben werden daher schrittweise und ohne unangemessene Verzögerung übermittelt werden.

4. Wahrscheinliche Folgen der Verletzung

Die Verletzung könnte nachstehende negative Folgen für die Betroffenen nach sich ziehen:

> *[zB Bloßstellung, Verwendung fremder Identitäten durch unbekannte Dritte, finanzieller Verlust, Haftungsfolgen]*

[Alternativ:] Die Verletzung wird keine negativen Folgen für die Betroffenen nach sich ziehen, weil

> *[zB Löschung bereits veranlasst/bestätigt, keine Zuordnung zu konkreten Personen durch Dritte möglich, Daten wurden nur wenigen Dritten gegenüber offengelegt]*

5. Maßnahmen zur Behebung der Verletzung und zur Abmilderung der Auswirkungen

[zB Umstellung von Passwörtern, Sperrung von Zugängen, (öffentliche) Information betroffener Personen, Anbieten von Entschädigungen, Schulung von Mitarbeitern, Ersuchung um Löschung, Information des Betriebsrats]

6. Sonstiges

Alle im Zusammenhang mit der Verletzung stehenden Fakten, Auswirkungen und ergriffenen Abhilfemaßnahmen werden gemäß Art 33 Abs 5 DSGVO dokumentiert.

D. Verzeichnis der Sicherheitsverletzungen (deutsche Version)

[Für jede Sicherheitsverletzung ist untenstehendes Muster zu replizieren und als Teil des Verzeichnisses der Sicherheitsverletzungen aufzubewahren.]

Verletzung Nr	*[Fortlaufende Nr]*
Erster Verdacht auf Verletzung	*[Datum], [Uhrzeit]*
Kenntniserlangung von der Verletzung	*[Datum], [Uhrzeit]*
Zeitpunkt der Meldung an die Datenschutzbehörde	*[Datum und Uhrzeit bzw N/A]*
Kopie des Schreibens an die Datenschutzbehörde	*[Attachment bzw N/A]*
Zeitpunkt der Benachrichtigung der betroffenen Personen	*[Datum und Uhrzeit bzw N/A]*
Kopie des Schreibens an die betroffenen Personen	*[Attachment bzw N/A]*
An der Untersuchung der Verletzung beteiligte Mitarbeiter	*[Namen/Funktionen]*
An der Untersuchung der Verletzung beteiligte externe Dienstleister	*[Firmenwortlaut, Anschrift]*
Art der Verletzung	*[Beschreibung; zB Verletzung der Vertraulichkeit der in der Kundendatenbank gespeicherten Kunden- und Mitarbeiterdaten durch Ausnützung der damals öffentlich noch nicht bekannten Sicherheitslücke … in der verwendeten Webserver-Software]*
Forensischer Bericht	*[Attachment]*
Eingeholter Rat des Datenschutzbeauftragten	*[Attachment bzw N/A, wenn kein Datenschutzbeauftragter bestellt ist]*

Ergriffene reaktive Maßnahmen	*[Beschreibung der reaktiven Maß-nahmen; zB Migration der Kun-dendatenbank von einem über das Internet zugänglichen Server auf einen Server im Intranet – Außen-dienstmitarbeiter erhalten nur noch über VPN Zugang]*	
Bewertung des Risikos für die Betroffenen	*[keines/niedrig/mittel/hoch]*	
Wahrscheinliche Folgen	*[Beschreibung der Folgen für die Betroffenen; zB „Da der Verant-wortliche Unterhaltungselektronik vertreibt und keine Bankkontoda-ten, Kreditkarten oder Passwörter betroffen sind, sind keine nennens-werten Folgen für Betroffene zu befürchten und das Risiko für die Betroffenen daher niedrig".]*	
Kategorien und Anzahl der Betrof-fenen	Betroffenen-kategorie	Anzahl
	[zB Kunden]	*[zB 34.432]*
	[weitere Katego-rie]	*[Anzahl]*
Kategorien und Anzahl der Daten-sätze	Datensatz-kategorie	Anzahl
	[zB Kauftrans-aktionen]	*[zB 1,2 Millio-nen]*
	[zB Kunden-stamm-Daten-sätze (Name, Kontaktdaten, Lieferadresse)]	*[zB 34.432]*

E. Verzeichnis der Sicherheitsverletzungen (englische Version)

[For each security breach, the template below shall be replicated and re-tained as part of the record of security breaches.]

Breach no.	*[continuous no.]*
First suspicion of the Security Incident	*[date], [time]*
Awareness of the Security Incident	*[date], [time]*
Time of the notification of the supervisory authority	*[date and time or N/A]*
Copy of the letter to the supervisory authority	*[attachment or N/A]*
Time of the notification of the affected data subject	*[date and time or N/A]*
Copy of the Letter to the affected data subject	*[attachment or N/A]*
Employees involved in the investigation of the Security Incident	*[names/functions]*
External service providers involved in the investigation of the breach	*[company name, address]*
Type of Security Incident	*[description; e.g. violation of confidentiality of customer and employee data stored in the customer database by exploiting the security hole ... in the web server software used, which was not yet publicly known at the time of the incident]*
Forensic report	*[attachment]*
Counsel of Data Protection Officer	*[attachment or N/A, if no Data Protection Officer has been appointed]*

Reactive measures taken	*[description of the reactive measures; e.g. migration of the customer database from a server accessible via the Internet to a server in the intranet — only staff members have access]*	
Assessment of the risk for those affected	*[none/low/medium/high]*	
Probable consequences	*[description of the consequences for those affected; e.g. Since the person responsible sells farming machines and no bank account data, credit cards or passwords are affected, no significant consequences for those affected are to be feared and the risk for those affected is therefore low]*	
Categories and number of persons affected	Category of persons affected	Number
	[e.g., customers]	*[e.g., 34,432]*
	[other categories]	*[number]*
Categories and number of data records	Data category	Number
	[e.g., purchase transactions]	*[e.g., 1,200]*
	[e.g., customer master data records (name, contact data, delivery address)]	*[e.g., 34,432]*
	[other categories]	*[number]*

F. Incident Response Richtlinie (deutsche Version)

Incident Response Richtlinie

1. **Zweck**

   Diese Incident Response Richtlinie („**Richtlinie**") bestimmt die Vorgehensweise von *[Firmenwortlaut des Unternehmens], [Anschrift des Unternehmens]*, („**wir**") im Falle eines tatsächlichen, potenziellen oder vermuteten Sicherheitsvorfalls (wie unten definiert).

2. **Geltungsbereich**

   Diese Richtlinie ist auf alle unsere Mitarbeiter, Vertragspartner, Vertreter, Bevollmächtigte und andere Arbeitnehmer anzuwenden. Zusätzlich fordern wir die Einhaltung dieser Richtlinie von allen Lieferanten und Dienstleistern, sowie deren Mitarbeitern, Vertragspartnern, Vertretern, Bevollmächtigten und anderen Arbeitnehmern, die Informationen erfassen, speichern, auf Informationen zugreifen oder anderweitig im Auftrag von uns verwenden (gesamt als „**Mitarbeiter**" bezeichnet).

   Jeder Verstoß gegen diese Richtlinie kann zu Disziplinarmaßnahmen führen, einschließlich der Auflösung von Arbeitsverhältnissen oder Lieferanten- oder Dienstleisterverträgen.

   Wir können diese Richtlinie von Zeit zu Zeit ändern, alle Mitarbeiter, Zulieferer und Dienstleister werden soweit angemessen darüber informiert.

3. **Voraussetzungen für die Meldung eines Sicherheitsvorfalls**

   3.1 **Kontaktieren der Kontaktperson für Sicherheitsvorfälle:** Jeder Mitarbeiter, der einen Sicherheitsvorfall entdeckt, vermutet oder anderweitig davon erfährt, muss diesen sofort der folgenden Kontaktperson für Sicherheitsvorfälle melden:

Kontaktperson:	*[Name]*
Telefonnummer:	*[Telefonnummer]*
E-Mail Adresse:	*[E-Mail-Adresse]*

   3.2 **Sicherheitsvorfall:** Ein Sicherheitsvorfall ist jede tatsächliche, potenzielle oder vermutete Verletzung der Sicherheit, die, ob unbeabsichtigt oder unrechtmäßig, zur Vernichtung, zum Verlust, zur Veränderung, oder zur unbefugten Offenlegung von, beziehungsweise zum unbefugten Zugang zu, Papierversionen oder elektronischen Daten und Informationen führt, ungeachtet, ob es sich um personenbezogene Daten oder vertrauliche Informationen handelt, welche direkt oder indirekt in unserem Besitz sind, von uns kontrolliert oder gewartet werden. Solche Daten können eventuell in Papierakten, E-Mails, Tabellen, Personalakten, Gehaltsabrechnungen, Servern, mobilen Endgeräten (wie Laptops oder Smartphones) oder IT-Datenbanken zu finden sein. Untenstehend ist zur Veranschaulichung eine nicht taxative Liste von Ereignissen aufgezählt, welche ihrer Art nach gemeldet werden müssen:

> Diebstahl oder Verlust eines PCs, Laptops, Smartphones, USB-Sticks oder eines anderen Datenträgers, der in unserem Eigentum, oder im Eigentum eines unserer Mitarbeiter, der darauf Daten von uns speichert, steht.

> Ein Einbruch oder ein Raubüberfall in unsere Räumlichkeiten.

> Ein kompromittierender Angriff auf Datenbanken, PCs, Netzwerk, Kommunikation, etc.

> Mitarbeiter können auf Informationen, Dateien oder Datenbanken außerhalb des ihnen übertragenen Aufgabenbereichs zugreifen, diese sehen oder offenlegen.

> Der Verstoß eines Dritten gegen Geheimhaltungs- oder Vertraulichkeitsvereinbarungen.

> Alle der oben genannten Vorfälle, wenn sie einen Zulieferer oder einen anderen Dienstleister von uns betreffen.

3.3 **Unterstützung:** Sämtliche Mitarbeiter sind dazu verpflichtet, uns und die Kontaktperson für Sicherheitsvorfälle bei der Aufklärung von Sicherheitsvorfällen zu unterstützen.

3.4 **Verfügbarkeit der Kontaktperson für Sicherheitsvorfälle:** Die Kontaktperson für Sicherheitsvorfälle soll sicherstellen, dass der E-Mail-Account und die Telefon-Hotline der Kontaktperson für Sicherheitsvorfälle ohne gröbere Unterbrechungen erreichbar ist, dass der Ersthelfer schnell, nach erhaltenem Bericht, handeln kann.

4. **Vorgehensweise nach einem Sicherheitsfall**

4.1 **Durchführung erster Untersuchungen:** Die Kontaktperson für Sicherheitsvorfälle führt vorläufige Untersuchungen bezüglich aller gemeldeten Vorfälle durch („**Ersthelfer**"). Der Ersthelfer reagiert sofort auf berichtende Mitarbeiter und versucht möglichst viele Informationen, die sogleich über den Sicherheitsvorfall verfügbar sind, zu erlangen. Wenn der Datensicherheitsvorfall im Zusammenhang mit Informationstechnologie steht oder anderen Computersicherheitsproblemen, koordiniert sich der Ersthelfer mit der Abteilung für IT & Security. Der Ersthelfer bestimmt unverzüglich (üblicherweise innerhalb von 24 Stunden) anhand der vorhandenen Informationen, ob ein vernünftiger oder glaubwürdiger Grund besteht, anzunehmen, dass sich ein Sicherheitsvorfall ereignet hat. Der Ersthelfer hat jedenfalls das Dokument in Anhang A auszufüllen.

4.2 **Bestimmung des Umfangs des Sicherheitsvorfalls sowie anwendbarer rechtlicher Verpflichtungen:** Auf Anweisung der Rechtsabteilung oder eines externen Rechtsberaters unternimmt die Kontaktperson für Sicherheitsvorfälle folgende Maßnahmen, sofern diese den Umständen nach geeignet und angemessen sind:

> **Untersuchung des Umfangs des Sicherheitsvorfalls:** Die Kontaktperson für Sicherheitsvorfälle untersucht und sammelt Informationen bezüglich des Umfanges des vermuteten Sicherheitsvorfalles, einschließlich, sofern angemessen:

(i) wann und wie der vermutete Sicherheitsvorfall geschehen ist und wann dieser entdeckt wurde;

(ii) die Kategorie von Information (zB die Arten personenbezogener Daten), die möglicherweise gefährdet sind;

(iii) das Risiko eines potenziellen Missbrauchs oder Schadens; und

(iv) wer weiß über den vermuteten Sicherheitsvorfall innerhalb und außerhalb von *[Firmenwortlaut des Unternehmens]* Bescheid.

> **Erkennen/Sicherstellen und Eindämmen der Gefahr:** Wenn eine anhaltende oder andauernde Bedrohung (zB eines Hackers oder Virus im Informationssystem von *[Firmenwortlaut des Unternehmens]*) eintritt, stellt die Kontaktperson für Sicherheitsvorfälle sicher, dass geeignetes IT & Security Personal angemessene Maßnahmen veranlasst, um die Gefahr sicherzustellen und einzudämmen, sodass diese der technischen Umgebung von *[Firmenwortlaut des Unternehmens]* keinen weiteren Schaden zufügen kann.

> **Beweissicherung:** Bei der Durchführung der Ermittlungen stellt die Kontaktperson für Sicherheitsvorfälle sicher, dass angemessene Maßnahmen ergriffen werden, um sämtliche relevanten Informationen und Beweise sicherzustellen, einschließlich:

(i) das Aussetzen sämtlicher Verfahren zur Löschung oder Bereinigungsmethoden (einschließlich der automatischen Logfiles oder Backup Überschreibungs- oder Recyclingverfahren);

(ii) der Anweisung an Mitarbeiter, Vertragspartner, Vertreter oder Bevollmächtigte mit Zugang zum System, achtsam zu sein, Informationen oder Beweise nicht zu löschen, verändern oder unbrauchbar zu machen;

(iii) des Aufbewahrens von verdächtigem Code oder verdächtiger Malware; und

(iv) die Veranlassung relevanter rechtlicher Verfahren in Übereinstimmung mit unseren Richtlinien.

> **IT-Forensiker einschalten:** Falls der vermutete Sicherheitsvorfall auch das unautorisierte Eindringen in das Informationssystem beinhaltet, so bestimmen die Rechtsabteilung und/oder externe Rechtsberater, in Koordination mit den IT & Security Mitgliedern, ob qualifizierte IT-Forensiker eingeschaltet werden, um die betroffenen Geräte zu spiegeln, eine forensische Computeruntersuchung durchzuführen ist oder andere Services bereitzustellen sind. Mit dieser forensischen Untersuchung befasst sich die Rechtsabteilung oder externe Rechtsvertreter, um erforderlichenfalls Rechtsbeistand zuzuziehen, um rechtliche Beratung in Hinblick auf einen Rechtsstreit, behördliche Ermittlungen oder interne Untersuchungen zu erhalten.

> **Benachrichtigung der Strafbehörden:** Als Teil der Ermittlung, beurteilt die Sicherheitskontaktperson ob eine Verständigung der Strafbehörden notwendig oder angemessen ist (zB Europäische Strafbehörden, Datenschutzbehörden, örtliche Polizei oder andere Behörden).

> **Ermittlung anwendbarer Folgen:** Die Rechtsabteilung und/oder externe Rechtsberater benachrichtigen die Sicherheitskontaktperson darüber, welche Gesetze bezüglich der Benachrichtigung der von einer Verletzung des Schutzes personenbezogener Daten anwendbar sind („**Data Breach Gesetze**") und ob dieser Sicherheitsvorfall nach Data Breach Gesetzen eine Verletzung des Schutzes personenbezogener Daten darstellt, die, neben anderen Pflichten, eine Meldung an von dem Sicherheitsvorfall betroffene Personen, Behörden/Datenschutzbehörde, Verbrauchervereine, Medien oder anderen Einrichtungen notwendig macht („**Data Security Breach**"). Die Sicherheitskontaktperson muss sämtliche sachbezo-

genen Informationen, die von der Rechtsabteilung und/oder von externen Rechtsberatern angefordert werden, bereitstellen, um diesen eine notwendige rechtliche Beurteilung zu ermöglichen.

Zusätzlich informieren die Rechtsabteilung und/oder die externen Rechtsberater die Sicherheitskontaktperson über andere Umstände, abgesehen von den Verpflichtungen zur Meldung von Sicherheitsverletzungen, die eine Benachrichtigung erfordern könnten, einschließlich:

(i) Vorgaben bargeldloser Zahlungsmittel Industrie- und Bankenvorgaben, welche die Verpflichtung zur sofortigen Bekanntgabe potenzieller Sicherheitsvorfälle beinhaltet.

(ii) Vertragliche Verpflichtungen gegenüber Geschäftspartnern und anderen.

(iii) Datenschutzrichtlinien oder Erklärungen in internen oder externen Dokumenten bezüglich einer Benachrichtigung.

> **Geheimhaltung:** Die Sicherheitskontaktperson arbeitet mit anderen Abteilungen zusammen, um sicherzustellen, dass jeder vermutete Sicherheitsvorfall vertraulich behandelt wird, bis eine Entscheidung über die Benachrichtigung oder Veröffentlichung getroffen wurde und dass nur ausgewählte Mitarbeiter über diesen Vorfall Bescheid wissen.

> **Dokumentationsanforderungen:** Auch wenn die Rechtsabteilung und/oder externe Rechtsberater zu dem Schluss kommen, dass Data Breach Gesetze nicht auf den Sicherheitsvorfall anwendbar sind, muss die Sicherheitskontaktperson den Data Security Breach hinreichend dokumentieren, insbesondere die rechtliche Beurteilung, dass Data Breach Gesetze nicht anwendbar sind.

4.3 **Benachrichtigung der Betroffenen, Behörden, Verbrauchervereine und anderen Institutionen:** Die Sicherheitskontaktperson entscheidet, ob Benachrichtigungen in Übereinstimmung mit der Beratung der Rechtsabteilung oder externen Rechtsvertretern, notwendig sind. Wenn eine Benachrichtigungen notwendig ist, so gilt Folgendes:

> **Inhalt der Benachrichtigung, Anleitung für Follow-Up-Fragen:** Wenn eine Benachrichtigung notwendig ist, so arbeitet die Sicherheitskontaktperson mit den Rechtsberatern zusammen, um Wortlaut- und Verteilungsmodalitäten zu bestimmen.

> **Art der Benachrichtigung:** Wenn anwendbares Recht keine andere Form der Benachrichtigung verlangt, werden Betroffene (die uns

ihre E-Mail-Adresse bereitgestellt haben) über E-Mail mit Empfangsbestätigung verständigt. Diejenigen, die uns eine Postadresse bereitgestellt haben, aber keine E-Mail-Adresse, werden schriftlich informiert. Die Sicherheitskontaktperson ermittelt mithilfe der Rechtsberater eine angemessene Art der Übermittlung der Benachrichtigung unter Berücksichtigung von nationalem Recht und den Kosten. Weitere Veröffentlichungen (zB auf unserer Website oder durch landesweite Medien) werden von dieser Richtlinie nicht gefordert, können aber durch Data Breach Gesetze notwendig sein oder als hilfreich für die Kundenbeziehung oder andere Zwecke in bestimmten Situationen erachtet werden. Wenn eine Benachrichtigung in Übereinstimmung mit diesem Abschnitt nicht möglich ist, so wird die Sicherheitskontaktperson unverzüglich mit den Rechtsberatern bestimmen, wie eine Ersatzverständigung möglich ist. Die Sicherheitskontaktperson kann die Benachrichtigung aussetzen, wenn Strafverfolgungsbehörden der Auffassung sind, dass diese die Ermittlungen behindern würde.

4.4 Dokumentation des Verhaltens: Die Sicherheitskontaktperson führt Aufzeichnungen über die Schritte, die sie von der Entdeckung über die Benachrichtigung bis hin zur Behebung des Vorfalles unternommen hat.

4.5 Antworten auf Anfragen: Die Sicherheitskontaktperson plant, wie wir auf Anfragen der Presse, Regierung, oder anderer Parteien reagieren. Meist werden Anfragen direkt an die Rechts- oder Presseabteilung weitergeleitet.

4.6 Korrigierende Maßnahmen: Wir legen fest, welche technischen und organisatorischen Maßnahmen notwendig sind, einschließlich Richtlinien, Bewusstseinsfortbildungen und Verfahren für Mitarbeiter, um gleichartige Sicherheitsvorfälle in Zukunft zu verhindern. Wir beurteilen unsere Beziehungen zu Dritten, die eine mögliche Verbindung zu dem Sicherheitsvorfall aufweisen und tätigen die notwendigen Schritte (zB: Vertragsanpassungen, Anpassung von Verfahren und/oder Fortbildungen, Verbesserung der Sicherheitsmaßnahmen, Wechsel zu einem anderen Anbieter, etc). Dritte sind vertraglich dazu verpflichtet, uns über jeglichen tatsächlichen oder vermuteten Sicherheitsvorfall zu informieren. Die Rechtsabteilung wird ihr Vorgehen entsprechend anpassen.

Diese Richtlinie begründet nicht mehr Rechte für unsere Mitarbeiter, als nach zwingendem Recht bestehen. Diese Richtlinie ist vertraulich und betriebsintern, Dritten entstehen hieraus keine Ansprüche.

Anhang A (internes Meldeformular) zur Incident Response Richtlinie

Verletzung Nr	*[Fortlaufende Nr]*
Erster Verdacht auf Verletzung	*[Datum], [Uhrzeit]*
Kenntniserlangung von der Verletzung	*[Datum], [Uhrzeit]*
Zeitpunkt der Meldung an die Datenschutzbehörde	*[Datum und Uhrzeit bzw N/A]*
Kopie des Schreibens an die Datenschutzbehörde	*[Attachment bzw N/A]*
Zeitpunkt der Benachrichtigung der betroffenen Personen	*[Datum und Uhrzeit bzw N/A]*
Kopie des Schreibens an die betroffenen Personen	*[Attachment bzw N/A]*
An der Untersuchung der Verletzung beteiligte Mitarbeiter	*[Namen/Funktionen]*
An der Untersuchung der Verletzung beteiligte externe Dienstleister	*[Firmenwortlaut, Anschrift]*
Art der Verletzung	*[Beschreibung; zB Verletzung der Vertraulichkeit der in der Kundendatenbank gespeicherten Kunden- und Mitarbeiterdaten durch Ausnützung der damals öffentlich noch nicht bekannten Sicherheitslücke ... in der verwendeten Webserver-Software]*
Forensischer Bericht	*[Attachment]*
Eingeholter Rat des Datenschutzbeauftragten	*[Attachment bzw N/A, wenn kein Datenschutzbeauftragter bestellt ist]*
Ergriffene reaktive Maßnahmen	*[Beschreibung der reaktiven Maßnahmen; zB Migration der Kundendatenbank von einem über das Internet zugänglichen Server auf einen Server im Intranet – Außendienstmitarbeiter erhalten nur noch über VPN Zugang]*

Bewertung des Risikos für die Betroffenen	*[keines/niedrig/mittel/hoch]*	
Wahrscheinliche Folgen	*[Beschreibung der Folgen für die Betroffenen; zB da der Verantwortliche Unterhaltungselektronik vertreibt und keine Bankkontodaten, Kreditkarten oder Passwörter betroffen sind, sind keine nennenswerten Folgen für Betroffene zu befürchten und das Risiko für die Betroffenen daher niedrig]*	
Kategorien und Anzahl der Betroffenen	Betroffenenkategorie	Anzahl
	[zB Kunden]	*[zB 34.432]*
	[weitere Kategorie]	*[Anzahl]*
Kategorien und Anzahl der Datensätze	Datensatzkategorie	Anzahl
	[zB Kauftransaktionen]	*[zB 1,2 Millionen]*
	[zB Kundenstamm-Datensätze (Name, Kontaktdaten, Lieferadresse)]	*[zB 34.432]*

Dieses Formular ist auszufüllen und an die Kontaktperson für Datenschutzvorfälle zu übermitteln, die in der Incident Response Richtlinie angegeben wird.

G. Incident Response Richtlinie (englische Version)

Incident Response Policy

1. Purpose

This Data Security Incident Reporting and Response Policy ("Policy") identifies the procedures that *[company name]*, *[company address]* ("**we**") will follow in the event of an actual, potential or suspected Data Security Incident (as defined below).

2. Scope

This Policy applies to all our employees, contractors, agents, representatives, and other staff members. In addition, we require adherence to this Policy of any vendor or other service providers, and their employees, contractors, agents, representatives and other staff members, that collect, access, store, or otherwise handle information on our behalf (collectively referred to as "**Employees**").

Any violation of this Policy may lead to disciplinary actions, including termination of employment, or may result in the termination of any vendor or service agreement.

We may amend this Policy from time to time, which will be notified to all Employees, vendors and service providers as appropriate.

3. Data Security Incident Reporting Requirement

3.1 **Contact the incident response contact person:** Any Employee that discovers, suspects, or otherwise learns about an actual, potential or suspected Data Security Incident must immediately report the issue to the following incident response contact person:

Contact person: *[name]*

Phone number: *[phone number]*

Email address: *[email address]*.

3.2 **Data Security Incident:** A Data Security Incident is any actual, potential or suspected incident, action, failure, or other occurrence leading to the accidental, deliberate or unlawful destruction, loss, alteration, or unauthorized acquisition, disclosure or access to, hardcopy or electronic data and information, irrespective of whether it is personal data or confidential information or not, which is owned, controlled or maintained by us directly or indirectly (e.g., it is hosted by a vendor or other service provider). Such data can be contained in paper files, emails, spreadsheets, personnel records, payroll records, servers, portable storage devices (such as laptop or smartphones), or IT databases. Below is an illustrative but non-exhaustive list of events which, by their very nature, must be reported:

> Theft or loss of a computer, laptop, smartphone, thumb drive, or other data storage device owned by us or an Employee who used the device to store data relating to us.

> A break-in or robbery at one of our facilities.

> An attacker compromising our databases, computers, networks, communications, etc.

> Employees viewing, accessing or disclosing information, files or databases outside the scope of their assigned responsibilities.

> Breach by a third party of a non-disclosure agreement or confidentiality agreement.

> Any of the above events if they concern one of our vendors or other service providers.

3.3 **Assistance:** Any Employee is required to assist *[company name]* and the incident response contact person in an investigation of a Data Security Incident.

3.4 **Availability of incident response contact person:** The incident response contact person shall ensure that the email account and the telephone hotline of the incident response contact person is monitored without significant interruptions so that the First Responders can act promptly upon receipt of a report.

4. Data Security Incident Response Procedure

4.1 **Conduct Initial Investigation:** The incident response contact person conducts a preliminary investigation of each reported incident ("**First Responder**"). The First Responder promptly responds to the reporting Employee and obtains as much information as is readily available about the Data Security Incident. If the Data Security Incident involves Information Technology or other computer security issues, the First Responder coordinates with the IT & Security member. The First Responder should make an initial determination promptly (usually within 24 hours) as to whether, based on available information, a reasonable or credible basis exists to believe that a Data Security Incident has occurred. In any case, the First Responder completes an internal document as set out in Appendix A.

4.2 **Determine the Scope of the Data Security Incident and Applicable Legal Requirements:** At the direction of the legal department or external legal counsel, the incident response contact person takes the following actions as applicable and appropriate under the circumstances:

> **Investigate the Scope of the Data Security Incident:** The incident response contact person investigates and gathers information regarding the scope of the suspected Data Security Incident, including, as appropriate:

  (i) when and how the suspected Data Security Incident occurred and when it was discovered;

  (ii) the categories of information (e.g., types of personal data) that may be at risk of compromise;

  (iii) the risks of potential abuse or harm; and

  (iv) who knows about the suspected Data Security Incident inside and outside of *[company name]*.

> **Secure and Isolate the Threat:** If a persistent or ongoing threat (e.g., a hacker or virus on one of our information systems) occurs, the incident response contact person assures that appropriate IT & Security personnel determine appropriate actions to take to secure and isolate the threat so that it does not continue to cause harm to our technical environment.

> **Preserve Evidence:** In conducting the investigation, the incident response contact person seeks to assure that appropriate actions are taken to preserve any relevant information and evidence, including:

  (i) suspending any data deletion or destruction practices (including automated log file or backup tape overwriting or recycling);

  (ii) instructing employees, contractors, agents, or representatives with system access to exercise caution so as not to delete, alter, or corrupt relevant information and evidence;

  (iii) preserving any suspicious code or suspected malware; and

  (iv) issuing any relevant litigation holds in accordance with our policies.

397

> **Retain Forensic Investigators:** If the suspected Data Security Incident involves possible unauthorized intrusions into information systems, the legal department and/or external legal counsel, in consultation with IT & Security, should determine whether to retain a qualified forensic investigator to image affected devices, conduct a forensic computer investigation, or provide other services. This forensic investigation is to be engaged by the legal department or external legal counsel to enable counsel to render legal advice to the company in anticipation of litigation, a regulatory inquiry, or an internal investigation.

> **Notice to Law Enforcement:** As part of the investigation, the incident response contact person determines whether it is necessary or appropriate to notify law enforcement authorities (e.g., European law enforcement, for example privacy agencies, local police, or other authorities).

> **Determine Applicable Requirements:** The legal department and/or external legal counsel advise the incident response contact person regarding what data security breach notification laws may apply to the Data Security Incident (**"Data Breach Notice Laws"**) and whether the Data Security Incident amounts under the Data Breach Notice Laws to a data security breach that triggers amongst others a duty to provide notifications regarding the Data Security Incident to affected individuals, government authorities/data protection supervisory authorities, consumer reporting agencies, the media, or others (**"Data Security Breach"**). The incident response contact person is required to provide any factual information requested by the legal department and/or external legal counsel to enable the legal department and/or external legal counsel to make the necessary legal assessment.

In addition, the legal department and/or external legal counsel advise the incident response contact person on other requirements beyond Data Breach Notice Laws that may require notification of a Data Security Incident, including:

(i) Payment Card Industry and related merchant bank requirements, which may include obligations to immediately notify potential Data Security Incidents.

(ii) Contractual obligations to business partners or others.

(iii) Privacy policies or other statements in internal or external documents regarding notification.

> **Confidentiality:** The incident response contact person shall work with other departments to ensure every suspected Data Security Incident is kept confidential until a decision regarding notification or disclosure is made and shall also keep the number of employees who know about the Data Security Incident as limited as possible.

> **Documentation Requirement:** Even if the legal department and/ or external legal counsel determine that any Data Breach Notice Laws do not apply to the Data Security Breach, the initial response contact person shall sufficiently document the Data Security Breach, in particular the legal assessment according to which any Data Breach Notice Laws do not apply.

4.3 **Notify Individuals, Governmental Authorities, Consumer Reporting Agencies, and other institutions:** The incident response contact person determines whether it is necessary to make notifications in accordance with the guidance provided by the legal department or external legal counsel. If a notice is required, the following applies:

> **Contents of Notice, Script for Follow-up Questions:** If a notice is required, the incident response contact person should work with legal counsel to determine the wording and distribution modalities for notifications.

> **Form of Notice:** Unless another form of notice is specifically required by applicable law, notification to affected individuals (who have provided email addresses to us) will be made via email with a return receipt requested to any affected individuals. For those who have provided a postal address to us, but not an email address, the notice will go out via first class postal mail. The incident response contact person works with legal counsel to determine the appropriate format for transmitting the notice taking into account applicable law and costs. More public means of notice (e.g., via a website or statewide media) are not required by this Policy, but may be required by Data Breach Notice Laws or deemed helpful for customer relations or other purposes in certain situations. If notice cannot be made in accordance with this Section, the incident response contact person should immediately consult with legal counsel to determine how to provide substitute notice. The incident response contact person may delay the transmission of the notice if a law enforcement agency determines that notice to affected individuals would impede a criminal investigation.

4.4 **Document the Response:** The incident response contact person maintains documentation of the steps that the incident response contact person takes from the time in which the incident is discovered through notice and remediation.

4.5 **Respond to Inquiries:** The incident response contact person plans how we will respond if we receive an inquiry by the press, the government, or any other party. In most circumstances, inquiries should be directed to the legal department or public relations.

4.6 **Corrective Measures:** We shall determine what technical and organizational security measures are necessary to prevent similar Data Security Incidents in the future, including policies, awareness training, procedures for employees. We shall evaluate third-party relationships that might have been involved in the Data Security Incident and take appropriate action (e.g., contractual changes, alterations in procedures and/or training, improvements in security measures, moving to a different vendor, etc.). Third parties shall be contractually obligated to notify us immediately upon any actual or suspected Data Security Incident. It should make recommendations to the legal department to change procedures accordingly.

This Policy does not create any rights for our employees outside the scope of mandatory obligations under applicable law. This Policy is confidential and internal to us, and does not create any rights or entitlements for any third parties either.

Appendix A (internal reporting form) to the Incident Response Policy

Breach no.	*[continuous no.]*
First suspicion of the Security Incident	*[date], [time]*
Awareness of the Security Incident	*[date], [time]*
Time of the notification of the supervisory authority	*[date and time or N/A]*
Copy of the letter to the supervisory authority	*[attachment or N/A]*
Time of the notification of the affected data subject	*[date and time or N/A]*
Copy of the Letter to the affected data subject	*[attachment or N/A]*
Employees involved in the investigation of the Security Incident	*[names/functions]*
External service providers involved in the investigation of the breach	*[company name, address]*
Type of Security Incident	*[description; e.g. violation of confidentiality of customer and employee data stored in the customer database by exploiting the security hole … in the web server software used, which was not yet publicly known at the time of the incident]*
Forensic report	*[attachment]*
Counsel of Data Protection Officer	*[attachment or N/A, if no Data Protection Officer has been appointed]*
Reactive measures taken	*[description of the reactive measures; e.g. migration of the customer database from a server accessible via the Internet to a server in the intranet — only staff members have access]*

Assessment of the risk for those affected	*[no/low/medium/high]*	
Probable consequences	*[description of the consequences for those affected; e.g. Since the person responsible sells farming machines and no bank account data, credit cards or passwords are affected, no significant consequences for those affected are to be feared and the risk for those affected is therefore low]*	
Categories and number of persons affected	Category of persons affected	Number
	[e.g., customers]	*[e.g., 34,432]*
	[other categories]	*[number]*
Categories and number of data records	Data category	Number
	[e.g., purchase transactions]	*[e.g., 1,200]*
	[e.g., customer master data records (name, contact data, delivery address)]	*[e.g., 34,432]*
	[other categories]	*[number]*

This form must be completed and submitted to the contact person indicated in the Incident Response Policy.

XII. Verarbeitungsverzeichnisse

A. Allgemeines Muster eines Verarbeitungsverzeichnisses (deutsche Version)

Verzeichnis von Verarbeitungstätigkeiten

1. Allgemeine Informationen zur Organisation

1. Name und Kontaktdaten der Organisation	
Name/Firmenwortlaut der Organisation:	*[Name/Firma]*
Adresse:	*[Adresse]*
E-Mail-Adresse:	*[E-Mail-Adresse]*
2. Name und Kontaktdaten des Datenschutzbeauftragten (sofern bestellt)	
Name:	*[Name]*
Adresse:	*[Adresse]*
E-Mail-Adresse:	*[E-Mail-Adresse]*
Telefonnummer:	*[Telefonnummer]*

2. Verarbeitungstätigkeiten, für welche die Organisation Verantwortlicher ist

[Nachfolgende Tabelle ist für jede Verarbeitungstätigkeit zu reproduzieren.]

1. Allgemeine Angaben zur Verarbeitungstätigkeit		
LfNr:	*[LfNr, zB 1]*	
Name der Verarbeitungstätigkeit:	*[Name der Verarbeitungstätigkeit, zB Kundenbeziehungsmanagement]*	
2. Allfällige gemeinsam Verantwortliche		
<u>Firmenwortlaut</u>	<u>Adresse</u>	<u>E-Mail-Adresse</u>
[Firmenwortlaut]	*[Adresse]*	*[E-Mail-Adresse]*

3. Verarbeitungszwecke
[Liste der Verarbeitungszwecke, zB Erfüllung eines mit dem Kunden geschlossenen Vertrages]

4. Kategorien Betroffener
[Liste der Kategorien betroffener Personen, zB Arbeitnehmer, Kunden]

5. Datenkategorien

Datenkategorie	Speicherdauer
[Name der Datenkategorie]	*[Speicherdauer, zB bis drei Jahre nach Vertragsbeendigung]*

6. Kategorien von Empfängern, die Verantwortliche sind

die Kategorie von Empfängern	EWR und/oder Land (sofern außerhalb des EWR)
[Kategorie von Empfängern, zB IT-Dienstleister oder Konzerngesellschaften]	*[EWR und/oder Land, zB EWR, USA, Kanada]*

7. Kategorien von Empfängern, die Auftragsverarbeiter sind

Kategorie von Empfängern	EWR und/oder Land (sofern außerhalb des EWR)
[Kategorie von Empfängern, zB ITDienstleister oder Konzerngesellschaften]	*[EWR und/oder Land, zB EWR, USA, Kanada]*

8. Beschreibung der technischen und organisatorischen Sicherheitsmaßnahmen
[Beschreibung]

3. Verarbeitungstätigkeiten, für welche die Organisation Auftragsverarbeiter ist

[Nachfolgende Tabelle ist für jede Verarbeitungstätigkeit zu reproduzieren.]

1. Allgemeine Angaben zur Verarbeitungstätigkeit

LfNr:	*[LfNr, zB 1]*
Name der Verarbeitungstätigkeit:	*[Name der Verarbeitungstätigkeit, zB Hosting von Websites]*

2. Verantwortliche, in deren Auftrag diese Verarbeitungstätigkeit durchgeführt wird

Firmenwortlaut	Adresse	E-Mail-Adresse
[Firmenwortlaut]	*[Adresse]*	*[E-Mail-Adresse]*
Kontaktdaten des Datenschutzbeauftragten*		Kontaktdaten des Vertreters**
[Kontaktdaten]		*[Kontaktdaten]*

* Sofern der jeweilige Verantwortliche einen Datenschutzbeauftragten bestellt hat: Name, Adresse, E-Mail-Adresse und Telefonnummer
** Sofern der jeweilige Verantwortliche nicht im EWR niedergelassen ist und einen inländischen Vertreter bestellt hat: Name, Adresse und E-Mail-Adresse

3. Datenübermittlungen an Sub-Auftragsverarbeiter

Firmenwortlaut	Adresse	E-Mail-Adresse
[Firmenwortlaut]	*[Adresse]*	*[E-Mail-Adresse]*
Kontaktdaten des Datenschutzbeauftragten*		Kontaktdaten des Vertreters**
[Kontaktdaten]		*[Kontaktdaten]*

* Sofern der jeweilige Sub-Auftragsverarbeiter einen Datenschutzbeauftragten bestellt hat: Name, Adresse, E-Mail-Adresse und Telefonnummer
** Sofern der jeweilige Sub-Auftragsverarbeiter nicht im EWR niedergelassen ist und einen inländischen Vertreter bestellt hat: Name, Adresse und E-Mail-Adresse

4. Beschreibung der technischen und organisatorischen Sicherheitsmaßnahmen

[Beschreibung]

B. Allgemeines Muster eines Verarbeitungsverzeichnisses (englische Version)

Record of Processing Activities

1. General Information on the Organization

1. Name und Kontaktdaten der Organisation	
Name of the organization:	*[Name]*
Address:	*[Address]*
Email address:	*[Email address]*
2. Name and contact details of the Data Protection Officer (if appointed)	
Name:	*[Name]*
Address:	*[Address]*
Email address:	*[Email address]*
Telephone number:	*[Telephone number]*

2. Processing Activities for which the Organization is Controller

[The table below would have to be reproduced for each processing activity]

1. General information on the processing activity		
Sequence no.:	*[sequence no.; e.g., 1]*	
Name of the processing activity:	*[Name of the processing activity, e.g., customer relationship management]*	
2. Joint controllers (if any)		
Company name	Address	Email address
[Company name]	*[Address]*	*[Email address]*
3. Processing purposes		
[List of categories of data subjects, e.g., employees, customers]		

4. Categories of data subjects	
[List of categories of data subjects, e.g., employees, customers]	
5. Categories of personal data	
Data category	Retention period
[name of data category]	*[Retention period, e.g., three years after the termination of the contract]*
6. Categories of recipients which are controllers	
Category of recipient	EEA and/or country (if outside of EEA)
[Category of recipient, e.g., IT service providers or group companies]	*[Countries and/or EEA, e.g., EEA, US, Canada]*
7. Categories of recipients which are processors	
Category of recipient	EEA and/or country (if outside of EEA)
[Category of recipient, e.g., IT service providers or group companies]	*[Countries and/or EEA, e.g., EEA, US, Canada]*
8. Description of the technical and organizational security measures	
[Description]	

3. Processing Activities for which the Organization is a Processor

[The table below would have to be reproduced for each processing activity]

1. General information on the processing activity		
Sequence no.:	*[Sequence no., e.g., 1]*	
Name of the processing activity:	*[Name of processing activity, e.g., Hosting of websites]*	
2. Controllers on whose behalf the processing activity is performed		
Company name	Address	Email address
[Company name]	*[Address]*	*[Email address]*

Contact details of the data protection officer*	Contact details of the representative**
[Contact details]	*[Contact details]*

*   If the respective controller has appointed a data protection officer: name, address, email address and telephone number.

** If the respective controller is not established in the EEA and has appointed an EU representative: name, address and email address.

3. Data transfers to sub-processors

Company name	Address	Email address
[Company name]	*[Address]*	*[Email address]*

Contact details of the data protection officer*	Contact details of the representative**
[Contact details]	*[Contact details]*

*   If the respective sub-processor has appointed a data protection officer: name, address, email address and telephone number.

** If the respective sub-processor is not established in the EEA and has appointed an EU representative: name, address and email address.

4. Description of the technical and organizational security measures

[Description]

C. Beispiel: Verarbeitungstätigkeit „Personalverwaltung" – Basis (deutsche Version)

1. Allgemeine Angaben zur Verarbeitungstätigkeit	
LfNr:	*[LfNr]*
Name der Verarbeitungstätigkeit:	**Personalverwaltung für interne Mitarbeiter (inklusive Bewerbung)**

2. Allfällige gemeinsam Verantwortliche		
Firmenwortlaut	Adresse	E-Mail-Adresse
N/A	N/A	N/A

3. Verarbeitungszwecke

Verarbeitung und Übermittlung von personenbezogenen Daten für Lohn-, Gehalts-, Entgeltverrechnung und Einhaltung von Aufzeichnungs-, Auskunfts- und Meldepflichten, soweit dies aufgrund von Gesetzen oder Normen kollektiver Rechtsgestaltung oder arbeitsvertraglicher Verpflichtungen jeweils erforderlich ist, einschließlich automationsunterstützt erstellter und archivierter Textdokumente (wie zB Korrespondenz) in diesen Angelegenheiten; Verwendung und Evidenthaltung von personenbezogenen Daten von Bewerbern, wenn diese Daten von der betroffenen Person angegeben wurden; Verwaltung des Fuhrparks.

4. Kategorien Betroffener

> Derzeitige, ehemalige und zukünftige Arbeitnehmer, arbeitnehmerähnliche Personengruppen, Leiharbeitnehmer, freie Dienstnehmer, Volontäre und Praktikanten;

> Bewerber (nur soweit Datenkategorie unten mit * gekennzeichnet)

5. Datenkategorien

Datenkategorie	Speicherdauer
Personalnummer	Bis zur Beendigung der Beziehung mit dem Betroffenen und darüber hinaus solange als gesetzliche Aufbewahrungs-
Name*	
Frühere Namen (Namensteile)	

Anrede einschließlich akademische Titel*
Geburtsdatum*
Geburtsort
Geschlecht*
Personenstand
Kinder und sonstige Familienangehörige, im Zusammenhang mit Leistungen, die in Verbindung mit dem Arbeitsverhältnis des Betroffenen erbracht werden (insbesondere Name, Geburtsdatum, Sozialversicherungsnummer)
Staatsbürgerschaft*
Bankverbindung
Organisatorische Zuordnung im Betrieb einschließlich Beginn und Ende
Telefon- und Faxnummer und andere zur Adressierung erforderliche Informationen, die sich durch moderne Kommunikationstechniken ergeben (zB E-Mail-Adresse)
Anschrift*
Kostenstelle(n)
Sozialversicherungsnummer
Sozialversicherungsträger
Daten zur Krankenscheinverwaltung
Sozialversicherungsdaten des Mitarbeiters
Daten der Versichertenmeldung:
> Beitragsgruppe, An-/Abmeldedatum und Änderungsdatum
> Zugehörigkeit (Arbeiter, Angestellter, ...), Geringfügigkeit

fristen bestehen oder solange Rechtsansprüche aus dem Arbeitsverhältnis gegenüber dem Arbeitgeber geltend gemacht werden können oder soweit eine Einwilligung des Betroffenen vorliegt.

> Verwandtschaftsverhältnis zum Dienst-
geber, Beteiligung am Unternehmen des
Dienstgebers

> Lehrzeit (1. Lehrjahr von ... bis ..., Lehr-
zeitende), Nacht-Schwerarbeit (Anfang,
Ende)

> Art des Bezuges (Monatslohn, Zeitlohn)

> Beitragsgrundlage für Malusberechnung,
Fondsschlüssel für Nebenbeiträge (zB
Kammerumlage, Wohnbauförderungs-
beitrag)

> Abmeldegrund, Kündigungsentschädi-
gung (von ... bis ...), Urlaubsabfindung,
-entschädigung, Ersatzleistung für Ur-
laubsentgelt (von ... bis ...)

Beitragsgrundlagenmeldung:

> Beitragszeitraum (von ... bis ... [jeweils
Monat/Jahr], Verrechnungsart), allgemeine Beitragsgrundlage

> Beitragsgrundlage

> Sonderzahlung, Anzahl der Tage mit
Teilentgelt Beitragspflichtiges Teilentgelt,
Zugehörigkeit (Arbeiter, Angestellter, ...),
Anspruch auf Sonderzahlung (ja, nein)

Erstattungsantrag Krankenentgelt gemäß § 8
Entgeltfortzahlungsgesetz:

> Anspruch auf Pauschalbetrag

> Kennzeichen für Krankheit/Unglücksfall

> Arbeitsunfall/Berufskrankheit

> Anspruch in Wochen, Vorbezugstage
(Summe, Angabe in Arbeitstagen oder
Kalendertagen)

> Erstattungszeitraum (Beginn, Ende)

> Fortgezahltes Bruttoentgelt

> Art der Beschäftigung (Arbeiter, Lehrling, Heimarbeiter, Sonstige)

> Tagesturnus (Anzahl der Tage)

> Berechnung der Ansprüche nach Kalenderjahr/Arbeitsjahr

> Ende des Entgeltanspruches

> Vordienstzeiten (von ... bis ...), arbeitsfreie Tage

Arbeits- und Entgeltbestätigung für Krankengeld:

> Grund der Arbeitseinstellung, Beschäftigungsverhältnis (gelöst/nicht gelöst)

> Bruttoentgelt im letzten Beitragszeitraum ohne Sonderzahlung

> Bezug (von ... bis ..., Betrag)

> Betragssumme, Sonderzahlungsanspruch (ja/nein)

> Sachbezug (Anzahl der Tage, Text)

> Entgelt wird bezahlt bis, EFZ-Anspruch in Wochen

> Berechnung der Ansprüche nach Arbeits-/Kalenderjahr

> Arbeits-/Kalendertage

> Teilentgelt

> Prozentanteil des Gesamtentgelts (Prozente, von ... bis ...)

> Provision während der Arbeitsunfähigkeit (ja/nein),

> Anrechnung Vorerkrankungen (von ... bis ...)

Arbeits- und Entgeltbestätigung für Wochengeld:

> Grund der Arbeitseinstellung, Beschäftigungsverhältnis (gelöst/nicht gelöst),

> Urlaub vor Eintritt der Mutterschaft (von ... bis ...),

> Arbeitsverdienst der letzten drei Kalendermonate (ohne SZ, minus gesetzliche Abzüge)

> Arbeitsverdienstzeitraum (von ... bis ...), Unterbrechung des Bezuges während der letzten drei Monate (von ... bis ...)

> Ausmaß der Sonderzahlung (Anzahl Monate, Anzahl Wochen)

> Anspruch auf Fortbezug des Entgelts (gesetzlich/vertraglich/kein Anspruch)

> Anspruch auf das halbe Entgelt (bis ...)

> Anspruch auf mehr als das halbe Entgelt (bis ...)

Mitarbeitervorsorge gemäß BMVG:

> MVK-Leitzahl

> MV-Beitragsgrundlage (inklusive Sonderzahlungen)

> Beitragshöhe gemäß BMVG (Gruppensumme)

> Beginn/Ende der MV-Beitragszahlung (Stichtag)

> Eingezahlter Betrag an MV

> MV-Beitragszeiten (Beitragsmonat von ... bis ...)

> Vordienstzeiten (bei Übertritt ins neue Abfertigungsmodell)

> Übertragungsbetrag an die MVK und Zahlungsmodus

> Zuordnung zu Dienstgeberkontonummer

> Abmeldegründe (zB Unterbrechung der Beitragszahlung durch Karenzurlaub)

Eintrittsdatum
Vordienstzeiten
Austrittsdatum, Kündigungsfrist
Art der Beendigung des Dienstverhältnisses
Gesetzliche Beschäftigungsvoraussetzungen
Daten der Beschäftigungsbewilligung
Bezeichnung der Tätigkeit
Gruppenzugehörigkeit (Arbeiter/Angestellte)
Kammerzugehörigkeit
Sicherheitsstufe/Zugangs-(Zugriffs-)rechte
Lichtbild der betroffenen Person*
Gültigkeitsdauer von Ausweiskarten
Arbeitszeiterfassung
Sonstige Daten zur Arbeitszeit (insbesondere Geringfügigkeit, Arbeitsstunden, Überstunden, Gleitzeit, Nacht- und Teilzeitarbeit)
Daten zur Urlaubsverwaltung
Religionsbekenntnis (zur Abwesenheitsverwaltung), nach Angabe des Betroffenen
Krankenstand, einschließlich Arbeitsunfall und Berufskrankheit (Beginn, Ende und Dauer)
Zeitpunkt eines Arbeitsunfalls
Kuraufenthalte
Mutterschutz (Beginn/Ende)
Karenzurlaub gemäß Mutterschutzgesetz und Elternkarenzurlaubsgesetz (Beginn/Ende)

Präsenzdienst, Ausbildungsdienst oder Zivildienst (Beginn/Ende)
Art und Dauer der sonstigen Abwesenheit wegen Dienstverhinderung oder Dienstfreistellung (einschließlich vereinbarte Karenzierung)
Daten zur Entgeltfortzahlung
Beschäftigungsrelevante Daten gemäß ArbeitnehmerInnenschutzgesetz, BGBl Nr 450/1994 idgF, Bazillenausscheidergesetz, BGBl Nr 153/1945 idgF, Tuberkulosegesetz, BGBl Nr 127/1968 idgF und ähnlichen Rechtsvorschriften
Grad der Behinderung gemäß Behinderteneinstellungsgesetz (nach Bekanntgabe des Betroffenen)
Gesetzliche, kollektivvertragliche, betriebsvereinbarungsmäßige und einzelvertragliche Grundlagen der Entgeltberechnung (Einstufung)
Brutto- und Nettoentgelt (Daten des Gehaltszettels)
Bonus- und Provisionsdaten
Abzüge vom Nettoentgelt aufgrund des Gesetzes oder betrieblicher Vereinbarungen
Sachbezüge
Aufwandsentschädigungen (wie Reisegebühren)
Sozialleistungen im Zusammenhang mit dem Arbeitsverhältnis
Daten nach Bezügebegrenzungsgesetz, BGBl I Nr 64/1997 idgF

Höhe des Gewerkschaftsbeitrages und Bezeichnung und Adresse des Empfängers (nach Bekanntgabe des Betroffenen)
Versicherungsprämien als Leistung des Arbeitgebers
Verwaltung von Vorschüssen und Darlehen
Lohnpfändungsdaten
Daten des Lohnzettels
Alleinverdiener- oder Alleinerzieher-Absetzbetrag (ja/nein)
Wohnsitzfinanzamt
Daten zur Pensionskasse (insbesondere Ein- und Austritt, Beitragsdaten und Versicherungszeiten in der gesetzlichen Sozialversicherung im Zeitraum der Beschäftigung)
Nebenbeschäftigungen
Daten nach dem Berufsausbildungsgesetz, BGBl Nr 142/1969 idgF, und einschlägigen kollektivvertraglichen Regelungen bei Lehrlingen, insbesondere Lehrvertragsdaten und sonstige Daten aus dem Ausbildungsverhältnis und Berufsschulbesuch
Umfang der Vertretungsbefugnis (wenn es sich bei Mitarbeitern um Organwalter handelt)
Schwerarbeitszeiten
Ordnungszahl(en) (nur von Bewerbern)*
Freigabe der Einstellung durch zuständige Mitarbeiter*
Ausbildungsdaten (nur von Bewerbern)*

Berufserfahrung und Lebenslauf (nur von Bewerbern)*	
Angestrebte Beschäftigung (nur von Bewerbern)*	
Beginn der angestrebten Beschäftigung (nur von Bewerbern)*	
Sprachkenntnisse (nur von Bewerbern)*	
Spezielle Berufserfordernisse (nur von Bewerbern)*	

6. Kategorien von Empfängern, die Verantwortliche sind

Kategorie von Empfängern	EWR und/oder Land (sofern außerhalb des EWR)
Gläubiger der Betroffenen sowie sonstige an der allenfalls damit verbundenen Rechtsverfolgung Beteiligte, auch bei freiwilligen Gehaltsabtretungen für fällige Forderungen	EWR
Sozialversicherungsträger (einschließlich Betriebskrankenkassen)	
Wahlvorstand für Betriebsratswahlen (sofern vorhanden)	
Arbeitsinspektorat	
Organe der betrieblichen Interessenvertretung	
Gemeindebehörden in verwaltungspolizeilichen Agenden	
Lehrlingsstelle gemäß § 19 Berufsausbildungsgesetz und Berufsschulen	
Arbeitsmarktservice	
Bundesamt für Soziales und Behindertenwesen (Bundessozialamt)	

Finanzamt
Versicherungsanstalten im Rahmen einer bestehenden Gruppen- oder Einzelversicherung
Mit der Auszahlung an den Betroffenen oder an Dritte befasste Banken
Vom Dienstnehmer angegebene Gewerkschaft, mit Zustimmung des Betroffenen
Gesetzliche Interessenvertretungen
Betriebsratsfonds (sofern vorhanden)
Betriebsärzte (sofern vorhanden)
Pensionskassen
Rechnungshof
Rechtsvertreter
Gerichte
Mitversicherte
Mitarbeitervorsorgekassen
Kunden und Interessenten des Verantwortlichen (nur Name, Telefon- und Faxnummer und andere zur Adressierung erforderliche Informationen, die sich durch moderne Kommunikationstechniken ergeben (zB E-Mail-Adresse) und organisatorische Zuordnung im Betrieb)

7. Kategorien von Empfängern, die Auftragsverarbeiter sind

Kategorie von Empfängern	EWR und/oder Land (sofern außerhalb des EWR)
Externe IT-Dienstleister	EWR

8. Beschreibung der technischen und organisatorischen Sicherheitsmaßnahmen
Siehe beiliegende Sicherheitsrichtlinie.

D. Beispiel: Verarbeitungstätigkeit „Personalverwaltung" – Basis (englische Version)

1. General information on the processing activity	
Sequence no.:	*[Seq. no.]*
Name of the processing activity:	**HR management for internal staff (including recruitment)**

2. Joint controllers (if any)		
Company name	Address	Email address
N/A	N/A	N/A

3. Processing purposes

Processing and transfer of personal data for payroll purposes as well as for compliance with retention, disclosure, and notification requirements and obligations to provide information, as far as required under statutory laws, under collective labor agreements (e.g., collective bargaining agreements), or employment contracts. This includes automatically created and archived text files (such as correspondence) in such matters; use and retention of personal data of applicants, if provided by the applicant; administration of the company's fleet.

4. Categories of data subjects

> Current, former, and future employees, groups of persons that are similar to employees, leased employees, independent contractors, volunteers and trainees

> Applicants (only if marked with *)

5. Categories of personal data

Data category	Retention period
Personnel number	Until the end of the relationship with the data subject and thereafter as long as there are statutory retention obligations
Name*	
Previous names	

Salutation including academic titles
Date of birth*
Place of birth
Sex*
Martial status
Children and other family members in the context of services which are provided in connection with the employment relationship of the data subject (especially name, date of birth, social security number)
Nationality*
Bank details
Organizational allocation in the company including beginning and end
Telephone and fax number and other information necessary for addressing through modern communication techniques (e.g., email)*
Home address*
Cost center
Social security number
Social insurance agency
Data for the management of certificates of illness
Social security data of the employee
Data on any notification of social security administration, as required under mandatory law
> Classification (blue-collar worker, white-collar worker …), marginal employment,
> Apprenticeship data, if applicable,

or potential legal claims are not yet time-barred or as far as a consent has been given by the data subject.

423

> Information on type of work performed (e.g., night work; beginning and end),

> Type of salary (monthly, time rate),

> Information on sickness/accident, work accident/occupational disease, as necessary under mandatory law,

> Other insurance and salary data.

Additional insurance and salary data, as necessary for the notification of the social security administration

---

Data on sick pay compensation, as mandatory under applicable law

---

Sick leave data

> Reasons for absence from work,

> employment relationship (active, not active),

> data for sick leave pay, as applicable.

Maternity and paternity leave data

> Reasons for absence from work,

> employment relationship (active, not active),

> data for maternity/paternity leave pay, as applicable.

Employee severance pay data, as required under applicable law

---

Entry date

Years of prior employment

Exit date, period of notice

Type of termination

Legal requirements for employment

Work permit data
Designation of occupation
Type of employment (blue-collar worker, white-collar worker)
Chamber affiliation
Security level/rights of access
Photo of data subject*
Validity of ID cards
Working time recording
Other working time data (especially marginal employment, working hours, overtime hours, flextime, night work, part-time work)
Vacation management data
Religious confession (for absence management), as declared by data subject and if necessary to comply with mandatory law
Sick leave, including accident at work and occupational disease (beginning, end and duration)
Time of accident at work
Data on stays at a health resort, to the extent required under mandatory law
Maternity protection (beginning and end)
Any data necessary to comply with legal obligations regarding maternity protection and parental leave (beginning and end)
Military service, training service or civilian service (beginning and end)

Type and duration of other absence because of inability to work or leave of absence (inclusive agreed permanent leave)
Data on payment of remuneration during absence of employee
Any data necessary to comply with legal obligations regarding employee safety and health or legal obligations to fight epidemics and diseases.
Degree of disability (as disclosed by data subject) as required under employment law
Basis of remuneration calculation (classification) based on statutory laws, collective agreements, works council agreements or individual agreements
Gross and net remuneration (data of salary statement)
Bonus and commission data
Deductions from net remuneration based on works council agreement or statutory laws
Benefits in kind
Compensation for expenses (such as travel fees)
Social security benefits in connection with the employment relationship
Any data necessary to comply with legal obligations regarding limitations of remuneration
Amount of contribution to union of workers and designation and address of recipient (as declared by the data subject)
Insurance fees paid by the employer as a benefit

Management of advances and loans
Wage garnishment data
Salary statement data
Single earner or single parent tax credit (yes/no), as applicable
Tax authority
Pension fund data (especially entry and exit date, contribution data and statutory social insurance periods during employment)
Secondary employment
Any data necessary to comply with legal obligations regarding vocational training and apprenticeship as well as relevant regulations in collective agreements of apprentices, in particular data of the apprenticeship agreement and other data about the apprenticeship and attendance at a vocational school
Extent of the authorization to representation (as far as the employee is a company representative)
Times of heavy labor
Serial number* (only of applicants)
Authorization to hiring of responsible employees*
Education data* (only of applicants)
Professional experience and CV* (only of applicants)
Desired occupation* (only of applicants)
Start of desired occupation* (only of applicants)

Language skills* (only of applicants)	
Special occupational requirements* (only of applicants)	

6. Categories of recipients which are controllers

Category of recipient	EEA and/or country (if outside of EEA)
Creditors of the data subjects as well as other persons potentially involved in the pursuing of legal claims, including claims in connection with the voluntary cession of salaries for outstanding debts.	EEA
Social insurance agencies (including company health insurance fund)	
Electoral board for works council elections (if applicable)	
Work inspectorate	
Representatives of employee's interests	
Community authorities carrying out administrative police duties	
Apprenticeship and vocational training authorities	
Employment service authorities	
Authorities responsible for social affairs and disabled persons	
Tax authority	
Insurance companies in the framework of existing group insurances or individual insurances	
Banks handling payments to data subjects or third parties	

Labor union, as indicated by the employee, with the data subject's consent
Legal interest representatives
Works council fund (if applicable)
Company doctors (if applicable)
Pension funds
Court of auditors
Legal representatives
Courts
Co-insured persons
Employee pension fund
Clients and potential clients of the controller (only name, telephone and fax number and other information required for addressing through modern communication techniques (e.g., email address) and organizational allocation in the company)

7. Categories of recipients which are processors

Category of recipient	EEA and/or country (if outside of EEA)
External IT services providers	EEA

8. Description of the technical and organizational security measures

See attached security policy.

E. Beispiel: Verarbeitungstätigkeit „Personalverwaltung" – erweitert (deutsche Version)

[Das vorliegende Muster enthält im Vergleich zum Basis-Muster (siehe oben XII. C.) weitere Datenkategorien zur Verwendung von Dienstfahrzeugen, Qualifikationen, Aus- und Weiterbildungsmaßnahmen, Schulungen, Karriereentwicklung, Nachfolgeplanung und Leistungsmanagement.]

1. Allgemeine Angaben zur Verarbeitungstätigkeit	
LfNr:	*[LfNr]*
Name der Verarbeitungstätigkeit:	**Personalverwaltung für interne Mitarbeiter (inklusive Bewerbung)**

2. Allfällige gemeinsam Verantwortliche		
Firmenwortlaut	Adresse	E-Mail-Adresse
N/A	N/A	N/A

3. Verarbeitungszwecke

Verarbeitung und Übermittlung von personenbezogenen Daten für Lohn-, Gehalts-, Entgeltsverrechnung und Einhaltung von Aufzeichnungs-, Auskunfts- und Meldepflichten, soweit dies aufgrund von Gesetzen oder Normen kollektiver Rechtsgestaltung oder arbeitsvertraglicher Verpflichtungen jeweils erforderlich ist, einschließlich automationsunterstützt erstellter und archivierter Textdokumente (wie zB Korrespondenz) in diesen Angelegenheiten; Verwendung und Evidenthaltung von personenbezogenen Daten von Bewerbern, wenn diese Daten von der betroffenen Person angegeben wurden; Verwaltung des Fuhrparks.

4. Kategorien Betroffener

> Derzeitige, ehemalige und zukünftige Arbeitnehmer, arbeitnehmerähnliche Personengruppen, Leiharbeitnehmer, freie Dienstnehmer, Volontäre und Praktikanten;

> Bewerber (nur soweit Datenkategorie unten mit * gekennzeichnet).

5. Datenkategorien

Datenkategorie	Speicherdauer
Personalnummer	Bis zur Beendigung der Beziehung mit dem Betroffenen und darüber hinaus, solange gesetzliche Aufbewahrungsfristen bestehen, oder solange Rechtsansprüche aus dem Arbeitsverhältnis gegenüber dem Arbeitgeber geltend gemacht werden können, oder soweit eine Einwilligung des Betroffenen vorliegt.
Name*	
Frühere Namen (Namensteile)	
Anrede einschließlich akademische Titel*	
Geburtsdatum*	
Geburtsort	
Geschlecht*	
Personenstand	
Kinder und sonstige Familienangehörige, im Zusammenhang mit Leistungen, die in Verbindung mit dem Arbeitsverhältnis des Betroffenen erbracht werden (insbesondere Name, Geburtsdatum, Sozialversicherungsnummer)	
Staatsbürgerschaft*	
Bankverbindung	
Organisatorische Zuordnung im Betrieb einschließlich Beginn und Ende	
Telefon- und Faxnummer und andere zur Adressierung erforderliche Informationen, die sich durch moderne Kommunikationstechniken ergeben (zB E-Mail-Adresse)	
Anschrift*	
Kostenstelle(n)	
Sozialversicherungsnummer	
Sozialversicherungsträger	

Daten zur Krankenscheinverwaltung
Sozialversicherungsdaten des Mitarbeiters
Daten der Versichertenmeldung: > Beitragsgruppe, An-/Abmeldedatum und Änderungsdatum > Zugehörigkeit (Arbeiter, Angestellter, ...) Geringfügigkeit > Verwandtschaftsverhältnis zum Dienstgeber, Beteiligung am Unternehmen des Dienstgebers > Lehrzeit (1. Lehrjahr von ... bis ..., Lehrzeitende), Nacht-Schwerarbeit (Beginn/ Ende) > Art des Bezuges (Monatslohn, Zeitlohn) > Beitragsgrundlage für Malusberechnung, Fondsschlüssel für Nebenbeiträge (zB Kammerumlage, Wohnbauförderungsbeitrag) > Abmeldegrund, Kündigungsentschädigung (von ... bis ...), Urlaubsabfindung, -entschädigung/ Ersatzleistung für Urlaubsentgelt (von ... bis ...)
Beitragsgrundlagenmeldung: > Beitragszeitraum (von ... bis ... [jeweils Monat/Jahr], Verrechnungsart), allgemeine Beitragsgrundlage > Beitragsgrundlage > Sonderzahlung, Anzahl der Tage mit Teilentgelt, beitragspflichtiges Teilentgelt, Zugehörigkeit (Arbeiter, Angestellter, ...), Anspruch auf Sonderzahlung (ja/nein)
Erstattungsantrag Krankenentgelt gemäß § 8 Entgeltfortzahlungsgesetz: > Anspruch auf Pauschalbetrag > Kennzeichen für Krankheit/Unglücksfall

> Arbeitsunfall/Berufskrankheit
> Anspruch in Wochen, Vorbezugstage (Summe, Angabe in Arbeitstagen oder Kalendertagen)
> Erstattungszeitraum (Beginn/Ende)
> Fortgezahltes Bruttoentgelt
> Art der Beschäftigung (Arbeiter, Lehrling, Heimarbeiter, Sonstige)
> Tagesturnus (Anzahl der Tage)
> Berechnung der Ansprüche nach Kalenderjahr/Arbeitsjahr
> Ende des Entgeltanspruches
> Vordienstzeiten (von ... bis ...), arbeitsfreie Tage

Arbeits- und Entgeltbestätigung für Krankengeld:

> Grund der Arbeitseinstellung, Beschäftigungsverhältnis (gelöst/nicht gelöst)
> Bruttoentgelt im letzten Beitragszeitraum ohne Sonderzahlung
> Bezug (von ... bis ..., Betrag)
> Betragssumme, Sonderzahlungsanspruch (ja/nein)
> Sachbezug (Anzahl der Tage, Text)
> Entgelt wird bezahlt bis ..., EFZ-Anspruch in Wochen
> Berechnung der Ansprüche nach Arbeits-/Kalenderjahr
> Arbeits-Kalendertage
> Teilentgelt
> Prozentanteil des Gesamtentgelts (Prozente, von ... bis ...)
> Provision während der Arbeitsunfähigkeit (ja/nein)
> Anrechnung Vorerkrankungen (von ... bis ...)

Arbeits- und Entgeltbestätigung für Wochengeld:

> Grund der Arbeitseinstellung, Beschäftigungsverhältnis (gelöst/nicht gelöst)

> Urlaub vor Eintritt der Mutterschaft (von ... bis ...)

> Arbeitsverdienst der letzten drei Kalendermonate (ohne SZ, minus gesetzliche Abzüge)

> Arbeitsverdienstzeitraum (von ... bis ...), Unterbrechung des Bezuges während der letzten drei Monate (von ... bis ...)

> Ausmaß der Sonderzahlung (Anzahl Monate, Anzahl Wochen)

> Anspruch auf Fortbezug des Entgelts (gesetzlich/vertraglich/kein Anspruch)

> Anspruch auf das halbe Entgelt (bis ...)

> Anspruch auf mehr als das halbe Entgelt (bis ...)

Mitarbeitervorsorge gemäß BMVG:

> MVK-Leitzahl

> MV-Beitragsgrundlage (inklusive Sonderzahlungen)

> Beitragshöhe gemäß BMVG (Gruppensumme)

> Beginn/Ende der MV-Beitragszahlung (Stichtag)

> Eingezahlter Betrag an MV

> MV-Beitragszeiten (Beitragsmonat von ... bis ...)

> Vordienstzeiten (bei Übertritt ins neue Abfertigungsmodell)

> Übertragungsbetrag an die MVK und Zahlungsmodus

> Zuordnung zu Dienstgeberkontonummer > Abmeldegründe (zB Unterbrechung der Beitragszahlung durch Karenzurlaub)
Eintrittsdatum
Vordienstzeiten
Austrittsdatum, Kündigungsfrist
Art der Beendigung des Dienstverhältnisses
Gesetzliche Beschäftigungsvoraussetzungen
Daten der Beschäftigungsbewilligung
Bezeichnung der Tätigkeit
Gruppenzugehörigkeit (Arbeiter/Angestellte)
Kammerzugehörigkeit
Sicherheitsstufe / Zugangs- (Zugriffs-)rechte
Lichtbild der betroffenen Person*
Gültigkeitsdauer von Ausweiskarten
Arbeitszeiterfassung
Sonstige Daten zur Arbeitszeit (insbesondere Geringfügigkeit, Arbeitsstunden, Überstunden, Gleitzeit, Nacht- und Teilzeitarbeit)
Daten zur Urlaubsverwaltung
Religionsbekenntnis (zur Abwesenheitsverwaltung), nach Angabe des Betroffenen
Krankenstand, einschließlich Arbeitsunfall und Berufskrankheit (Beginn, Ende und Dauer)
Zeitpunkt eines Arbeitsunfalls
Kuraufenthalte

Mutterschutz (Beginn/Ende)
Karenzurlaub gemäß Mutterschutzgesetz und Elternkarenzurlaubsgesetz (Beginn/Ende)
Präsenzdienst, Ausbildungsdienst oder Zivildienst (Beginn/Ende)
Art und Dauer der sonstigen Abwesenheit wegen Dienstverhinderung oder Dienstfreistellung (einschließlich vereinbarte Karenzierung)
Daten zur Entgeltfortzahlung
Beschäftigungsrelevante Daten gemäß ArbeitnehmerInnenschutzgesetz, BGBl Nr 450/1994 idgF, Bazillenausscheidergesetz, BGBl Nr 153/1945 idgF, Tuberkulosegesetz, BGBl Nr 127/1968 idgF und ähnlichen Rechtsvorschriften
Grad der Behinderung gemäß Behinderteneinstellungsgesetz (nach Bekanntgabe des Betroffenen)
Gesetzliche, kollektivvertragliche, betriebsvereinbarungsmäßige und einzelvertragliche Grundlagen der Entgeltberechnung (Einstufung)
Brutto- und Nettoentgelt (Daten des Gehaltszettels)
Bonus- und Provisionsdaten
Abzüge vom Nettoentgelt aufgrund des Gesetzes oder betrieblicher Vereinbarungen
Sachbezüge
Aufwandsentschädigungen (wie Reisegebühren)

Sozialleistungen im Zusammenhang mit dem Arbeitsverhältnis
Daten nach dem Bezügebegrenzungsgesetz, BGBl I Nr 64/1997 idgF
Höhe des Gewerkschaftsbeitrages und Bezeichnung und Adresse des Empfängers (nach Bekanntgabe des Betroffenen)
Versicherungsprämien als Leistung des Arbeitgebers
Verwaltung von Vorschüssen und Darlehen
Lohnpfändungsdaten
Daten des Lohnzettels
Alleinverdiener- oder Alleinerzieher-Absetzbetrag (ja/nein)
Wohnsitzfinanzamt
Daten zur Pensionskasse (insbesondere Ein- und Austritt, Beitragsdaten und Versicherungszeiten in der gesetzlichen Sozialversicherung im Zeitraum der Beschäftigung)
Daten zur Verwendung von Dienstfahrzeugen (insbesondere Führerschein, Abrechnungen, Schadensfälle, Versicherungen)
Besondere Qualifikationen (zB Gewerbeschein, besondere Ausbildung)
Nebenbeschäftigungen
Daten nach dem Berufsausbildungsgesetz, BGBl Nr 142/1969 idgF, und einschlägigen kollektivvertraglichen Regelungen bei Lehrlingen, insbesondere Lehrvertragsdaten und sonstige Daten aus dem Ausbildungsverhältnis und Berufsschulbesuch

Daten zu Aus- und Weiterbildungsmaßnahmen (wie Online-Trainings)
Umfang der Vertretungsbefugnis (wenn es sich bei Mitarbeitern um Organwalter handelt)
Schwerarbeitszeiten
Ordnungszahl(en) (nur von Bewerbern)*
Freigabe der Einstellung durch zuständige Mitarbeiter*
Ausbildungsdaten (nur von Bewerbern)*
Berufserfahrung und Lebenslauf (nur von Bewerbern)*
Angestrebte Beschäftigung (nur von Bewerbern)*
Beginn der angestrebten Beschäftigung (nur von Bewerbern)*
Sprachkenntnisse (nur von Bewerbern)*
Spezielle Berufserfordernisse (nur von Bewerbern)*
Schulungsdaten (Schulungsinteressen, besuchte/abgeschlossene Schulungen, Testergebnisse, Daten zur Verwaltung und Planung von Schulungen)
Daten zur Karriereentwicklung (Karriereweg, Lernziele, Karriereinteressen und -ziele, Kompetenzbewertung)
Talentmanagement- und Nachfolgeplanungsdaten (Fähigkeiten und Kenntnisse, Berufserfahrung und Arbeitsgeschichte, Bildungsgeschichte, Sprachkenntnisse, durchgeführte Projekte/Ziele, interne Projekte, Zertifikate, Mobilitätspräferenzen)

Informationen zum Leistungsmanagement (Ziele, Leistungsbewertungen, Daten über Mitarbeiterbewertung und -potenzial, Kommentare und Feedback des Vorgesetzten)	

6. Kategorien von Empfängern, die Verantwortliche sind

Kategorie von Empfängern	EWR und/oder Land (sofern außerhalb des EWR)
Gläubiger der Betroffenen sowie sonstige an der allenfalls damit verbundenen Rechtsverfolgung Beteiligte, auch bei freiwilligen Gehaltsabtretungen für fällige Forderungen	EWR
Sozialversicherungsträger (einschließlich Betriebskrankenkassen)	
Wahlvorstand für Betriebsratswahlen (sofern vorhanden)	
Arbeitsinspektorat	
Organe der betrieblichen Interessenvertretung	
Gemeindebehörden in verwaltungspolizeilichen Agenden	
Lehrlingsstelle gemäß § 19 Berufsausbildungsgesetz und Berufsschulen	
Arbeitsmarktservice	
Bundesamt für Soziales und Behindertenwesen (Bundessozialamt)	
Finanzamt	
Versicherungsanstalten im Rahmen einer bestehenden Gruppen- oder Einzelversicherung	
Banken, die mit der Auszahlung an den Betroffenen oder an Dritte befasst sind	

Vom Dienstnehmer angegebene Gewerkschaft, mit Zustimmung des Betroffenen	
Gesetzliche Interessensvertretungen	
Betriebsratsfonds (sofern vorhanden)	
Betriebsärzte (sofern vorhanden)	
Pensionskassen	
Rechnungshof	
Rechtsvertreter	
Gerichte	
Mitversicherte	
Mitarbeitervorsorgekassen	
Kunden und Interessenten des Verantwortlichen (nur Name, Telefon- und Faxnummer und andere zur Adressierung erforderliche Informationen, die sich durch moderne Kommunikationstechniken ergeben (zB E-Mail-Adresse) und organisatorische Zuordnung im Betrieb)	
Unternehmen der Unternehmensgruppe des Verantwortlichen (soweit Berichtspflichten und fachliche Aufsichtsfunktionen bestehen)	

7. Kategorien von Empfängern, die Auftragsverarbeiter sind

Kategorie von Empfängern	<u>EWR und/oder Land (sofern außerhalb des EWR)</u>
Externe IT-Dienstleister	EWR

8. Beschreibung der technischen und organisatorischen Sicherheitsmaßnahmen

Siehe beiliegende Sicherheitsrichtlinie.

F. Beispiel: Verarbeitungstätigkeit „Personalverwaltung" – erweitert (englische Version)

[In comparison to the basic template (see above XII. D.), this template contains further data categories on the use of company cars, qualifications, education measures, trainings, career development, succession planning and performance management]

1. General information on the processing activity	
Sequence no.:	*[Seq. no.]*
Name of the processing activity:	**HR management for internal staff (including recruitment)**

2. Joint controllers (if any)		
Company name	Address	Email address
N/A	N/A	N/A

3. Processing purposes

Processing and transfer of personal data for payroll purposes as well as for compliance with retention, disclosure, and notification requirements and obligations to provide information, as far as required under statutory laws, under collective labor agreements (e.g., collective bargaining agreements), or employment contracts. This includes automatically created and archived text files (such as correspondence) in such matters; use and retention of personal data of applicants, if provided by the applicant; administration of the company's fleet.

4. Categories of data subjects

> Current, former, and future employees, groups of persons that are similar to employees, leased employees, independent contractors, volunteers and trainees;

> Applicants (only if marked with*).

441

5. Categories of personal data	
Data category	Retention period
Personnel number	Until the end of the relationship with the data subject and thereafter as long as there are statutory retention obligations, or potential legal claims are not yet time-barred, or as far as consent has been given by the data subject.
Name*	
Previous names	
Salutation including academic titles	
Date of birth*	
Place of birth	
Sex*	
Martial status	
Children and other family members in the context of services which are provided in connection with the employment relationship of the data subject (especially name, date of birth, social security number)	
Nationality*	
Bank details	
Organizational allocation in the company including beginning and end	
Telephone and fax number and other information necessary for addressing through modern communication techniques (e.g., email)*	
Home address*	
Cost center	
Social security number	
Social insurance agency	
Data for the management of certificates of illness	

Social security data of the employee

Data on any notification of social security administration, as required under mandatory law

> Classification (blue-collar worker, white-collar worker …), marginal employment

> Apprenticeship data, if applicable

> Information on type of work performed (e.g., night work; beginning and end)

> Type of salary (monthly, time rate)

> Information on sickness/accident, work accident/occupational disease, as necessary under mandatory law

> Other insurance and salary data

Additional insurance and salary data, as necessary for the notification of the social security administration

Data on sick pay compensation, as mandatory under applicable law

Sick leave data

> Reasons for absence from work,

> employment relationship (active, not active),

> data for sick leave pay, as applicable.

Maternity and paternity leave data

> Reasons for absence from work,

> employment relationship (active, not active),

> data for maternity/paternity leave pay, as applicable.

443

Employee severance pay data, as required under applicable law
Entry date
Years of prior employment
Exit date, period of notice
Type of termination
Legal requirements for employment
Work permit data
Designation of occupation
Type of employment (blue-collar worker, white-collar worker)
Chamber affiliation
Security level/rights of access
Photo of data subject*
Validity of ID cards
Working time recording
Other working time data (especially marginal employment, working hours, overtime hours, flextime, night work, part-time work)
Vacation management data
Religious confession (for absence management), as declared by data subject and, if necessary, to comply with mandatory law
Sick leave, including accident at work and occupational disease (beginning, end and duration)
Time of accident at work

Data on stays at a health resort, to the extent required under mandatory law
Maternity protection (beginning and end)
Any data necessary to comply with legal obligations regarding maternity protection and parental leave (beginning and end)
Military service, training service or civilian service (beginning and end)
Type and duration of other absence because of inability to work or leave of absence (inclusive agreed permanent leave)
Data on payment of remuneration during absence of employee
Any data necessary to comply with legal obligations regarding employee safety and health or legal obligations to fight epidemics and diseases.
Degree of disability (as disclosed by data subject) as required under employment law
Basis of remuneration calculation (classification) based on statutory laws, collective agreements, works council agreements or individual agreements
Gross and net remuneration (data of salary statement)
Bonus and commission data
Deductions from net remuneration based on works council agreement or statutory laws
Benefits in kind
Compensation for expenses (such as travel fees)

Social security benefits in connection with the employment relationship
Any data necessary to comply with legal obligations regarding limitations of remuneration
Amount of contribution to union of workers and designation and address of recipient (as declared by the data subject)
Insurance fees paid by the employer as a benefit
Management of advances and loans
Wage garnishment data
Salary statement data
Single earner or single parent tax credit (yes/no), as applicable
Tax authority
Pension fund data (especially entry and exit date, contribution data and statutory social insurance periods during employment)
Data concerning the use of company cars (in particular driver's license, invoicing, events of damage, insurance)
Special qualification (e.g., trade license, special education)
Secondary employment
Any data necessary to comply with legal obligations regarding vocational training and apprenticeship and relevant regulations in collective agreements of apprentices, in particular data of the apprenticeship agreement and other data about the apprenticeship and attendance at a vocational school

Data for training and further education measures (e.g., online trainings)
Extent of the authorization to representation (as far as the employee is a company representative)
Times of heavy labor
Serial number* (only of applicants)
Authorization to hiring of responsible employees*
Education data* (only of applicants)
Professional experience and CV* (only of applicants)
Desired occupation* (only of applicants)
Start of desired occupation* (only of applicants)
Language skills* (only of applicants)
Special occupational requirements* (only of applicants)
Training data (training interests, trainings attended/completed, test scores, data concerning the administration and planning of trainings)
Career development data (career path, learning objectives, career interests and goals, competence assessment)
Talent management & succession planning data (skills and knowledge, professional experience and work history, educational history, language skills, accomplished projects/objectives, internal projects, certificates, mobility preferences)

Performance management information (objectives, performance ratings, data about employee appraisal and potential, manager's comments and feedback)	

6. Categories of recipients which are controllers

Category of recipient	EEA and/or country (if outside of EEA)
Creditors of the data subjects as well as other persons potentially involved in the pursuing of legal claims, including claims in connection with the voluntary cession of salaries for outstanding debts.	EEA
Social insurance agencies (including company health insurance fund)	
Electoral board for works council elections (if applicable)	
Work inspectorate	
Representatives of employee's interests	
Community authorities carrying out administrative police duties	
Apprenticeship and vocational training authorities	
Employment service authorities	
Authorities responsible for social affairs and disabled persons	
Tax authority	
Insurance companies in the framework of existing group insurances or individual insurances	
Banks handling payments to data subjects or third parties	

Labor union, as indicated by the employee, with the data subject's consent
Legal interest representatives
Works council fund (if applicable)
Company doctors (if applicable)
Pension funds
Court of auditors
Legal representatives
Courts
Co-insured persons
Employee pension fund
Clients and potential clients of the controller (only name, telephone and fax number and other information required for addressing through modern communication techniques (e.g., email address) and organizational allocation in the company)
Companies of the controller's group of companies (insofar as reporting obligations and professional supervisory functions exist)

7. Categories of recipients which are processors

Category of recipient	EEA and/or country (if outside of EEA)
External IT services providers	EEA

8. Description of the technical and organizational security measures

See attached security policy.

G. Beispiel: Verarbeitungstätigkeit „Rechnungs- und Beschaffungswesen" (deutsche Version)

1. Allgemeine Angaben zur Verarbeitungstätigkeit	
LfNr:	*[LfNr]*
Name der Verarbeitungstätigkeit:	**Rechnungs- und Beschaffungswesen**

2. Allfällige gemeinsam Verantwortliche		
Firmenwortlaut	Adresse	E-Mail-Adresse
N/A	N/A	N/A

3. Verarbeitungszwecke

Verarbeitung und Übermittlung von Daten im Rahmen einer Geschäftsbeziehung mit Kunden und Lieferanten, einschließlich automationsunterstützt erstellter und archivierter Textdokumente (wie zB Korrespondenz) in diesen Angelegenheiten.

4. Kategorien Betroffener

> Kunden (einschließlich Geschäftspartner oder Interessenten) oder Lieferanten des Verantwortlichen (Empfänger und Erbringer von Leistungen oder Lieferungen)

> Kontaktperson beim Verantwortlichen

> An der Geschäftsabwicklung mitwirkende Dritte

> Kontaktpersonen beim Kunden oder Lieferanten

> Bloße Lieferungs-, und Rechnungsadressaten

> Fremdkapitalgeber

> Gesellschafter des Verantwortlichen

5. Datenkategorien

Datenkategorie	Speicherdauer
Kunden oder Lieferanten des Verantwortlichen (Empfänger und Erbringer von Leistungen oder Lieferungen); an der Geschäftsabwicklung mitwirkende Dritte	
Ordnungsnummer	Bis zur Beendigung der Geschäftsbeziehung oder bis zum Ablauf der für
Name bzw Bezeichnung	

	den Verantwortlichen geltenden Verjährungs- und gesetzlichen Aufbewahrungsfristen; darüber hinaus bis zur Beendigung von allfälligen Rechtsstreitigkeiten, bei denen die Daten als Beweis benötigt werden.
Anrede/Geschlecht	
Anschrift	
Telefon- und Faxnummer und andere zur Adressierung erforderliche Informationen, die sich durch moderne Kommunikationstechniken ergeben (zB E-Mail-Adresse)	
Geburtsdatum	
Firmenbuchdaten	
Daten zur Bonität (bei Kunden)	
Sperrkennzeichen (zB Kontaktsperre, Rechnungssperre, Liefersperre, Buchungssperre, Zahlungssperre)	
Art des Kunden oder Lieferanten (einschließlich der regionalen Verteilung, etc)	
Kenn-Nummern für Zwecke amtlicher Statistik wie UID-Nummer und Intrastat-Kenn-Nummer	
Zugehörigkeit zu einem bestimmten Einkaufsverband, Konzern	
Korrespondenzsprachen, sonstige Vereinbarungen und Schlüssel zum Datenaustausch	
Gegenstand der Lieferung oder Leistung	
Bonus-, Provisionsdaten udgl	
Kontaktperson beim Betroffenen zur Abwicklung der Lieferung oder Leistung	
Bei der Leistungserbringung mitwirkende Dritte einschließlich Angaben über die Art der Mitwirkung	
Liefer- und Leistungsbedingungen (einschließlich Angaben über den Ort der Lieferung oder Leistung, Verpackung, usw)	

Daten zur Verzollung (zB Ursprungsland, Zolltarifnummer) und Exportkontrolle	
Daten zur Versicherung der Lieferung oder Leistung und zu ihrer Finanzierung	
Daten zur Steuerpflicht und Steuerberechnung	
Finanzierungs- und Zahlungsbedingungen	
Bankverbindung	
Kreditkartennummern und -unternehmen	
Daten zum Kreditmanagement (zB Kreditlimit, Wechsellimit)	
Daten zum Zahlungs- oder Leistungsverhalten des Betroffenen	
Mahndaten/Klagsdaten	
Konto- und Belegdaten	
Leistungsspezifische Aufwände und Erträge	
Spezielle HB Transaktion (zB spezifische Wertberichtigung, Forderungen aus Lieferungen und Leistungen, Anzahlungen, Bankgarantien)	
Kontaktperson beim Verantwortlichen	
Ordnungsnummer	Bis zur Beendigung der Geschäftsbeziehung oder bis zum Ablauf der für den Verantwortlichen geltenden Verjährungs- und gesetzlichen Aufbewahrungsfristen; darüber hinaus bis zur Beendigung von allfälligen Rechtsstreitigkeiten, bei
Name	
Anrede/Geschlecht	
Zusätzliche Daten zur Adressierung beim Verantwortlichen	
Korrespondenzsprachen, sonstige Vereinbarungen und Schlüssel zum Datenaustausch	

Funktion des Betroffenen beim Verantwortlichen	denen die Daten als Beweis benötigt werden.
Umfang der Vertretungsbefugnis	
Vom Betroffenen bearbeitete Geschäftsfälle	
Kontaktpersonen beim Kunden oder Lieferanten	
Ordnungsnummer	Bis zur Beendigung der Geschäftsbeziehung oder bis zum Ablauf der für den Verantwortlichen geltenden Verjährungs- und gesetzlichen Aufbewahrungsfristen; darüber hinaus bis zur Beendigung von allfälligen Rechtsstreitigkeiten, bei denen die Daten als Beweis benötigt werden.
Name	
Anrede/Geschlecht	
Zugehöriger Kunde, Lieferant oder Dritter	
Zusätzliche Daten zur Adressierung beim Kunden, Lieferanten oder Dritten	
Korrespondenzsprachen, sonstige Vereinbarungen und Schlüssel zum Datenaustausch	
Funktion des Betroffenen beim Leistungsempfänger oder Leistungserbringer	
Umfang der Vertretungsbefugnis	
Vom Betroffenen bearbeitete Geschäftsfälle	
Bloße Lieferungs-, und Rechnungsadressaten	
Ordnungsnummer	Bis zur Beendigung der Geschäftsbeziehung oder bis zum Ablauf der für den Verantwortlichen geltenden Verjährungs- und gesetzlichen Aufbewahrungsfristen; darüber hinaus bis zur Beendigung von allfälligen Rechtsstreitigkeiten, bei denen die Daten als Beweis benötigt werden.
Name oder Bezeichnung	
Anrede/Geschlecht	
Anschrift	
Telefon- und Faxnummer und andere zur Adressierung erforderliche Informationen, die sich durch moderne Kommunikationstechniken ergeben (zB E-Mail-Adresse)	

Korrespondenzsprachen, sonstige Vereinbarungen und Schlüssel zum Datenaustausch	
Angaben über besondere Bedingungen für die Annahme der Zustellung, Lieferung oder Leistung	
Fremdkapitalgeber	
Ordnungsnummer	Bis zur Beendigung der Geschäftsbeziehung oder bis zum Ablauf der für den Verantwortlichen geltenden Verjährungs- und gesetzlichen Aufbewahrungsfristen; darüber hinaus bis zur Beendigung von allfälligen Rechtsstreitigkeiten, bei denen die Daten als Beweis benötigt werden.
Name oder Bezeichnung	
Anrede/Geschlecht	
Anschrift	
Telefon- und Faxnummer und andere zur Adressierung erforderliche Informationen, die sich durch moderne Kommunikationstechniken ergeben (zB E-Mail-Adresse)	
Korrespondenzsprachen, sonstige Vereinbarungen und Schlüssel zum Datenaustausch	
Bankverbindung	
Forderungen an den Verantwortlichen	
Gegenforderungen des Verantwortlichen	
Gesellschafter des Verantwortlichen	
Ordnungsnummer	Bis zur Beendigung der Geschäftsbeziehung oder bis zum Ablauf der für den Verantwortlichen geltenden Verjährungs- und gesetzlichen Aufbewahrungsfristen; darüber hinaus bis zur Beendigung von allfälligen Rechtsstreitigkeiten, bei denen die Daten als Beweis benötigt werden.
Name oder Bezeichnung	
Anrede/Geschlecht	
Anschrift	
Telefon- und Faxnummer und andere zur Adressierung erforderliche Informationen, die sich durch moderne Kommunikationstechniken ergeben (zB E-Mail-Adresse)	

Korrespondenzsprachen, sonstige Vereinbarungen und Schlüssel zum Datenaustausch	
Bankverbindung	
Ausstehende Einlagen	
Sonstige Forderungen des Verantwortlichen (zB Privatentnahmen)	
Bezüge	
Gewinn- und Verlustanteile	

6. Kategorien von Empfängern, die Verantwortliche sind

Kategorie von Empfängern	EWR und/oder Land (sofern außerhalb des EWR)
Banken zur Abwicklung des Zahlungsverkehrs	EWR
Rechtsvertreter im Geschäftsfall	
Wirtschaftstreuhänder für Zwecke des Auditings	
Gerichte	
Zuständige Verwaltungsbehörden, insb Finanzbehörden	
Inkassounternehmen zur Schuldeneintreibung (ins Ausland daher nur, soweit die Schuld im Ausland eingetrieben werden muss)	
Fremdfinanzierer, wie Leasing- oder Factoringunternehmen und Zessionare, sofern die Lieferung oder Leistung auf diese Weise fremdfinanziert ist	
Vertrags- oder Geschäftspartner, die an der Lieferung oder Leistung mitwirken bzw mitwirken sollen	

Versicherungen aus Anlass des Abschlusses eines Versicherungsvertrages über die Lieferung/Leistung oder des Eintritts des Versicherungsfalles	
Bundesanstalt „Statistik Österreich" für die Erstellung der gesetzlich vorgeschriebenen (amtlichen) Statistiken	
Kunden	

7. Kategorien von Empfängern, die Auftragsverarbeiter sind

Kategorie von Empfängern	EWR und/oder Land (sofern außerhalb des EWR)
IT-Dienstleister	EWR

8. Beschreibung der technischen und organisatorischen Sicherheitsmaßnahmen

Siehe beiliegende Sicherheitsrichtlinie.

H. Beispiel: Verarbeitungstätigkeit „Rechnungs- und Beschaffungswesen" (englische Version)

1. General information on the processing activity	
Sequence no.:	*[Seq. no.]*
Name of the processing activity:	**Accounting and Logistics**

2. Joint controllers (if any)		
Company name	Address	Email address
N/A	N/A	N/A

3. Processing purposes

Processing and transfer of data in the framework of business relationships with clients and suppliers, including automatically produced and archived documents (e.g., correspondence) in such matters.

4. Categories of data subjects

> Clients (including business partners or interested parties) or suppliers (recipient or performer of the products or services) of the controller

> Contact person at the controller

> Third parties involved in business processes

> Contact person at the client of supplier

> Mere delivery and invoice addressees

> External creditors

> Shareholders

5. Categories of personal data

Data category	Retention period
Customers or suppliers of the controller, third parties involved in business processes	
Serial number	Until the end of the busi-
Name	ness relationship or as long as there are statuto-
Salutation/sex	ry retention obligations
Address	or potential legal claims are not yet time-barred;

457

Telephone and fax number and other information necessary for addressing via modern communication techniques (e.g., email)	thereafter only until the end of any litigation where data may be needed as proof.
Date of birth	
Company register data	
Creditworthiness data (for customers)	
Blocking indicators (e.g., contact ban, invoice block, delivery block, posting lock, payment block)	
Category of clients or suppliers (including regional allocation, etc.)	
Identification number for official statistics purposes such as VAT-number or Intrastat identification number	
Affiliation with purchasing associations and/or group of companies	
Language of correspondence, other agreements or keys for data exchange	
Object of delivery or service	
Bonus or commission data etc.	
Contact person at data subject for processing of delivery or service	
Third persons involved in service performance including data about type of participation	
Terms of delivery or service (including data about place of delivery or service, packaging etc.)	
Customs clearance data (e.g., country of origin, customs tariff number) and export control data	

Delivery or service insurance data and related financing data	
Tax liability and tax calculation data	
Conditions of financing an payment	
Bank details	
Credit card numbers and credit card company	
Credit management data (e.g., credit limit, bill of exchange limit)	
Payment data or performance data of data subject	
Data on payment reminders or lawsuit data	
Bank account data or payment document data	
Expenses and earnings related to the service	
Special G/L transactions (e.g., specific valuation allowance, notes receivable, down payment, bank guarantee)	
Contact person at the controller	
Serial number	Until the end of the business relationship or as long as there are statutory retention obligations or as long as potential legal claims are not yet time-barred; thereafter only until the end of any litigation where data may be needed as proof.
Name	
Salutation/sex	
Additional data for addressing at the controller	
Language of correspondence, other agreements or keys of data exchange	
Function of the data subject at the controller	

Scope of representation authorization	
Business cases handled by the data subject	

Contact person at the customer, supplier or third party involved in business processes

Serial number	Until the end of the business relationship or as long as there are statutory retention obligations or as long as potential legal claims are not yet time-barred; thereafter only until the end of any litigation where data is needed as proof.
Name	
Salutation/sex	
Related client, supplier or third party	
Additional data for addressing at client, supplier or third party	
Language of correspondence, other agreements or keys of data exchange	
Functions of the data subject at the service recipient or service provider	
Scope of representation authorization	
Business cases handled by the data subject	

Mere delivery and invoice addressees etc.

Serial number	Until the end of the business relationship or as long as there are statutory retention obligations or as long as potential legal claims are not yet time-barred; thereafter only until the end of any litigation where data is needed as proof.
Name or designation	
Salutation/sex	
Address	
Telephone and fax number and other information necessary for addressing through modern communication techniques (e.g., email)	

Language of correspondence, other agreements or keys for data delivery	
Data on special conditions regarding acceptance of delivery or service	
External creditors	
Serial number	Until the end of the business relationship or as long as there are statutory retention obligations or as long as potential legal claims are not yet time-barred; thereafter only until the end of any litigation where data is needed as proof.
Name or designation	
Salutation/sex	
Address	
Telephone and fax number and other information necessary for addressing through modern communication techniques (e.g., email)	
Language of correspondence, other agreements or keys for data delivery	
Bank details	
Claims against controller	
Counterclaims of the controller	
Shareholders of the controller	
Serial number	Until the end of the business relationship or as long as there are statutory retention obligations or as long as potential legal claims are not yet time-barred; thereafter only until the end of any litigation where data is needed as proof.
Name or designation	
Salutation/sex	
Address	
Telephone and fax number and other information necessary for addressing through modern communication techniques (e.g., email)	

Language of correspondence, other agreements or keys for data delivery	
Bank details	
Outstanding deposits	
Other claims of the controller (e.g., personal drawings)	
Earnings	
Shares of profits and losses	

6. Categories of recipients which are controllers

Category of recipient	EEA and/or country (if outside of EEA)
Banks for management of payment transactions	EEA
Legal representative in business cases	
Auditors for the performance of audits	
Courts	
Competent administrative authorities, especially fiscal authorities	
Collection agencies for debt collection (only in so far as debts are collected abroad)	
External financer, e.g., leasing or factoring companies, cessionaries etc., as far as the delivery or service is financed in such manner	
Contract partners or business partners who are or should be participating in the performance of the delivery or service	
Insurances in the context of the conclusion of an insurance contract concerning the delivery/service or occurrence of the insured event	

Federal institution "Statistic Austria" for the creation of statutory official statistics	
Clients	

7. Categories of recipients which are processors

Category of recipient	EEA and/or country (if outside of EEA)
IT service providers	EEA

8. Description of the technical and organizational security measures

See attached security policy.

I. Beispiel: Verarbeitungstätigkeit „Kundenbeziehungsmanagement und Marketing" (deutsche Version)

1. Allgemeine Angaben zur Verarbeitungstätigkeit	
LfNr:	*[LfNr]*
Name der Verarbeitungstätigkeit:	Kundenbeziehungsmanagement und Marketing

2. Allfällige gemeinsam Verantwortliche		
Firmenwortlaut	Adresse	E-Mail-Adresse
N/A	N/A	N/A

3. Verarbeitungszwecke

> Marketing des Leistungsangebotes des Verantwortlichen und Geschäftsanbahnung betreffend das eigene Leistungsangebot

> Kundenbetreuung und -verwaltung

> Vertragsverwaltung

> Betreuung und Verwaltung von Großkunden

> Berichtswesen über Kundenkontakte und damit in Zusammenhang stehende Aufgabenverwaltung

> Berichtswesen über Geschäftsentwicklung

> Verwaltung von potenziellen Kunden und Geschäftsgelegenheiten

> Verwaltung von Kundenbeschwerden

> Kundenkommunikation

> Projektbezogene Kommunikation zwischen Mitarbeitern des Verantwortlichen

4. Kategorien Betroffener

> Kontaktperson beim Kunden, Geschäftspartner oder Interessenten

> Beim Verantwortlichen für Kunden/Geschäftspartner/Interessenten zuständige Mitarbeiter

> In Marketingmaßnahmen involvierte Mitarbeiter

5. Datenkategorien

Datenkategorie	Speicherdauer
Kontaktperson beim Kunden, Geschäftspartner oder (potenziellen) Interessenten	
Ordnungsnummer	Bis 10 Jahre nach Beendigung der geschäftlichen Beziehung bzw bis zum berechtigten Widerspruch des Betroffenen oder zum Widerruf seiner Einwilligung, soweit die Marketingmaßnahme auf Grundlage seiner Einwilligung erfolgt.
Name	
Anrede/Geschlecht	
Zugehöriger Kunde/Geschäftspartner oder (potenzieller) Interessent (Name und Kontaktdaten)	
Telefon- und Faxnummer und andere zur Adressierung erforderliche Informationen, die sich durch moderne Kommunikationstechniken ergeben (zB E-Mail-Adresse)	
Kunde, Geschäftspartner oder (potenzieller) Interessent, dessen Kontaktperson der Betroffene ist	
Berufs-, Branchen- und Geschäftsbezeichnung des Kunden, Geschäftspartners oder (potenzieller) Interessenten	
Korrespondenzsprache, sonstige Vereinbarungen, Schlüssel zum Datenaustausch und präferierte Kommunikationsform	
Funktion oder betreutes Aufgabengebiet beim Kunden, Geschäftspartner oder (potenziellen) Interessenten	
Geburtstag	
Personenstand	
Betreuungsdaten (wie zugesandtes Werbematerial, Besuchsrhythmus, etc)	
Quelle der Geschäftsbeziehung	

Sperrkennzeichen für Werbeaktionen des Verantwortlichen	
Nachfrageinteressen (aufgrund bisherigen Nachfrageverhaltens oder eigener Angaben dem Kunden gegenüber dem Verantwortlichen)	
Frequenz und Volumen von Anfragen	
Antwortverhalten zu Werbeaktivitäten des Verantwortlichen	
Gesprächsprotokolle und Besuchsberichte	
Interne Kommunikation sowie Korrespondenz mit dem Kunden/Geschäftspartner/(potenziellen) Interessenten	
Benutzerprofil auf Social-Media-Plattformen	
Aktivitäten auf Social-Media-Plattformen	
Beim Verantwortlichen für Kunden/Geschäftspartner/(potenzielle) Interessenten zuständige Mitarbeiter	
Name	Bis 10 Jahre nach Beendigung der geschäftlichen Beziehung bzw bis zum berechtigten Widerspruch des Betroffenen oder zum Widerruf seiner Einwilligung, soweit die Marketingmaßnahme auf Grundlage seiner Einwilligung erfolgt.
Anrede/Geschlecht	
Unternehmensanschrift	
Telefon- und Faxnummer und andere zur Adressierung erforderliche Informationen, die sich durch moderne Kommunikationstechniken ergeben (zB E-Mail-Adresse)	
Job Titel	
Jobdetails (Organisationshierarchie)	
Kunde/Geschäftspartner oder (potenzieller) Interessent für den der Mitarbeiter zuständig ist (Name und Kontaktdaten)	

Auftragshistorie	
Gegenüber einem Kunden, Geschäftspartner oder (potenziellen) Interessenten gesetzte Tätigkeiten	
Gesprächsprotokolle, interne und externe	
Interne Kommunikation sowie Korrespondenz mit dem Kunden/Geschäftspartner/ (potenziellen) Interessenten	
Benutzerprofil auf Social-Media-Plattformen	
Aktivitäten auf Social-Media-Plattformen	
In Marketingmaßnahmen involvierte Mitarbeiter	
Videos von Mitarbeitern	Bis 10 Jahre nach Beendigung der geschäftlichen Beziehung bzw bis zum berechtigten Widerspruch des Betroffenen oder zum Widerruf seiner Einwilligung, soweit die Marketingmaßnahme auf Grundlage seiner Einwilligung erfolgt.

6. Kategorien von Empfängern, die Verantwortliche sind

Kategorie von Empfängern	EWR und/oder Land (sofern außerhalb des EWR)
Adressverlage und Direktwerbeunternehmen gem §151 GewO	EWR
Kunden/Geschäftspartner/(potenziellen) Interessenten des Verantwortlichen	
Andere Gesellschaften des Verantwortlichen	
Öffentlichkeit (für Mitarbeitervideos)	

7. Kategorien von Empfängern, die Auftragsverarbeiter sind	
Kategorie von Empfängern	EWR und/oder Land (sofern außerhalb des EWR)
Externe IT-Dienstleister	Weltweit

8. Beschreibung der technischen und organisatorischen Sicherheitsmaßnahmen

Siehe beiliegende Sicherheitsrichtlinie.

J. Beispiel: Verarbeitungstätigkeit „Kundenbeziehungs-management und Marketing" (englische Version)

1. General information on the processing activity	
Sequence no.:	*[sequence no.; e.g., 1]*
Name of the processing activity:	**Marketing and customer relationship management**

2. Joint controllers (if any)		
Company name	Address	Email address
N/A	N/A	N/A

3. Processing purposes

> marketing the services of the controller and the initiation of business relationships regarding the controller's own services offered

> client support and management

> contract management

> key account support and management

> client contact reporting and related task management

> reporting on business development

> management of potential clients and business opportunity management

> complaint management

> communication with the client

> project-based communication between employees of the controller

4. Categories of data subjects

> Contact person at the client, business partner or interested party

> Employees of the controller responsible for clients/business partners/interested parties

> Employees involved in marketing activities

5. Categories of personal data	
Data category	Retention period
Contact person at the client, business partner or potentially interested party	
Serial number	Until 10 years after termination of the business relationship or the legitimate objection of the data subject or the withdrawal of the data subject's consent in cases where marketing is conducted on the basis of his or her consent.
Name	
Salutation/sex	
Related client, business partner or (potentially) interested party (name and contact information)	
Telephone and fax number and other information required for addressing via modern communication techniques (e.g., email)	
Client and business partners or potential interested persons, whose contact person is the data subject	
Professional title, industry and trade name of the client, business partner or (potentially) interested party	
Language of correspondence, other agreements, key to data exchange and preferred form of communication	
Function or respective field of responsibility at the client, business partner or (potentially) interested party	
Date of birth	
Martial status	
Business relationship data (such as: sent marketing material, visiting rhythm etc.)	
Source of business relationship	

Blocking indicator for promotions of the controller	
Demand-related interests (on the basis of past demand-related behavior or indications of the client towards the controller)	
Frequency and volume of requests	
Response behavior towards promotions of the controller	
Records and reports of interviews and visits	
Internal communication and correspondence with the client/business partner/(potentially) interested persons	
User profile on social media platforms	
Activities on social media platforms	
Employees at the controller responsible for clients/business partner/interested parties	
Name	Until 10 years after termination of the business relationship or the legitimate objection of the data subject or the withdrawal of the data subject's consent in cases where marketing is conducted on the basis of his or her consent.
Salutation/sex	
Company address	
Telephone and fax number and other information required for addressing via modern communication techniques (e.g., email)	
Job title	
Job details (organizational hierarchy)	
Client/business partner or (potentially) interested party the employee is responsible for (name and contact information)	

Order history	
Activities aimed at a client, business partner or (potentially) interested person	
Protocols on internal and external conversations	
Internal communication such as correspondence with clients/business partners/(potentially) interested parties	
User profile on social media platforms	
Activities on social media platforms	
Employees involved in marketing measures	
Videos and pictures of employees including audio recordings	Until 10 years after termination of the business relationship or the legitimate objection of the data subject or the withdrawal of the data subject's consent in cases where marketing is conducted on the basis of his or her consent.

6. Categories of recipients which are controllers

Category of recipient	EEA and/or country (if outside of EEA)
Address publishers and direct marketing companies	EEA
Clients/business partners/(potentially) interested parties of the controller	
Other companies of the controller	
Publicity (concerning videos of employees)	

7. Categories of recipients which are processors	
Category of recipient	EEA and/or country (if outside of EEA)
External IT service providers	Wordwide

8. Description of the technical and organizational security measures
See attached security policy.

K. Beispiel: Verarbeitungstätigkeit „Verwaltung der Informations- und Kommunikationstechnik" (deutsche Version)

1. Allgemeine Angaben zur Verarbeitungstätigkeit	
LfNr:	*[LfNr]*
Name der Verarbeitungstätigkeit:	**Verwaltung der Informations- und Kommunikationstechnik**

2. Allfällige gemeinsam Verantwortliche		
<u>Firmenwortlaut</u>	<u>Adresse</u>	<u>E-Mail-Adresse</u>
N/A	N/A	N/A

3. Verarbeitungszwecke

Zurverfügungstellung von Informations- und Kommunikationstechnik zur internen und externen Kommunikation sowie zur Durchführung von Verwaltungstätigkeiten. Dazu zählt unter anderem die zentrale Verwaltung der Firmenmobiltelefone (Mobile Device Management), Internettelefonie über Skype for Business oder WebEx, Cloud-basierte Office-Lösungen (zB Office 365), das betriebsinterne Intranet, die Erbringung von IT-Support-Leistungen (insbesondere über HelpLine), die Ortung von als verloren gemeldeten Geräten sowie die Erstellung von Zugriffs- und Nutzungsstatistiken.

4. Kategorien Betroffener

> Mitarbeiter des Verantwortlichen

> Kontaktperson beim IT-Service-Provider

5. Datenkategorien

<u>Datenkategorie</u>	<u>Speicherdauer</u>
Mitarbeiter des Verantwortlichen	
Mitarbeiter-ID	Bis zu drei Jahre nach Beendigung des Dienstverhältnisses
Name	

Berufliche Kontaktdaten (Telefonnummer, E-Mail-Adresse, Adresse)	
Authentifizierungsdaten (zB Benutzername und Passwort)	
Anwenderrolle und Art der Zugangsberechtigung (Autorisierungsdaten)	
Logfiles	Drei Monate sowie darüber hinaus soweit zu Sicherheitszwecken erforderlich
Nutzerprofildaten (einschließlich Konfigurationseinstellungen)	Bis zu einem Jahr nach Beendigung des Dienstverhältnisses
Dem Mitarbeiter zugeteilte Hardware	Bis zu drei Jahre nach Beendigung des Dienstverhältnisses
Fehlerberichte	Bis zu drei Jahre nach Beendigung des Dienstverhältnisses
Support-Anfragen	
Im Rahmen der Bearbeitung einer Support-Anfrage zu erhebende Daten	
Antwort auf Support-Anfragen	
Allgemeine Geräteinformationen: Hersteller, Modellnummer, Modell-ID, Betriebssystem und verfügbares Update, Geräteeigentümer, Gerätekategorie, Geräteform, Mobilfunk-Betreibernetz, Telefonnummer, Aktivierungsstatus, Seriennummer, interne Anlagennummer, Speicherplatz (gesamt und zur Verfügung stehend/bleibend), Übereinstimmung des Gerätes mit internen Richtlinien, Sprache	Bis zu drei Jahre nach Beendigung des Dienstverhältnisses
Registrierdatum (erstmaliges Aktivierungsdatum bzw letztes Verbindungsdatum)	Bis zu drei Jahre nach Beendigung des Dienstverhältnisses

Netzwerkinformationen: Status, IP-Adresse, Netzbetreiber/Betreiber, Mobilfunktechnik (GSM, CDMA, LTE), IMEI, aktueller SIM, Betreiberversion, aktueller MCC/MNC (Mobile Country Code/Mobile Network Code)	Sechs Monate
Sicherheitsinformationen: Gefährdungsstatus, zugeordnete und installierte Profile, Mobile Device Management, Registrierungsstatus, Passwort Status, installierte Zertifikate, Compliance Status (Übereinstimmung des Geräts mit internen Richtlinien)	Sechs Monate
Installierte Applikationen	Sechs Monate
Akkuzustand	Sechs Monate
Kontaktperson beim IT-Service Provider	
Name	Bis drei Jahre nach Vertragsbeendigung
Kontaktdaten	
Zugeteilter Auftrag	

6. Kategorien von Empfängern, die Verantwortliche sind

Kategorie von Empfängern	EWR und/oder Land (sofern außerhalb des EWR)
N/A	N/A

7. Kategorien von Empfängern, die Auftragsverarbeiter sind

Kategorie von Empfängern	EWR und/oder Land (sofern außerhalb des EWR)
Externe IT-Dienstleister	EWR
IT-Dienstleister	EWR

8. Beschreibung der technischen und organisatorischen Sicherheitsmaßnahmen

Siehe beiliegende Sicherheitsrichtlinie.

L. Beispiel: Verarbeitungstätigkeit „Verwaltung der Informations- und Kommunikationstechnik" (englische Version)

1. General information on the processing activity	
Sequence no.:	*[Seq. no.]*
Name of the processing activity:	**Management of information and communication technology**

2. Joint controllers (if any)		
Company name	Address	Email address
N/A	N/A	N/A

3. Processing purposes

Providing information and communication techniques for internal and external communication as well as conducting administrative activities. This also includes, inter alia, the centralized management of company phones (mobile device management), internet calls via Skype for Business or WebEx, Cloud-based Office solutions (e.g., Office°365), the internal Intranet, providing IT support services (in particular via HelpLine), the localization of devices reported as lost as well as working out statistics on access and use.

4. Categories of data subjects

> Employees of the controller
> Contact person at the IT service provider

5. Categories of personal data

Data category	Retention period
Employees of the controller	
Employee ID	Until three years after termination of the employment relationship
Name	

Professional contact data (phone number, email address)	
Authentication data (e.g., user name and password)	
Role of user and type of access authorization (authorization data)	
Log files	Three months and beyond if necessary for security purposes
User profile data (including configuration settings)	Until one year after termination of the employment relationship
Hardware provided to the employee	Until three years after termination of the employment relationship
Error reports	Until three years after termination of the employment relationship
Support requests	
Data required to process support requests	
Response to support requests	
General information on device: manufacturer, model ID, operating system and available update, device owner, device category, device type, mobile network operator, phone number, activation status, serial, internal asset number, storage capacity (in total and available), compliance with internal regulations, language	Until three years after termination of the employment relationship
Date of registration (first date of activation or last date of connection)	Until three years after termination of the employment relationship
Network information, status, IP address, network operator/operator, mobile communications technology (GSM, LTE), IMEI, current SIM, operator's version, current MCC/MNC (Mobile Country Code/Mobile Network Code)	Six months

Security information, risk status, assigned and installed profile, mobile device management, registration status, password status, installed certifications, compliance status (compliance of the device with internal regulations)	Six months
Installed applications	Six months
Battery status	Six months
Contact person at the IT service provider	
Name	Until three years after termination of the contract
Contact data	
Allocated assignment	

6. Categories of recipients which are controllers

Category of recipient	EEA and/or country (if outside of EEA)
N/A	N/A

7. Categories of recipients which are processors

Category of recipient	EEA and/or country (if outside of EEA)
External IT service providers	EEA
IT service providers	EEA

8. Description of the technical and organizational security measures

See attached security policy.

M. Beispiel: Verarbeitungstätigkeit „Mitgliederverwaltung" (für Vereine) (deutsche Version)

1. Allgemeine Angaben zur Verarbeitungstätigkeit	
LfNr:	*[LfNr]*
Name der Verarbeitungstätigkeit:	**Mitgliederverwaltung**

2. Allfällige gemeinsam Verantwortliche		
Firmenwortlaut	Adresse	E-Mail-Adresse
N/A	N/A	N/A

3. Verarbeitungszwecke
Verwendung von Kontakt- und Bankverbindungsdaten von Mitgliedern, zur Vereinsverwaltung sowie der Korrespondenz und Beitragsverwaltung (Mahnwesen).

4. Kategorien Betroffener
Mitglieder

5. Datenkategorien	
Datenkategorie	Speicherdauer
Mitgliedsnummer	Bis zur Beendigung der Mitgliedschaft oder bis zum Ablauf der für den Verantwortlichen geltenden Verjährungs- und gesetzlichen Aufbewahrungsfristen; darüber hinaus bis zur Beendigung von allfälligen Rechtsstreitigkeiten, bei denen die Daten als Beweis benötigt werden.
Name	
Anrede/Geschlecht	
Akademischer Grad	
Anschrift samt Hinweis ob es sich hierbei um eine Unternehmensadresse oder den Wohnsitz handelt	

Eintrittsdaten/Austrittsdaten und Dauer der Mitgliedschaft
Telefonnummer (Festnetz und/oder Mobiltelefon) und andere zur Adressierung erforderliche Informationen, die sich durch moderne Kommunikationstechniken ergeben (zB E-Mail-Adresse)
Mitgliederkategorie (ordentliches/außerordentliches Mitglied bzw fördernde Mitglieder)
Beiträge
Mitgliedskonto bzw Informationen zum ausstehenden Saldo betreffend Mitgliedsbeiträge
Allgemeine Bemerkungen
Geburtsdatum

6. Kategorien von Empfängern, die Verantwortliche sind

Kategorie von Empfängern	EWR und/oder Land (sofern außerhalb des EWR)
N/A	N/A

7. Kategorien von Empfängern, die Auftragsverarbeiter sind

Kategorie von Empfängern	EWR und/oder Land (sofern außerhalb des EWR)
IT-Dienstleister	EWR

8. Beschreibung der technischen und organisatorischen Sicherheitsmaßnahmen

Siehe beiliegende Sicherheitsrichtlinie.

N. Beispiel: Verarbeitungstätigkeit „Mitgliederverwaltung" (für Vereine) (englische Version)

1. General information on the processing activity	
Sequence no.:	*[sequence no.; e.g., 1]*
Name of the processing activity:	**Member administration**

2. Joint controllers (if any)		
<u>Company name</u>	<u>Address</u>	<u>Email address</u>
N/A	N/A	N/A

3. Processing purposes

Use of contact and bank connection data of members, for association administration as well as correspondence and contribution administration (dunning).

4. Categories of data subjects

Members

5. Categories of personal data

<u>Data category</u>	<u>Retention period</u>
Membership number	Until the termination of membership or until the expiry of the statute of limitations and statutory retention periods applicable to the person responsible; furthermore until the termination of any legal disputes in which the data is required as evidence.
Name	
Salutation/gender	
Academic degree	
Address and indication of whether this is an office address or a place of residence	
Entry dates/ leaving dates and duration of membership	
Telephone number (fixed and/or mobile) and other information required for addressing purposes as a result of modern communication technologies (e.g. email).	

Member category (ordinary vs. extraordinary member or supporting member)	
Contributions	
Member account or information on the outstanding balance concerning membership fees	
General remarks	
Date of birth	

6. Categories of recipients which are controllers

Category of recipient	EEA and/or country (if outside of EEA)
N/A	N/A

7. Categories of recipients which are processors

Category of recipient	EEA and/or country (if outside of EEA)
External IT service providers	EEA

8. Description of the technical and organizational security measures

See attached security policy.

Stichwortverzeichnis